공동주택 안전관리

당신의 집은 안전한가?

하성규 외 10인 지음
한국주택관리연구원 엮음

박영사

머리말

　불행하게도 공동주택 생활환경 속에서 안전사고와 재해가 지속적으로 발생하고 있다. 한국주택관리연구원(2020)의 조사 자료에 의하면 공동주택에서 안전사고가 지속적으로 발생하는 것으로 확인되었다. 공동주택의 최근 1년 동안의 세대 내 화재사고는 13.6%, 공용부 화재사고는 3.6%, 승강기 사고(멈춤, 갇힘, 추락 등)는 55.3%, 어린이놀이시설 사고는 13.9%, 단지 내 범죄(폭력, 절도, 성범죄 등)는 14.1%, 자연재해(태풍, 홍수, 지진 등)는 24.4%, 단지 내 교통사고는 22.4%가 경험이 존재하는 것으로 조사되었다. 즉, 화재, 승강기 사고, 교통사고 등이 지속적으로 발생함에 따라 안전관리를 위한 주민의 관심은 물론 실효성 있는 대책이 수립되어야 한다.

　공동주택의 안전문제 논의를 위하여 공동주택 안전에 대한 제도적, 법적으로 명시된 내용을 먼저 점검할 필요가 있다. 공동주택관리법 제32조에 의거하면 공동주택의 부대 및 복리시설에 대해 안전관리계획을 수립하고 시설물별로 안전관리자 및 안전관리책임자를 지정해 시행해야 한다. 그리고 제33조에 따르면 의무관리대상 공동주택 관리주체는 그 공동주택의 기능 유지와 안전성 확보로 입주자 등을 재해 및 재난 등으로부터 보호하기 위해 안전점검을 실시해야 한다. 이렇듯 공동주택관리법에서는 건축물과 시설물을 구분해 안전관리를 구분하고 있다.

　공동주택 안전관리자를 비롯해 입주자 등 이해관계자 모두가 안전하게 생활하기 위해 마련한 관련 법령과 제도의 내용을 숙지하고 잘 준수하는 것이 매우 중요하다. 공동주택에서 주로 발생하거나 발생 위험이 높은 사고인 화재, 태풍 등 자연재해로 인한 시설물 안전사고 등을 유형별로 관련 법령과 제도의 내용을 살펴보고, 안전사고 발생 시 법적 책임이 누구에게 귀속되는지도 확인해야 한다.

　안전의 확보는 시민의 권리란 인식이 높아져야 한다. 안전한 주거환경의 개선이 끊임없이 이루어지도록 하는 것을 공동주택관리의 핵심적 요소로 인식되어야 할 것이다.

이 책은 한국 공동주택의 안전관련 이슈가 무엇인가를 규명하고 주민과 관리종사자들의 안전인식정도를 관찰, 확인하고자 한다. 안전한 주거환경에 대한 연구는 생활환경 속에서 개인의 안전에 영향을 미칠 수 있는 물리적, 사회적 요인들을 대상으로 그 인과관계와 영향력의 정도를 밝혀내고, 안전성을 제고하는 방안을 도출하는 것이 중요하다. 아울러 공동주택 안전사고 판례를 통한 안전사고 예방 및 교육의 필요성을 인식해야 한다.

이 책은 총 12장으로 구성되며 크게 3개 영역으로 구분할 수 있다. 첫째 영역은 공동주택 안전에 대한 인식과 이슈 그리고 공동주택 안전 관련 법제도 현황을 분석한다. 둘째, 공동주택에서의 유형별 사고 발생현황과 공동주택 관리사무소장의 안전인식, 공동주택 안전사고 판례, 공간범죄, 안전 및 재난관리 현황 분석 및 문제점을 논의한다. 셋째, 안전사고 예방 우수사례 소개, 주택관리사 안전교육의 개선방향, 안전한 공동주택을 위한 주민과 공공의 역할을 제안한다.

공동주택 안전사고는 꾸준히 발생하고 있으나, 공동주택을 중심으로 하는 안전의식 및 관련 제도에 대한 조사연구는 미미한 실정이다. 이에 한국주택관리연구원은 연구원 내 상근 연구자는 물론 외부 전문가들이 참여함으로써 공동주택안전관리의 기본서를 출판할 수 있었다. 공동주택의 거주자 및 관리자, 관련 종사자 대상으로 안전관리 현황 및 안전의식 실태를 중심으로 논의하며 공동주택 안전관리 개선 방안을 모색하고자 함이 이 책의 목적이다.

이 책은 이 분야 전공하는 연구자들은 물론 현장에서 안전문제를 다루고 있는 실무자 그리고 주민의 안전을 위해 정책을 다루는 공무원에게 중요한 자료와 정보를 제공하리라 확신한다.

한국주택관리연구원은 매년 연구결과를 바탕으로 공동주택관리 분야 서적을 출판하고 있다. 인터넷 등 정보화의 영향으로 요즘 책을 구입하여 읽는 독자가 줄어들고 있다는 소식을 접하기도 한다. 이러한 환경 속에서도 박영사는 기꺼이 출판을 허락하였고 그동안 수고한 박영사 관계자에게 감사의 뜻을 표하고자 한다.

2020년 11월

한국주택관리연구원 원장　하성규

차례

공동주택
안전관리

차례

공동주택 안전 인식과 이슈

공동주택
안전관리

하성규

한국주택관리연구원 원장

01 서론

인간은 누구나 안전에 대한 욕구를 지니고 있다. 아브라함 매슬로우(Abraham H. Maslow)의 연구에 따르면 인간의 욕구는 타고난 것이며 욕구를 강도와 중요성에 따라 5단계로 분류한다. 하위단계에서 상위단계로 계층적으로 배열되어 하위단계의 욕구가 충족되어야 그 다음단계의 욕구가 발생한다. 욕구는 행동을 일으키는 동기요인이며, 인간의 욕구는 낮은 단계에서부터 그 충족도에 따라 높은 단계로 성장해 간다.

1단계 욕구는 생리적 욕구로 먹고, 자는 등 최하위 단계의 욕구이다. 2단계 욕구는 안전에 대한 욕구로 추위 · 질병 · 위험 등으로부터 자신을 보호하는 욕구이다. 이는 두려움이나 혼란스러움이 아닌 평상심과 질서를 유지하고자 하는 욕구로, 안전의 위협을 느낀 사람들은 불명확한 것보다는 확실한 것, 안정적인 것을 선호하는 경향을 보인다.

안전한 주거환경은 풍요롭고 편안한 생활을 영위할 수 있는 물리적 환경으로 안전사고 불안감과 주거만족에 중요한 요인이다. 주택은 가족의 삶을 유지하는 장소이자 휴식과 자녀양육의 공간으로서 편리성, 기능성, 안전성을 중요시한다. 사고는 불안전한 환경과 부주의, 안전의식 및 안전에 대한 태도의 결여, 안전사고예방교육의 미비 등에 의해 발생한다.

국민안전처의 통계자료에 따르면 범죄, 도로교통사고, 화재, 환경오염, 승강기, 놀이시설 등 다양한 생활안전사고의 발생이 증가하고 있다. 재해는 안전관리의 부실로 발생되며 국민의 생명과 재산손실 및 국가에 피해를 초래한다. 인적재해는 인간의 부주의로 발생하는 사고와 같은 재해와 고의적으로 자행되는 범죄성 재해 그리고 산업발달에 부수되는 산업재해 등이 있다. 최근 5년간 전국적으로 총 214,626건의 화재가 발생하여 10,539명의 인명피해와 1조 8,291억 원의 재산피해가 발생하였다. 그 중 23.3%가 주택에서 발생하였으며, 화재 발생원인은 부주의가 52.8%로 나타났다. 공동주택에서의 안전사고는 단독주택에서의 안전사고에 비해 5배 이상 높은 발생건수를 보인다는 점에서 특히 심각하다고 할 수 있다(한국소비자원, 2016).

최근 기후변화는 인류의 생존자체를 위협하는 21세기 최대의 환경 문제로 부상하고 있다. 기후변화로 인하여 폭염, 폭설, 게릴라성 집중호우 등 자연재난의 발생 빈도와 강도가 높아지고 있다. 아울러 사회·경제 환경 변화에 따른 위험이 증대되고 있다. 저출산 및 의료 기술의 발달로 인해 고령화 사회로 진입함에 따라 노인 등 안전취약계층에 대한 안전수요가 증가하고 있다. 도시인구집중, 교통난, 초고층지하연계복합건축물 및 다중이용시설증가 등 재난안전 환경 악화로 단일 사고나 사건을 복잡한 재난으로 발전시킬 개연성이 높다.

안전관리 관점에서 자연재해(자연재해대책법 제2조)와 인위재난(재난관리법 제2조), 그리고 사회적 재난(국가기반체계 마비)으로 구분한다. 자연재해는 일종의 천재(天災)로서 대부분이 이상기상, 이상기후 등 자연현상에 의해 발생되는 기상재해와 지진재해이다. 그리고 인위재난이란 화재·붕괴·폭발·교통사고·화생방사고·환경오염사고 등 국민의 생명과 재산에 피해를 줄 수 있는 사고를 말하며, 통상적으로는 재난(災難)이라 하여 자연재해와 구분되기도 한다. 이러한 재난으로부터 인간, 인간활동 및 그 환경을 보호하기 위한 일체의 활동을 총칭하여 방재라 한다. 안전관리는 결국 항구적인 예방대책으로부터 사고 발생 시의 수습과 그 복구까지 포함하게 된다.

이 장에서는 한국 공동주택의 안전관련 이슈가 무엇인가를 규명하고 주민의 안전인식정도를 관찰, 확인하고자 한다. 안전한 주거환경에 대한 연구는 생활환경 속에서 개인의 안전에 영향을 미칠 수 있는 물리적, 사회적 요인들을 대상으로 그 인과관계와 영향력의 정도를 밝혀내고, 안전성을 제고하는 방안을 도출하는 것이 중요하다. 불행하게도 공동주택 생활환경속에서 안전사고와 재해가 지속적으로 발생하고 있다. 안전의 확보는 시민의 권리란 인식이 높아져야 한다. 안전한 주거환경 개선이 끊임없이 이루어지도록 함이 공동주택관리의 핵심적 요소로 인식되어야 할 것이다.

02 공동주택 안전: 무엇이 문제인가?

몇 년 사이 한국에서 가장 주목받은 사건은 안전에 관한 것들이다. 세월호 참사뿐 아니라 성남시 환풍구 추락사고 등 안전사고에 대한 불안감이 증폭되고 있다. 공동주택 안전문제는 자연재해와 무관하지 않은 경우도 있지만 대부분 인재이고 안전문화의식이 결여됨으로 인해 발생하는 것들이 많다.

특히 2015년 130여 명의 사상자를 낸 의정부 도시형 생활주택의 화재사고와 올해 9월 도봉구 아파트 화재사고는 공동주택 거주자들을 더욱 불안하게 하는 사고다. 알려진 바에 의하면 2015년 한 해 동안 공동주택에서 발생한 화재사고는 4,800건이 넘었다고 한다.

아울러 주거지 내 발생하는 교통사고도 증가하는 추세다. 교통안전공단이 2012년 실시한 아파트 단지 내 도로 안전점검 결과, 위험요인으로 운전자의 고속운전, 잘못된 시설물 설치, 횡단보도가 없는 경우 등 매우 다양하다.

공동주택의 폭발적인 증가로 2014년도 아파트 단지 내 생활안전사고로 붕괴·추락사고가 6,052건이었다. 이외에도 가스·폭발사고, 승강기 사고 등 다양한 사고가 연일 발생하고 있다.

안전사고의 연령대별로 분석해 보면 어린이와 노인의 경우가 많은 비중을 차지한다. 한국소비자원에 따르면 소비자안전사고 중 가장 큰 비중을 차지하는 것은 어린이 사고였다(37.4%). 그리고 고령화로 인해 노인의 안전사고로 인한 사망 비중이 증가하고 있다. 노인의 안전사고는 주로 가정에서 많이 발생하고 보행 중 사고위험이 높은 것으로 알려지고 있다.

국민의 60% 이상이 공동주택에 거주하고 있어 안전사고의 위험을 예방하고 이에 관한 안전문화의식을 높이는 일은 매우 중요하다. 안전사고를 예방하고 사고를 크게 줄일 수 있는 방안은 없는가? 먼저 시민의 안전문화의식을 점검해볼 필요가 있다.

선행연구들을 종합해 보면 안전문화란 안전과 관련된 사람들이 공유하는 태도, 믿음, 인지 및 가치를 말한다. 즉 개인이나 조직 모두가 안전을 항상 중요하게 생각하고 어떤 일을 하든지 그 속에 내재해 있는 위험을 평가하고 관리하려는 정신적 활동을 뜻한다.

안전한 주거환경을 만드는 것은 많은 사람이 집단으로 거주하는 공동주택에서 더 많은 주의를 기울여야 한다. 안전한 주거환경 구성요소로 생활안전시설, 화재안전시설, 교통안전시설, 범죄안전시설을 들 수 있다. 생활안전시설이 미흡해 발생하는 안전사고는 미끄러짐, 낙상, 부딪힘, 끼임 등이다. 예를 들어 계단, 출입문, 엘리베이터, 어린이 놀이터, 승강기 등은 안전사고의 위험이 높은 곳이다. 화재안전시설과 연관해 화재발생 시 화재를 초기에 진화할 수 있는 스프링클러의 미작동, 갇힌 상태에서 화재부산물이 연기, 열, 화열에 직접 노출된 경우가 치명적이다. 공동주택 화재사고는 인적 부주의에 의해 발생하는 경우가 대부분을 차지한다. 특히 인지능력과 신체능력이 부족한 유아, 노인, 신체장애자, 약물중독자들은 화재발생 시 심각한 피해를 받을 수 있다.

최근 차량의 증가로 공동주택단지에서도 교통사고의 발생이 빈번하다. 특히 우리나라 아파트 중 오래된 노후아파트 단지의 경우 주차시설이 부족하거나 노후해 교통사고의 위험이 높다. 2014년 교통안전공단이 110개 아파트 단지 내 도로 안전검사를 실시한 결과 1,043건의 교통사고 위험 및 지적사항이 발견됐다. 단지 내 교통안전시설을 보다 더 강화할 필요가 있다. 경찰청 통계에 따르면 범죄의 경우 주거지역에서 가장 많이 발생하는 것으로 나타났다. 즉 주거환경이 범죄를 유발하는 요인이 무엇인지를 사전에 점검하고 예방해야 할 것이다. 예를 들어 범죄 발생을 예방하는 시설이나 요인을 찾아야 한다. 최근 CCTV, 가로등 설치와 순찰을 철저히 하는 것은 범죄예방의 좋은 수단이 된다.

안전문화의 정착은 시설의 보강과 예방적 조치들이 필수적이다. 그러나 더욱 중요한 것은 주민 개개인의 안전가치를 중시하는 태도. 아울러 훈련, 학습, 교육을 통한 지속적인 안전의식의 고취를 제도적으로 정착화해야 한다. 그리고 안전을 최우선으로 생각하는 조직문화를 만들어 가야 한다. 온 국민의 안전가치관 확립은 삶의 질 개선에 기여할 뿐 아니라 우리 사회가 보다 더 발전된 선진국으로 도약하는 발판이 되리라 확신한다.

안전(safety)은 포괄적인 개념이다. 지역사회와 공동주택단지 내 개개인이 안전의 개념을 이해하고 어떤 수단들이 행해져야 하는지를 인식하게 하는 것이 중요한 과제이자 안전증진의 기본개념이라 할 수 있다. 개개인, 조직 또는 지역사회가 궁극적인 안전 목표를 이루기 위한 모든 계획된 노력이 필요하다. 그리고 계획된 노력은 주민의 태도와 행동 뿐 아니라 구조적인 변화들을 통해 안전을 충분히 제공할 수 있는 환경을 만드는 데 그 목적이 있다.

위험과 안전은 몇 가지 구분을 통해 이해를 도울 수 있다. ① 위험단계(risk)는 가능성의 의미를 가지고 있는 위기가 존재하며, ② 위기단계(crisis)는 위험 요인이 현실화된 인지된 혼란의 상황이 야기될 수 있고, ③ 재난단계(disaster)는 결과론적 함의를 가진 것으로 그 결말이 부정적인 위기이며, ④ 안전단계(safety)는 위험이 발생하거나 사고가 날 염려가 없거나 혹은 그런 상태를 의미한다. 안전에 관하여 세부적으로 분류할 경우는 안전문제, 안전사고, 재난의 3단계로 구분할 수 있다(정지범, 2009; 정지범·윤근, 2014; 김근영, 2012).

안전문화는 사고 발생 시에 원인과 방법을 이해함으로써 사고예방에 가장 적절하고 적합한 방법을 개발할 수 있고, 그 원인을 밝힘으로서 유사사고 발생을 미연에 방지하는 역할을 한다. 또한 안전관리 시스템은 안전이 관리되는 방법, 정책과 절차가 실천되는 방법으로써 안전문화가 형성되지 않는다면, 개인과 집단은 정책 및 절차를 준수 또는 이행하지 않게 되어 안전관리시스템이 작동하지 않을 가능성이 높다(정지범·윤근, 2014).

안전문화의 개념을 파악하고 이를 정의하는 데 있어 안전에 대한 가치, 규범, 행동 및 시스템 요소가 갖춰져야 함을 강조하고 있다(표 1-1 참조). 안전문화 개념은 기존의 의식, 행동의 변화를 통한 국민생활 전반에 안전태도와 관행의식이 가치관으로 정착되고 확산되도록 하는 것이라 할 수 있다.

▌표 1-1 안전문화 개념과 요소별 내용

요소		내용
가치	안전문화에 대한 뜻, 의미, 중요성을 인식하는 것	• 의사결정, 커뮤니케이션에서 안전 우선순위 부여 • 안전을 자원배분에서 우선적 고려 • 사업운영계획 시에 안전 목표, 안전전략 반영 • 안전과 성과(생산)는 밀접한 관계를 갖는다는 구성원들의 확신 • 안전에 대한 공식적 · 비공식적 지원 • 관리자의 안전에 대한 헌신과 조직 통솔
규범 (책임/ 권한)	안전문화에 대한 가치판단의 기준, 원리, 규칙의 준수	• 안전에 대한 책임과 권한을 명확하게 규정하고 이해 • 안전규제와 절차에 대하여 엄격하게 준수 • 안전순응에 대한 적정한 보상 및 공시 • 안전위반에 대한 적절한 처벌 및 공시
행동	안전문화 유지 및 향상을 위한 실천 행동	• 안전에 대한 지속 가능한 학습체계 구축 • 안전과 모든 활동 간의 통합 • 안전사고 위험도 분석
시스템	안전문화를 위한 체계, 조직, 제도 등 요소의 집합 및 요소 간의 집합 구축 운영	• 비형식적 안전문화시스템(정책, 평가, 조직, 협조체계 등)의 구축 · 운영 • 형식적 안전문화시스템(시설, 시스템, 장비, 물품 등)의 구축 운영

출처: 김근영(2012), 선진 안전문화 정착을 위한 제도 개선 연구, 행정안전부.

공동주택 안전문제의 논의를 위하여 공동주택 안전에 대한 제도적, 법적으로 명시된 내용을 먼저 점검할 필요가 있다. 공동주택관리법 제32조에 공동주택의 부대 및 복리시설에 대해 안전관리계획을 수립하고 시설물별로 안전관리자 및 안전관리책임자를 지정해 시행해야 한다고 하고 제33조에서 의무관리대상 공동주택 관리주체는 그 공동주택의 기능 유지와 안전성 확보로 입주자 등을 재해 및 재난 등으로부터 보호하기 위해 안전점검을 실시해야 한다고 정의한다. 이렇듯 공동주택관리법에서는 건축물과 시설물을 구분해 안전관리를 구분하고 있다.

시설물 안전관리 총괄책임자는 관리사무소장이다. 건축물 안전점검은 공동주택관리법 시행령 제34조 제3항 제2호에 의거 관리사무소장이 그 책임자이므로 관리사무소장 업무의 일부분이라고 할 수 있다. 그리고 공동주택관리법 제63조 제1항 제1호에 공동주택 공용부분의 유지 · 보수 및 안전관리가 명시돼 있고 제

64조 제2항 제2호의 시설물 안전관리계획의 수립 및 건축물 안전점검에 관한 업무와 동법 시행규칙 제30조 제1항 제3호, 시설물의 안전 및 유지관리에 관한 특별법 제39조 제1항에 의거 안전관리를 해야 한다.

2018년 1월 18일부터 시설물의 안전 및 유지관리에 관한 특별법이 전면 개정되어 시행되고 있다. 즉 시설물의 안전관리에 관한 특별법에서 성능 중심의 유지관리 체계가 도입된 것이다. '유지관리'란 완공된 시설물의 기능을 보전하고 시설물 이용자의 편의와 안전을 높이기 위해 시설물을 일상적으로 점검·정비하고 손상된 부분을 원상복구하며 경과시간에 따라 요구되는 시설물의 개량·보수·보강에 필요한 활동을 하는 것을 말한다. 2018년 1월 17일 이전까지 공동주택 안전점검은 행정안전부와 국토교통부가 각각의 법률로 담당하고 있었다.

행안부가 운영하는 국민재난안전포털에서는 재난 및 안전관리 기본법에 따라 5층에서 15층까지의 공동주택 중 15년이 경과하고 지방자치단체에서 지정하는 공동주택 대상으로 특정관리시설점검 관리주체에게 안전점검을 하게 했다. 이 안전점검은 옥상, 지붕층, 외벽, 지하실, 지하주차장, 계단, 복도, 전기, 가스, 승강기, 옹벽, 석축 등에 대해 반기마다 진행했다.

국토부 산하 한국시설안전공단에서는 시설물의 안전관리에 관한 특별법에 따라 21층 이상 건축물은 1종시설물, 16층 이상의 건축물은 2종시설물로 지정해 시설물정보종합관리시스템(FMS)에 안전점검과 정밀안전진단을 실시하고 그 결과를 등록하게 했다. 2018년 1월 18일부터 공동주택의 건축물과 시설물은 규모에 따라 행안부와 국토부로 안전관리가 이원화돼 있었으나 국토부 중심으로 일원화해 안전관리를 강화했다. 즉 '시설물 안전관리에 관한 특별법'을 '시설물의 안전 및 유지관리에 관한 특별법'으로 이름을 바꾸고 행안부에서 관리하던 특정관리시설물을 제3종 시설물로 편입해 안전관리 체계를 유지관리 개념으로 변경했다. 이는 관리사무소장 또는 안전관리자는 해당 시설물과 건축물의 안전점검을 하면서 이상 유무를 판별하고 동시에 이상 있는 것은 즉시 보수 또는 수리해 안전 및 성능을 유지하게끔 관리해야 한다는 것이다.[1]

법제처 '아파트 생활'이라는 생활법령에는 아파트 생활 안전에 대한 개념 및 관련법령을 자세히 설명하고 있다. 여기서 아파트 생활안전에 포함된 것으로 어린이 놀이시설 안전, 엘리베이터(승강기), 단지 내 교통사고, 화재, 아파트 층간

---

1) 한국아파트신문(http://www.hapt.co.kr; 아파트 신문, 시사논단 2016.11.09)

소음, 그리고 아파트 보안·방범용 카메라 등의 영역을 들고 있다.

2.1 어린이 놀이터

먼저 "어린이놀이시설"이란 어린이놀이기구가 설치된 실내 또는 실외의 놀이터를 말한다(어린이놀이시설 안전관리법 제2조 제2호). 어린이놀이기구로는 어린이가 놀이를 위하여 사용할 수 있도록 제조된 그네, 미끄럼틀, 공중놀이기구, 회전놀이기구 등을 말한다(어린이놀이시설 안전관리법 제2조 제1호).

관리주체는 어린이놀이시설의 기능 및 안전성이 지속적으로 유지되도록 해당 어린이놀이시설에 대한 유지관리를 실시해야 한다(어린이놀이시설 안전관리법 제14조 전단). 관리주체는 어린이 놀이시설에 대한 기능 및 안전성이 유지되도록 월 1회 이상 안전점검을 실시해야 한다(어린이놀이시설 안전관리법 제15조 제1항 및 어린이놀이시설 안전관리법 시행령 제 11조 제1항). 여기서 관리주체라 함은 어린이놀이시설의 소유자로서 관리책임이 있는 자, 다른 법령에 의하여 어린이놀이시설의 관리자로 규정된 자 또는 그 밖에 계약에 의하여 어린이놀이시설의 관리책임을 진자를 말한다(어린이놀이시설 안전관리법 제2조 제5호). 또한 어린이의 건강을 보호하기 위하여 어린이 놀이터와 같은 어린이 활동공간에 대한 환경안전관리기준을 정하고 있으며, 어린이 활동공간의 소유자나 관리자는 환경안전관리기준을 지켜야 한다(환경보건법 제23조 제1항 및 제4항).

국민안전처는 2015년 전국 6만 6311개소에 설치된 어린이놀이시설에서 발생한 사고사례를 분석한 결과 안전사고는 대부분이 놀이기구를 잘못 이용하거나 부주의로 인한 것으로 나타나 놀이시설 안전이용 교육이 필요하다는 지적이 나오고 있다. 특히 아파트 등 어린이놀이시설 안내판을 보면 만 10세까지만 이용토록 하고 5세 이하의 어린이는 반드시 보호자와 함께 이용하도록 안내하고 있다. 그러나 이를 따르지 않고 이용하다 부상을 입었을 시 충분한 배상을 받지 못할 수 있다.

어린이놀이시설 사고사례를 살펴보면 조합놀이대의 경우 조합놀이대 지붕으로 오르다가 추락해 골절상이 대부분이다. 건너는 기구인 구름사다리에서는 구름사다리를 건너다 발생한 골절상 및 손잡이를 놓쳐 추락하여 골절 손상 등이 있다. 미끄럼틀에서 역시 다양한 골절상이 발생하고 있다.

어린이들의 안전사고 예방을 위해 관리 측면에서는 월 1회 이상의 안전점검 뿐만 아니라 수시로 놀이기구의 시설상태를 엄격하게 점검해야 한다. 예를 들어 파손·변형 및 낙후 정도, 고정 및 조임 풀림, 돌출부나 거친 면, 도장상태, 모래 유실, 신체부위가 낄 수 있는 틈새 존재, 윤활유 주입상태, 시설 내 위험물질 존재, 놀이터 배수, 표지판의 파손 및 내용물 지워짐 등 시설 상태를 면밀히 살펴 문제가 있을 경우 즉시 이용금지 조치 및 개·보수 및 교체를 실시할 수 있도록 해야 한다.

행정안전부 '2018년 어린이놀이시설 안전사고 분석 결과'에 따르면 어린이놀이시설은 총 7만2569개소에 이르며 이는 전년대비 2591개소(3.7%) 증가한 것이다. 설치장소는 주택단지 3만6864개소(50.1%), 도시공원 1만40개소(13.6%), 어린이집 8819개소(12.0%), 유치원 7752개소(10.5%), 학교 6393개소(8.7%) 순이다.[2]

어린이놀이시설 안전사고 발생원인은 크게 시설적 측면, 관리적 측면, 사용자 측면 세 가지로 나눠볼 수 있다. 향후 어린이들의 안전을 위해 보다 체계적이고 제도적으로 이 세 가지 측면을 고려하여 중장기 로드맵을 준비하고 실행이 요망되고 있다.

2.2 승강기

아파트에서 자주 승강기 안전사고를 경험하고 있다. 승강기 관리주체는 완성·정기·수시검사를 받지 않거나 불합격한 승강기를 운행할 수 없으며, 이를 운행하려면 해당 검사에 합격해야 한다. 이 경우 승강기 관리주체는 검사에 불합격한 승강기에 대해서는 4개월 이내에 재검사 신청서를 제출해야 한다(승강기시설 안전관리법 제13조 제2항 및 승강기시설 안전관리법 시행규칙 제15조 제4항).

승강기 관리주체는 스스로 승강기 운행의 안전에 관한 점검(이하 '자체점검'이라 함)을 월 1회 이상 실시하고 그 결과를 양호, 주의 바람, 수리 바람 또는 긴급수리로 구분하여 자체점검 후 5일 이내에 승강기안전종합정보망에 입력해야 한다(승강기시설 안전관리법 제17조 제1항 및 승강기시설 안전관리법 시행령 제15조 제1

---

2) http://news.khan.co.kr/kh_news/khan_art_view.html?art_id=201602171200001#csidx682e
06576546a96b5fd09e9c9851f13
http://www.aptn.co.kr/news/articleView.html?idxno=65683;

항). 승강기 관리주체는 자체점검의 결과 해당 승강기에 결함이 있다는 사실을 알았을 경우에는 즉시 보수해야 하며, 보수가 끝날 때까지 운행을 중지해야 한다(승강기시설 안전관리법 제17조 제2항).

한국승강기안전공단의 자료에 따르면(표 1-2), 사고원인별 분석결과 이용자 과실이 전체의 69%를 차지하여 가장 큰 비중이고 그 다음으로 유지관리업체부실 비율이 10%이다. 제조업체부실은 아주 미미한 수준으로 나타났다(1.7%).

┃표 1-2 승강기 사고원인

연도	계	이용자 과실	작업자 과실	관리주체 부실	유지관리업체 부실	제조업체 부실	기타
2007	97	47	1	5	12	1	31
2008	154	112	4	12	8	3	15
2009	115	80	4	12	11	1	7
2010	129	107	1	10	7	3	1
2011	97	84	2	8	2	1	0
2012	133	112	1	6	11	3	0
2013	88	65	3	9	10	1	0
2014	71	51	2	3	13	1	1
2015	61	35	5	5	14	1	1
2016	44	18	4	2	9	1	10
2017	27	13	2	2	6	0	4
2018	21	10	0	3	4	2	2
2019	72	30	9	3	3	1	26
2020. 3	20	10	2	1	1	0	6
계	1,129	782	42	81	115	19	90

자료: 한국승강기안전공단, https://www.koelsa.or.kr/wpge/m_143/info/ info020204.do

행정안전부 자료에 따르면 승강기 사고현황을 건물 용도별로 구분해 보면 아래(표 1-3)와 같다. 전체 사고 중 건물용도별로 판매시설, 운수시설 다음으로 공동주택에서의 사고 발생이 많음을 알 수 있다.

┃ 표 1-3 승강기 건물용도별 사고

연도	계	공동 주택	근린 생활 시설	문화 및 집회 시설	판매 시설	운수 시설	의료 시설	교육연구 복지시설	업무 시설	숙박 시설	공장	기타
2007	97	17	12	0	15	36						
2008	154	10	14	5	40	67	2	2	6	0	5	3
2009	115	5	12	1	40	44	4	1	1	1	4	2
2010	129	8	6	1	67	36	3	0	4	0	4	0
2011	97	9	1	0	41	35	4	3	1	0	1	2
2012	133	7	11	0	70	36	2		4	0	2	0
2013	88	12	7	1	38	22	1	1	2	1	3	0
2014	71	14	3	0	39	8	3	0	2	0	0	2
2015	61	15	6	0	28	7	1	0	3	0	1	0
2016	44	12	6	2	14	7	0	0	1	1	1	0
2017	27	7	4	0	8	3	1	1	1	1	1	0
2018	21	5	1	1	7	4	0	1	1	1	0	0
2019	72	21	3	1	22	9	4	1	5	5	0	1
2020. 3	20	6	2	0	7	1	0	1	1	0	0	2
계	1,129	148	88	12	436	315	27	13	34	14	27	15

자료: 행정안전부, http://elevator.go.kr/stat/AccidentUse.do;
　　　국가승강기정보센터, http://elevator.go.kr/stat/AccidentUse.do

　시민들의 일상생활 중 아파트와 빌딩은 물론 큰 건물인 병원, 백화점 등에서 승강기를 많이 이용한다. 승강기는 이제 필수적인 것으로 승강기 없는 생활은 상상할 수 없을 정도이다. 중요한 승강기를 올바로 이용하지 않을 경우 고장이나 사고가 발생한다. 승강기는 많은 사람이 이용하는 공동 시설물이므로 올바른 이용수칙과 함께 에티켓을 준수하여야 한다. 특히 승강기를 타거나 내릴 때 "어린이와 노약자에게 우선 양보", "뒤에 오는 탑승자를 위해 버튼 누르기" 등의 기본적인 에티켓을 지키면 사고예방에도 도움이 된다.

　평소 교육과 훈련을 통해 승강기 고장 시 관리주체 등 관계기관의 임무와 역할의 숙달로 신속하게 대응할 수 있는 역량 강화가 매우 중요하다. 승강기 안전사고를 예방하고 인명피해 최소화를 위해 최선을 다하는 것이 공동주택관리의 핵심 요소로 인식되어야 한다.

2.3 단지 내 교통사고

아파트 단지는 도로와 주민이 공존하는 공간이며 단지 내 주민 모두가 이용해야 하는 공간이다. 보행자와 자동차가 통행이 빈번하게 이루어지고 있다. 단지 내 도로는 단지 밖의 도로와 다른 환경이라 할 수 있다. 이는 도로법상 단지 내 도로는 도로가 아니라 안전시설의 설치나 유지관리 면에서 경찰의 사고단속이 없다. 이러한 안전시설 설치가 미흡하고 관리가 허술하여 사고가 많이 발생되고 있다. 특히 어린이와 노약자는 단지 내 교통사고로 인해 피해가 많다. 단지 내 교통사고의 원인을 살펴보면, 과속, 운전자 시인성 불량, 보도 및 횡단보도 부재, 불법 주정차, 잘못된 시설물설치, 불명확한 주행경로, 정보인지곤란, 노면 탈색, 시설물마모, 기타 등 10여 가지로 밝혀지고 있다(교통관리공단, 아파트 도로 안전 매뉴얼, 2014).

아파트 단지 내 도로는 도로교통법상 도로인가 아닌가에 판단이 매우 중요하다. 일반적으로 아파트 단지 내 도로도 외부차량이나 택시가 별다른 통제 없이 들어올 수 있으면 도로에 해당한다. 비록 아파트 단지 내 사유지라 하더라도 일반 차량들이 다닐 수 있으면 도로에 해당한다. 반면 차단기로 통행을 제한해서 아파트 주민들 차량만 통행이 가능하다면 도로교통법상 도로에 해당하지 않는다.[3]

단지 내 교통사고의 경우 아파트 단지 내의 통행로에서 교통사고가 발생한 경우 도로교통법상의 "도로"에 해당하면 당연히 도로교통법이 적용된다. 그러나 대법원 판례에 따르면 아파트 단지 내 건물과 건물 사이의 'ㄷ'자 형으로 구획된 주차구역 내의 통로 부분은 도로교통법 제2조 제1호의 도로에 해당하지 않는다(대법원 2005.1.14. 선고 2004도6779 판결). 구 도로교통법에 따르면, 도로교통법 제2조 제1호의 '도로'에서 차를 운전한 경우가 아니라면 도로교통법 제44조에 따른 음주운전에 해당하지 않았으나, 2011. 1. 1.부터는 개정된 도로교통법에 따라

---

3) 형사소송상담센터, 아파트 단지 내 통행로, 도로교통법상 도로에 해당할까요?
http://blog.naver.com/PostView.nhn?blogId=lawhs5&logNo=221978012567

술에 취한 상태에서 '도로 외의 곳'에서 차를 운전한 경우에도 도로교통법상의 '운전'에 해당하게 되어 음주운전으로 처벌받게 된다. 도로가 아닌 주차장이나 학교 경내, 아파트 등에서의 음주운전이나 뺑소니를 한 경우에도 일반도로와 마찬가지로 '운전'한 경우에 해당하여(도로교통법 제2조 제26호), 도로교통법에 따른 처벌을 받는다.

코로나19의 여파로 아파트 단지 내에 택배 차량이나 음식을 배달하는 오토바이의 통행이 크게 늘었다. 안전보다는 신속하게 배달해야 한다는 목적으로 운전하다 보니 위험한 광경을 종종 보게 된다. 실제로 아파트 단지 내에서 과속으로 인한 교통사고가 급증하고 있다. 음주운전의 경우에는 도로교통법 개정으로 음주운전이나 음주측정거부, 사고 후 미조치 시에 도로 이외의 장소도 처벌이 가능하다. 음주운전은 일반적으로 교통사고보다 심각한 문제로 여겨지기 때문에 일반도로 인정 여부와 관계없이 엄하게 처벌된다.

2017년 기준 도로 외 구역의 교통사고 실태조사에 따르면 아파트 단지 내의 사고가 48.7%로 가장 큰 것으로 파악되었다. 한 해 동안 아파트 단지 내에서 이뤄지는 교통사고 건수만 32만 건이다. 그래서 관련법 개정 요구가 많으며 아파트 단지 내에서 교통안전시설을 철저히 갖추어야 한다는 주장이 많다. 최근 현대해상 교통기후환경연구소는 '아파트 단지 내 교통사고 특성 분석 및 통행실태 조사 결과'를 발표했다. 연구소에서 지난해 아파트 단지 내에서 발생한 교통사고 1만7746건을 분석한 결과, 교통사고는 등하교·등하원 시간대인 '오전 7~9시'와 '오후 4~6시'에 집중적으로 발생했다. 전체 사고의 55.2%가 이 시간대에 발생했는데, 이는 동 시간대 일반도로 사고발생률(31.2%)의 1.7배 수준이다.

특히 아파트 단지 내 사고 가해차량의 52.3%는 통학차량, 택배차량, 택시 등의 업무용·영업용 차량이었다. 통학차량의 경우 등하교·등하원 시간대 보행자가 많은 횡단보도 인근(5m 이내) 주정차가 잦아 사고 발생에 영향을 미치는 것으로 분석됐다.

아울러 아파트 단지 내 사고는 일반도로보다 어린이와 60세 이상의 교통약자의 인적 피해규모가 상대적으로 높았다. 미취학아동의 경우 사고 피해규모가 매우 크다. 이는 아파트 단지 내 사고는 일반도로 사고와 다른 도로여건과 환경에 있음을 시사한다. 그리고 아파트 단지 내 사고의 보행자 과실 책임은 51.3%로 나타났다. 일반도로(38%)보다 13.3%p 높다. 연구소는 이에 대해 아파트 단지 내 도로는 사유지로 '도로교통법상의 도로'로 분류되지 않아 교통사고처리특례법이 적용되지 않기 때문이라고 지적했다. 도로교통법상 도로에서는 횡단보도나 교차로 10m 이내에 주정차 할 경우 과태료가 부과되지만 아파트 단지 내 도로는 법 적용을 받지 않아 횡단보도 인근 주정차가 잦다. 단지 내 횡단보도, 중앙선 등 교통안전시설은 형식적인 표시일 뿐 도로교통법상의 효력이 없다는 점도 문제점으로 지적되고 있다.

아파트 단지는 그 규모가 다양하다. 큰 아파트 단지의 경우 수천세대가 거주하여 거주 인구면에서는 소도읍의 인구수준이다. 그럼에도 불구하고 아파트 단지라는 이유 때문에 도로교통법상의 필요로 하는 시설설치나 효력을 지니지 못하고 있다는 점이 풀어야 할 과제이다. 아파트 단지 내 사고예방을 위해 통학차량이나 택배차량 등의 주정차 구역을 별도로 지정하고 안전한 보행로를 확보하는 것이 중요한 대안이라 할 수 있다.[4]

2.4 화재

아파트(특정소방대상물)의 관계인은 아파트의 규모·용도 및 수용 인원 등을 고려하여 소방시설을 갖추어야 한다.[5] 그리고 100세대 이상 아파트에는 소방자동차 전용 주차구역을 의무적으로 설치하도록 하고, 전용구역에 소방자동차 외의 차를 주차하거나 전용구역에의 진입을 가로막는 등의 방해 행위를 한 경우 100만 원 이하의 과태료를 부과한다.[6] 아파트(특수건물)의 소유자는 그 건물의 화재로 인하여 타인이 사망하거나 부상을 입었을 때 또는 다른 사람의 재물에 손해가 발생한 때에는 과실이 없는 경우에도 보험금액의 범위에서 그 손해를 배상할 책임이 있다. 이 경우 실화책임에 관한 법률에도 불구하고 아파트의 소유자에게 경과실이 있는 경우에도 그 손해를 배상할 책임이 있다.[7] 아파트(특수건물)의 소유자는 위의 손해배상책임을 이행하기 위하여 그 건물에 대하여 손해보

---

4) 안전저널(http://www.anjunj.com); https://www.anjunj.com/news/articleView.html?idxno =23509, 아파트 단지 내 교통사고 절반 이상, '등하교·등하원' 시간대 집중, 이예진 기자, 2019.11.29.

5) 화재예방, 소방시설 설치·유지 및 안전관리에 관한 법률 제9조 제1항, 화재예방, 소방시설 설치·유지 및 안전관리에 관한 법률 시행령 제15조 및 별표 5.

6) 소방기본법 제21조의2 제1항·제2항, 제56조 제2항, 소방기본법 시행령 제7조의12.

7) 화재로 인한 재해보상과 보험가입에 관한 법률 제4조 제1항.

험, 회사가 운영하는 특약부화재보험에 가입해야 한다.[8]

아파트 화재로 인명과 재산 피해를 입은 사례를 소개한다. 2015년 1월 10일 오전 9시 27분경, 경기도 의정부시 의정부동 대봉그린아파트(평화로483번길 44) 1층에서 최초 화재가 발생하였다. 경찰의 CCTV 확인 결과 사륜바이크(ATV) 한 대가 주차장으로 들어가고, 운전자가 내려서 보넷을 조작하고 아파트로 들어간 뒤 약 20여 분 후에 불이 붙었다고 한다. 경찰은 ATV 운전자를 기존 실화죄에 과실 치사상 혐의를 추가하여 구속영장을 신청하였다. 수사가 진행되면서 ATV 의 키박스에 꽂힌 키가 잘 빠지지 않자 운전자가 라이터로 키박스를 녹이려는 과정에서 전선의 피복이 벗겨지면서 합선 등의 이유로 화재가 발생한 것으로 보고 있다.

화재가 발생한 대봉그린아파트에는 약 90여 가구가 거주 중인 것으로 알려져 있다. 법률상 해당 건물은 스프링클러 설치 대상이 아니고, 다만 비상벨 작동에 관련해서 주민들의 증언이 엇갈리고 있어서 정확한 사실관계가 밝혀져야 할 것이다. 발화지점인 지상 1층 주차장에 주차되어 있던 차량 10여 대 이상이 전소했고, 강풍을 타고 불길이 거세지면서 건물 외벽을 타고 옆 건물로 화재가 번지는 등 자칫 커다란 대형 재난으로 번질 가능성이 높았다. 화재가 발생한 건물은 유독가스와 연기가 복도와 계단을 타고 위쪽으로 번지는 이른바 굴뚝 효과가 발생, 초기에 주민들이 제대로 대피하지 못한 원인이 되었으며, 일부 주민들은 옥상으로 올라가 구조를 기다리거나 옆 건물 옥상으로 뛰어들어 피신을 하기도 했다. 이번 화재로 인해 사건 당일 총 4명의 사망자와 124명의 부상자가 발생했다. 중화상을 입고 치료 중이던 20대 여성이 숨지면서 사망자는 5명으로 늘었다.[9]

의정부 대봉그린아파트 화재는 우리나라 건축물의 취약한 화재안전성을 총체적으로 드러냈다. 안전이 고려되지 않은 필로티 구조와 화재초기부터 막혀버린 단일 피난로, 가연성 외장재 등의 문제가 지속적으로 지적되고 있다. 필로티 (pilotis)란 건축물 1층에 기둥만 있는 트인 공간으로 사람이나 차량의 통행 또는 주차장으로 활용할 수 있도록 구성한 구조를 말한다. 화재가 발생한 대봉그린아

---

8) 화재로 인한 재해보상과 보험가입에 관한 법률 제5조 제1항 본문.

9) [집중취재] 의정부 화재 피해 키운 주범은 "건축법"… 어떤 대책 필요하나, 소방방재신문, 2015년 1월 23일; http://fpn119.co.kr/30055

파트는 1층의 필로티 공간을 주차장으로 사용하였다. 필로티 건축물이라는 장점도 있지만 화재발생 시 유일한 피난로가 봉쇄되어있었던 문제점이 확인되었다. 화재 당시 1층에서 최초 발생한 불은 주차장을 시작으로 순식간에 건축물 외장재로 옮겨 붙었다. 드라이비트 공법을 적용하면서 단열재로 화재에 취약한 EPS(Expanded Poly－Styrene, 스티로폼 재질의 발포 스타이렌)를 사용한 탓이다.

화재 발생 오피스텔이 소화설비 사각지대에 놓인 10층 이하 건물이라는 점도 문제점으로 부상했다. 대봉그린아파트 건물은 스프링클러 등 자동소화설비가 없었다. 당시 법상 11층 이상일 경우에만 모든 층에 스프링클러를 설치해야 하지만 이 건물을 해당되지 않았다. 그리고 화재진압을 위해 약 6분 만에 소방차가 화재 현장에 도착했지만 주변에 주차한 차량들 때문에 화재진압과 구조작업은 순탄치 못했다. 또 화재 발생 건물 바로 뒤 쪽에 위치한 철도는 소방차량의 접근조차 불가능하게 만들었다. 자동소화설비의 사각지대를 해소하고 화재 시 초기 소화가 가능한 시설을 갖출 수 있도록 제도를 개선해야 한다는 교훈을 얻게 된 사건이다.

아파트단지에서 안전문제와 직접적인 연관은 적다하더라도 아파트 주민들은 층간소음으로 다양한 갈등과 불편을 경험하고 있다. "층간소음"이란 입주자 또는 사용자의 활동으로 인하여 발생하는 소음으로서 다른 입주자 또는 사용자에게 피해를 주는 다음의 소음을 의미한다. 다만 욕실, 화장실 및 다용도실 등에서 급수·배수로 인하여 발생하는 소음은 제외한다.[10]

아파트의 입주자·사용자는 아파트에서 뛰거나 걷는 동작에서 발생하는 소음이나 음향기기를 사용하는 등의 활동에서 발생하는 소음 등 층간소음[벽간소음 등 인접한 세대 간의 소음(대각선에 위치한 세대 간의 소음을 포함)을 포함]으로 인하여 다른 입주자·사용자에게 피해를 주지 않도록 노력해야 한다.[11] 층간소음으로 피해를 입은 입주자·사용자는 관리주체에게 층간소음 발생 사실을 알리고, 관리주체가 층간소음 피해를 끼친 해당 입주자·사용자에게 층간소음 발생을 중단하거나 차음조치를 권고하도록 요청할 수 있다. 이 경우 관리주체는 사실관계 확인을 위하여 세대 내 확인 등 필요한 조사를 할 수 있다.[12]

---

10) 공동주택관리법 제20조 제5항 및 공동주택 층간소음의 범위와 기준에 관한 규칙 제2조.
11) 공동주택관리법 제20조 제2항.
12) 공동주택관리법 제20조 제1항.

관리주체의 조치에도 불구하고 층간소음 발생이 계속될 경우에는 층간소음 피해를 입은 입주자·사용자는 공동주택관리 분쟁조정위원회나 환경분쟁조정법 제4조에 따른 환경분쟁조정위원회에 조정을 신청할 수 있다.[13]

그리고 안전문제와 연관하여 의무관리대상 아파트[14] 단지에는 보안 및 방범을 위하여 영상정보처리기기를 설치해야 한다.[15] 아파트 단지에 영상정보처리기기를 설치하거나 설치된 영상정보처리기기를 보수 또는 교체하려는 경우에는 장기수선계획에 반영해야 한다.[16] 관리주체는 영상정보처리기기의 촬영자료를 보안 및 방범 목적 외의 용도로 활용하거나 타인에게 열람하게 하거나 제공해서는 안 된다.

---

13) 공동주택관리법 제20조 제4항.
14) 의무관리대상 아파트: 150세대 이상 아파트 중 해당 아파트를 전문적으로 관리하는 자를 두고 자치 의결기구를 의무적으로 구성해야 하는 등 일정한 의무가 부과되는 아파트를 말한다 (공동주택관리법 제2조 제1항 제2호 및 공동주택관리법 시행령 제2조).
15) 공동주택관리법 시행령 제2조 및 주택건설기준 등에 관한 규정 제39조.
16) 공동주택관리법 시행규칙 제8조 제1항.

03 공동주택 안전에 대한 인식

공동주택에서 안전의식이란, 안전에 관하여 공동주택단지 주민이 공유하고 있는 태도나 가치관을 통칭하는 개념이다. 안전사고 예방을 위한 다양한 활동에도 불구하고 여전히 동일한 사고가 반복되는 등 기술적인 노력만으로는 안전사고를 줄이는 데 한계에 도달했다고 생각된다. 아파트 단지 내 주민과 공동주택 관리자 모두 스스로가 지닌 안전의식, 안전문화에 중요성이 더욱 커지고 있다.

지난 반세기 동안 고도경제성장을 경험한 우리사회의 구성원들은 급속한 발전 속에서 적지 않은 사고와 재난을 목격하고 이들이 경험한 바에 따르면 이러한 재난과 사고가 지속되고 있음에도 불구하고 우리사회는 전반적으로 안전불감증이 여전히 만연하고 있다. 그리고 전반적으로 안전문화에 대한 국민인식도 낮은 편이다. 지난 2010년 소방방재청 조사 결과에 따르면 우리 국민의 83%가 우리사회에 '안전불감증'이 심각하다고 인식하고 있는 것으로 나타났다. 그 원인으로는 우리사회에 만연해 있는 적당주의(48.4%)와 안전교육 및 홍보 부족(24.8%)을 꼽고 있다. 안전불감증은 한국의 경제사회 발전에 부정적 장애요소로 작용하고 있다.

안전불감증(safety frigidity, 安全不感症)의 사전적 의미는 안전사고에 대한 인식이 둔하거나, 안전함에 익숙해져 사고 위험성에 대해 별다른 자각을 갖지 못하는 상황을 일컫는 말이다. 이웃 일본과 달리 한국은 지진 등 자연재해 발생 가능성이 상대적으로 낮은 상태라 이러한 증상이 더욱더 심하게 나타난다. 한편, 안전불감증과 반대되는 개념으로, 안전에 대해 과도하게 반응해 지나친 불안함을 느끼는 것을 안전과민증(安全過敏症)이라고 부른다.

하가 시게루 교수(릿쿄 대학 현대심리학부)는 2012년 『안전 의식 혁명(안전불감증이 없어지지 않는 이유)』을 출간했다. 이 책은 대지진과 원자력 발전소 사고에 관한 것은 물론, 자동차를 오래 몬 사람들이 더 큰 사고를 저지르는 이유, 스키를 잘 타는 프로 선수가 사고가 나면 크게 다치는 이유, 젊은 남자들과 어린이들이 늘 안전사고를 저지르는 이유, 저타르 담배와 폐암 발병률 상승의 관계, 2003년 2월 18일에 우리나라에서 벌어진 대구 지하철 화재가 왜 사망자만 198명에 달했던 대참사로 이어졌는가까지 상세하게 다루었다. 저자는 인재가 끊이지 않는 이유로 진화심리학적 적응이나 신경생리학적 작용도 관련되어 있다고 지적했다(하가 시게루 지음, 조병탁·이면헌 옮김, 2015). 저자의 핵심 메시지는 안전불감증은 인간의 내면에 뿌리를 내리고 있다는 것이다. 인재를 없애려면 안전 관련 시스템을 개선하는 것이 중요하지만, 한편으로는 방심하고 자만하는 태도 즉 "항상 이렇게 해도 별일 없었잖아", "나 하나쯤은 괜찮겠지" 같은 생각을 경계하고 사고에 대비하는 자세가 절실히 필요하다.

우리는 수많은 불안전 행동을 하더라도 사고는 잘 발생하지 않기 때문에 위험 지각이 낮아지고 이로 인해 불안전 행동을 하게 된다. 예를 들어 수백 번의 불안전 행동을 하는 동안 전혀 사고가 발생하지 않게 되면 사람들의 위험 지각이 경험을 통해 낮아지게 되는 것이다. 그리고 기존의 위험지각에 대한 연구에 따르면 위험요인이 반복될수록, 친숙할수록, 통제할 수 있다고 생각할수록, 이득이 있을수록 위험 지각이 낮아진다는 것이다. 이러한 생각이 지속될수록 사람들은 안전불감증을 가지게 된다. 그래서 안전문화 관련 교육과 훈련을 체계적이고 지속적으로 실시할 필요가 있다.

한국주택관리연구원에서 2020년 7월 20일~23일(4일간) 아파트 단지에서 근무 중인 주택관리사를 대상으로 아파트 단지 안전에 관한 설문조사를 실시하였다. 응답자 389명의 응답결과는 아래와 같다.[17]

주택관리의 책임을 지고 있는 현직 주택관리사들은 공동주택의 다양한 사고에 대하여 화재사고(세대 내, 공용부 포함)가 가장 큰 비중의 사고라고 응답하였다(표 1-4). 그 다음으로 풍수해(태풍, 홍수, 지진 등 자연재해)와 낙상, 미끄럼 사고였다. 그리고 단지 내 사고 중 가장 빈번한 사고 1위를 차지한 것은 승강기 사고라고 밝히고 있다(표 1-5).

---

17) 조사대상은 대한주택관리사협회 회원(이메일주소가 확인된 11,829명) 389명이며, 조사 방법은 구글을 이용한 온라인 설문조사였다.

▌표 1-4 관리하는 공동주택에 대한 안전 수준 인식

(단위: %)

사고 유형	매우 위험	위험	보통	안전	매우 안전
세대 내 화재사고	4.1	14.7	35.5	39.9	5.9
공용부 화재사고	2.3	8.7	27.5	50.1	11.3
승강기 사고(e.g. 추락, 멈춤, 갇힘 등)	1.8	10.3	36.3	43.4	8.2
어린이 놀이시설 사고	1.5	7.2	30.3	50.6	10.3
단지 내 범죄(폭력, 절도, 성범죄 등)	0.0	7.5	32.4	52.4	7.7
풍수해(e.g. 태풍, 홍수), 지진 등 자연재해	2.1	14.9	37.3	40.6	5.1
낙상, 미끄럼, 설치물 탈락으로 인한 사고	1.5	14.4	46.6	35.2	2.8
단지 내 교통사고	1.0	13.1	39.6	40.1	6.2
주택관리종사자 산업재해(e.g. 낙상, 화재, 감전)	2.1	13.4	41.1	40.4	3.1
공동주택 전반	0.8	11.8	39.1	47.0	1.3

출처: 한국주택관리연구원, 2020.

▌표 1-5 안전사고 발생 횟수(지난 1년)

(단위: %)

구분	0회	1~2회	3~5회	6~10회	11회 이상
세대 내 화재사고	86.4	13.1	0.3	0.3	0.0
공용부 화재사고	96.4	3.3	0.0	0.3	0.0
승강기 사고(e.g. 추락, 멈춤, 갇힘 등)	44.7	33.7	15.9	3.6	2.1
어린이 놀이시설 사고	86.1	12.9	1.0	0.0	0.0
단지 내 범죄(폭력, 절도, 성범죄 등)	85.9	11.8	1.8	0.5	0.0
풍수해(e.g. 태풍, 홍수), 지진 등 자연재해	75.6	22.9	1.5	0.0	0.0
낙상, 미끄럼, 설치물 탈락으로 인한 사고	82.0	16.5	1.3	0.3	0.0
단지 내 교통사고	77.6	16.7	5.1	0.0	0.5
주택관리종사자 산업재해(e.g. 낙상, 화재, 감전)	89.7	10.0	0.3	0.0	0.0

출처: 한국주택관리연구원, 2020.

일반적으로 예상하기로는 모든 아파트 단지에는 안전사고를 예방하고 대응할 수 있는 관리 매뉴얼이 비치되어 있을 것으로 판단한다. 그런데 실제 관리책임자들의 설문조사 결과는 예상과 많은 차이를 보이고 있다. 대부분의 아파트 단지는 이러한 안전사고를 대비하는 매뉴얼이 없거나 잘 모른다고 응답하였다. 예를 들어 단지 내 교통사고를 예방하고 대응할 수 있도록 매뉴얼이 있는 단지는 35%에 불과하고 61.%는 없거나, 3.6%는 모른다는 반응을 보였다(표 1−6).

▮ 표 1-6 관리하는 공동주택의 사고 예방 또는 대응 매뉴얼 유무

(단위: %)

구분	있다	없다	모른다
세대 내 화재사고	74.8	22.6	2.6
공용부 화재사고	83.3	15.4	1.3
승강기 사고(e.g. 추락, 멈춤, 갇힘 등)	80.7	17.2	2.1
어린이 놀이시설 사고	65.6	31.1	3.3
단지 내 범죄(폭력, 절도, 성범죄 등)	42.9	52.7	4.4
풍수해(e.g. 태풍, 홍수), 지진 등 자연재해	55.8	41.1	3.1
낙상, 미끄럼, 설치물 탈락으로 인한 사고	51.7	45.5	2.8
단지 내 교통사고	35.0	61.4	3.6
주택관리종사자 산업재해(e.g. 낙상, 화재, 감전)	71.0	25.7	3.3

출처: 한국주택관리연구원, 2020.

주택관리사들에게 중점적으로 관리해야 하는 재난 및 안전 분야를 묻는 질문에는 화재사고가 가장 큰 비중을 차지하였다(표 1−7). 관리사들이 생각하는 가장 효과적인 입주민의 안전의식 향상은 언론매체를 통한 지속적 캠페인과 재난안전 예방 및 대응요령 매뉴얼 제작 및 배포를 꼽았다(표 1−8). 그리고 주택관리사들이 생각하는 공동주택의 안전을 강화하기 위해 가장 시급한 것으로는 입주민이 직접 참여하는 안전교육 확대와 이를 통한 안전의식 수준 향상과 공동주택 시설물 안전 개선을 지적했다(표 1−9). 이러한 사고가 발생하는 배경에는 안전불감증이 중요 원인이며 안정불감증의 이유는 첫째, 안전에 대한 인식부족 및 무관심이며 그다음으로 안전교육 미흡, 안전관련 홍보 부족을 들었다(표 1−10).

┃ 표 1-7 공동주택에서 중점적으로 관리해야 하는 재난 및 안전분야

(단위: %)

구분	비율
세대 내 화재사고	34.2
공용부 화재사고	16.2
승강기 사고(e.g. 추락, 멈춤, 갇힘 등)	16.7
어린이 놀이시설 사고	1.8
단지 내 범죄(폭력, 절도, 성범죄 등)	1.0
풍수해(e.g. 태풍, 홍수), 지진 등 자연재해	4.4
낙상, 미끄럼, 설치물 탈락으로 인한 사고	5.4
단지 내 교통사고	1.8
주택관리종사자 산업재해(e.g. 낙상, 화재, 감전)	17.2
기타	1.3
합계	100.0

출처: 한국주택관리연구원, 2020.

┃ 표 1-8 공동주택 입주민의 안전의식 향상 방안

(단위: %)

구분	비율
동별/시간대별 안전교육	2.6
입주민 참여 안전 훈련 개발 및 보급	13.6
재난안전 예방 및 대응요령 매뉴얼 제작 및 배포	26.2
재난체험시설 또는 안전체험장 보급 및 체험	11.8
언론매체를 통한 지속적 캠페인	39.9
재난안전사고 예방을 위한 법규위반 행위 강력 단속	5.9
합계	100.0

출처: 한국주택관리연구원, 2020.

■ 표 1-9 공동주택의 안전을 강화하기 위해 가장 시급한 것

(단위: %)

구분	비율
안전규제 강화 등 법 · 제도 개선	7.2
공동주택 관리주체의 역량 강화	16.5
안전관련 관리비 확보	8.8
공동주택 시설물 안전 개선	20.4
공동주택 안전지수와 생활안전지도 등의 안전관리 개발 및 보급	17.3
입주민이 직접 참여하는 안전교육 확대와 이를 통한 안전의식 수준 향상	28.9
기타	0.8
합계	100.0

출처: 한국주택관리연구원, 2020.

■ 표 1-10 안전불감증의 이유

(단위: %)

구분	비율
안전교육 미흡	0.8
안전에 대한 인식부족 및 무관심	96.4
안전 관련 홍보 부족	1.5
기타	1.3
합계	100.0

출처: 한국주택관리연구원, 2020.

04 안전하고 살기 좋은 공동주택을 위하여

우리 사회에 안전문화를 정착시키는 것이 매우 어려운 실정이다. 따라서 안전문화와 관련한 의식을 정착시키기 위해서는 인식의 전환이 가장 우선시 되어야 하는데 이를 실현하기 위해서는 다양한 제도에 의한 시민성숙 프로그램이 뒷받침 되어야 하며, 지역민들, 특히 공동주택에 거주하는 주민의 적극적인 관심과 참여와 교육훈련 프로그램이 확대되어야 할 필요가 있다.

안전하고 살기 좋은 아파트단지를 만들기 위한 노력은 다양하게 전개되어 왔다. 그 중 한국의 지방자치단체 최초로 알려진 광명시의 "안전아파트 인증제 대상단지 선정"이다.[18] 안전아파트 인증제란 시민들의 안전에 대한 의식을 전환하는 계기를 마련하고, 더 나아가 살기 좋은 아파트를 만들기 위한 광명시만의 특수시책 사업으로 지난 2014년 11월 18일 안전아파트 운영을 위하여 주택조례를 개정하여, 2015년 5월부터 본격적으로 안전아파트 인증제를 실시하고 있다. 평가단은 신청한 아파트를 대상으로 건축·소방·가스·방범·어린이 놀이터 등 6개 안전 분야를 현장 실사하고 누수 등 단지 내 민원 감소를 위한 노력, 공동주택 비리와 관련된 행정조치의 반영사항 등 공동주택의 관리 실태를 종합적으로 평가해 최종 2개 단지를 선정한다.

선정된 단지는 안전아파트 인증패 및 표창을 수여하고 우수단지로 홍보된다. 그리고 안전아파트로 유지될 수 있도록 단지 내 도로, 상하수도, 부설주차장, CCTV 등 공용시설물의 설치 및 보수를 위한 사업비로 각각 2천만 원을 지원한다.[19]

---

18) 13년 미만 아파트인 역세권 휴먼시아5단지를, 13년 이상된 아파트인 도덕파크2단지 아파트를 최종 안전아파트로 선정하였다.

19) 광명시, "안전아파트 인증제" 대상단지 선정, 아파트뉴스, 2015.07.27.
http://m.apt-news.net/27296

한국토지주택공사(LH) 중앙공동주택관리지원센터는 국민생활과 밀접한 공동주택의 체계적인 안전관리 및 적절한 시설물 운영방안을 안내하고, 지진 등 각종 재난과 안전사고로부터 국민의 생명을 보호하기 위해 '공동주택 안전관리 매뉴얼'을 2019년 발간하였다. 매뉴얼은 보일러와 승강기, 놀이터 등 공동주택 시설물에 대한 안전관리 관련 법령 및 점검요령과 주요 안전사고 사례를 수록했으며, 단지 내 안전사고를 줄이기 위한 방안과 재난 시 행동요령까지 다양한 안전관리 내용을 포함했다. 이러한 매뉴얼을 각 아파트단지에 비치할 뿐 아니라 적극적인 안전관리에 임해야 할 것이다.

공동주택단지 내 안전사고를 예방하는 가장 근본적이고 효과적인 대책은 주민들의 안전생활을 습관화할 수 있도록 지속적으로 교육하는 것이 무엇보다 중요하다. 아울러 이를 위반했을 시 책임을 묻고 동시 처벌이 뒤따라야 한다.

안전의식의 고취 및 안전에 관한 습관과 행동으로의 실천은 조기 교육이 매우 중요하다. 그래서 어린이 대상 안전교육을 확대하고, 교육방식도 어린이들이 직접 안전사고를 경험해 볼 수 있는 체험식 교육 훈련을 지속적으로 실시해야 한다. 그리고 우수한 안전문화 활동을 전개하고 단지 주민의 안전의식이 고양된 아파트 단지에 대해서는 포상을 하는 보상체계를 구축이 필요하다. 공동주택단지 내 다양한 안전을 위한 활동에 대한 평가를 통해 향후 지속가능한 안전문화운동의 기틀을 마련할 수 있도록 안전문화운동의 평가 및 환류체계가 구축되어야 한다.

참고문헌

국가승강기정보센터, http://elevator.go.kr/stat/AccidentUse.do (2020.07.25 방문)

김근영(2012), "선진 안전문화 정착을 위한 제도 개선 연구", 행정안전부.

대한건축학회(2015), "건축물 유지관리 개선방안 연구용역 최종보고서", 국토교통부.

대한주택관리사협회(2014), "우수 어린이 놀이시설 표준모델개발", 행정안전부.

대한주택관리사협회(2015), 시설물에 관한 안전교육, 안전교육자료.

대한주택관리사협회(2018), 공동주택관리 및 윤리에 관한 보수교육. 주택관리사 보수교육
　　자료.

박계형(2010), "안전문화에 영향을 미치는 요인들에 관한 연구", 석사학위논문, 서울과학기
　　술대학교.

법제처(2019), 아파트생활, 알기쉬운 생활법령정보.

오윤경·정지범(2016), "범국가 재난안전관리의 전략에 대한 연구", KIPA 연구보고서 2016－24,
　　한국행정연구원.

정지범·윤건(2014), "안전혁신 마스터플랜: 기본방향 및 주요 해외사례", 경제·인문사연
　　구회.

정지범(2009), 국가종합위기관리, 법문사.

중앙공동주택관리지원센터(2019), 공동주택안전관리 매뉴얼, 국토교통부·한국토지주택공사.

하가 시게루 지음, 조병탁·이면헌 옮김(2015), 안전 의식 혁명, 한언.

하성규 외 10인, 한국주택관리연구원 엮음(2018), 아파트 공동체 － 상생을 생각하며, 박
　　영사.

하성규(2016), "공동주택과 안전문화의식" 한국아파트신문, 11월 9일.

하성규(2018), 주택정책론, 박영사.

하성규(2019), 한국인 주거론, 박영사.

한국소비자원, https://www.kca.go.kr/kca/sub.do?menukey＝5302 (2020.06.20 방문)

행정안전부, http://elevator.go.kr/stat/AccidentUse.do; (2020.07.19 방문)

공동주택 안전
관련 법제도 현황

공동주택
안전관리

김미란

법무법인 산하 부대표 변호사

01 안전사고, 어째서 반복되는가

　뉴스는 사건·사고를 주로 다루다 보니 거의 매일 빠짐없이 등장하는 것이 바로 안전사고 관련 소식이다. 소식을 전하는 사람이나 듣는 사람이나 안타까움에 절로 한숨이 나오지만 사고 당사자의 슬픔과 고통에 비할 수는 없을 것이다. 순식간에 생명을 앗아가고, 신체의 안전을 위협하며 재산상으로도 큰 손해를 끼치는 안전사고는 미연에 방지하는 것만이 최선임을 모르는 이가 없을 터인데 끊임없이 일어나는 이유는 대체 무엇일까?

　안전사고 소식 자체는 다종다양할지 몰라도 사고가 일어난 경위와 원인은 식상할 정도로 비슷해 안타까움이 배가된다. 안전사고의 원인을 규명하고 대책을 촉구하는 뉴스에 '안전불감증', '매뉴얼이 없다'거나 '매뉴얼은 있었지만 지키지 않았다'는 말은 누구나 한 번쯤 들어 봤던 익숙한 멘트일 것이다. 사고가 일어날 때마다 유사한 원인이 지적되고, 대책 마련이 시급하다고 외치는데도 사고는 여전히 반복된다.

공동주택 안전사고, 이제는 달라져야

　많은 사람이 모이는 공간일수록 안전사고의 위험은 높아지고, 사고 발생으로 인한 피해도 광범위하게 발생한다. 안전사고 예방을 위한 철저한 관리가 어느 곳보다 필요하다는 점은 모두가 공감할 것인데, 실제로 어디를 어떻게 얼마나 관리해야 하는지 정확하게 알고 있는 것 같지는 않다.

　공동주택 안전관리자를 비롯해 입주자 등 이해관계자 모두가 안전하게 생활하기 위해 마련한 관련 법령과 제도의 내용을 숙지하고 잘 준수하는 것이 첫 단추가 될 것이다. 공동주택에서 주로 발생하거나 발생 위험이 높은 사고의 유형별로 화재, 태풍 등 자연재해로 인한 시설물 안전사고 등 관련 법령과 제도의 내용을 살펴보고, 안전사고 발생 시 법적 책임이 누구에게 귀속되는지도 함께 살펴보기로 한다.

03 화재 관련 안전사고

3.1 판례 속 공동주택 화재 관련 안전사고의 모습과 법적 책임의 소재

공동주택 화재 관련 안전사고 중에는 지하주차장에서 화재가 발생해 주차되어 있던 차량들이 불에 타거나 그을리는 등의 손해가 발생하는 일이 꽤 많다. 이 경우 사고로 인한 손해배상책임이 관리주체에게 있는지에 대해 상반된 판례가 있어 소개하고자 한다. 두 사안 모두 아파트 지하주차장에서 화재가 발생한 점, 차량이 소실되고, 스프링클러가 작동하지 않은 점 등 꽤 유사한 점이 많았는데도 관리주체의 책임 인정 여부에 대해 전혀 다른 판단이 나왔다. 무엇이 달랐을까?

1) 관리주체 책임 인정(서울중앙지방법원 2019.10.16. 선고 2016가단5313772 판결 참조)

가) 사건의 경위

아파트 지하주차장에서 화재가 발생하여 차량이 거의 스무대 정도 타버렸고, 설비도 타서 일부 세대는 단전도 되었다. 불행하게도 스프링클러가 작동되지 않았고, 그로 인해 손해가 확대된 것은 말할 것도 없다.

이렇게 사고가 나면 일단 보험사가 보험처리를 통해 손해를 입은 차량들의 직접적인 피해를 바로 보상하게 된다. 그렇게 급한 불을 끄고 나면 보험사는 궁극적으로 이 화재에 대해 책임을 져야 하는 사람을 찾아 나선다. 이 사고에 직접적인 책임이 있는 자, 이 화재 사고로 손해를 배상할 만큼 잘못을 저지른 자를 찾아내서 구상금 청구에 나선다. 이 사건에서 보험사는 최초 발화 차량의 차주와 그 차의 보험사, 그리고 아파트 관리주체를 상대로 구상금 청구 소송을 제기했다.

　　법원은 보험사의 손을 들어주었을까? 법원은 관리주체에게만 책임이 있다고 보았다. 어떤 연유인지 보자.

나) 법원의 판단

　　민법 제758조에 따르면 공작물의 설치 또는 보존상 하자로 인해 타인에게 손해를 가한 때에는 공작물 점유자가 1차적으로 손해를 배상할 책임이 있고, 점유자가 손해 방지에 필요한 주의를 해태하지 않은 때에는 2차적으로 소유자가 배상하도록 규정하고 있다. 이때 공작물의 설치·보존상 하자란 공작물이 용도에 따라 통상 갖춰야 할 안전성을 갖추지 못한 상태를 말한다. 그리고 그 판단은 공작물 설치·보존자가 공작물의 위험성에 비례해 사회통념상 일반적으로 요구되는 정도의 방호조치의무를 다했는지 여부를 기준으로 한다. 입증책임의 원칙상 공작물의 설치·보존상 하자가 존재한다는 점은 손해배상을 청구하는 피해자에게 있다.

　　이 사안에서 드러난 여러 제반 사정에 비추어보면 최초 발화 차량에서 전기적 요인에 의한 것으로 추정되는 화재가 발생한 것은 맞지만 그것이 차주가 차량을 보존함에 있어 사회통념상 일반적으로 요구되는 방호조치의무를 다하지 않았기 때문으로 보기는 어렵다. 따라서 최초 발화차량의 차주나 그 보험사는 구상을 당할만한 책임은 없다.

　　그러나 법원은 관리주체에 대해서는 책임을 인정했다.

　　화재예방, 소방시설 설치·유지 및 안전관리에 관한 법률 제9조 제1항에 따르면, 관리주체는 옥내소화전설비 및 스프링클러설비를 안전기준에 맞게 유지·관리할 의무를 부담한다. 이 아파트는 화재 사고 당시 옥내소화전과 스프링클러 가압펌프가 작동하지 않았는데 관리주체는 그건 시공사가 관련 법령을 위반하여 소방 전기회로를 설계하고 시공한 탓이라고 주장했다. 관리주체로서는 이러한 설계나 시공상 하자를 예견할 수 없었으므로 과실이 없다는 취지의 항변이다. 하지만 법원은 이를 받아들이지 않았고, 오히려 만일 안전기준에 위반된 상태로 소화설비가 시공되어 있다면 관리주체는 안전기준에 맞게 이를 바로잡도록 노력해야지 위반상태로 방치해서는 안 된다고 보았다. 설사 시공사가 안전기준에 어긋나는 설비를 설치한 잘못이 있다 해도 위 설비의 관리자로서 안전기준에 부합한 상태로 설비를 유지·관리하여야 할 관리주체의 의무가 소멸하는 것은 아니기 때문이다.

이 아파트 스프링클러는 준비 작동식이라 화재감지기가 화재를 감지하여 화재 신호를 화재수신반에 보내면 연동된 밸브가 개방되어 1차 배관 안에 있던 가압수가 평소에는 비어있는 2차 배관 안에 공급되고, 일정 온도 이상의 열이 가해지면 스프링클러 헤드가 개방되면서 살수가 되는 방식이었다. 사고 당시 화재수신반과 스프링클러 연동을 중지시켜놨던 점도 관리주체의 과실을 인정하는 중요 단서가 되었다.

다만, 법원은 관리주체의 과실로 화재 사고로 인한 손해가 확대된 점은 인정하면서도 화재가 아파트 자체 설비가 아닌 차량에서 최초 발화되었으므로 화재 발생 자체에 관리주체의 책임을 인정하기 어려운 점, 화재의 원인과 규모, 피해의 대상과 정도, 연소 및 피해 확대 원인, 관리주체의 과실 정도 등을 고려할 때 그 책임 비율은 손해액의 50%로 제한된다고 판시했다.

2) 관리주체 책임 부정(서울남부지방법원 2015.2.6. 선고 2014나 52273 판결, 수원지방법원 2015.4.29. 선고 2014나19049 판결 참조)

가) 사건의 경위

이 사건도 아파트 지하주차장에서 화재가 발생했고 스프링클러는 작동하지 않았다. 다만 화재의 원인은 입주민의 고의적인 방화였다. 그런데 공교롭게도 소방전선이 설치된 천장보 아래에서 불을 지르는 바람에 스프링클러 작동이 안 된 것이다.

이 화재로 주차되어 있던 차량 여러 대가 타거나 그을렸고, 보험사고 처리 후 보험사들이 방화범과 관리주체를 상대로 구상청구에 나섰다. 방화범에 대해서는 당연히 구상청구가 인정되었지만 관리주체의 책임은 인정되지 않았다. 보험사가 다양하다 보니 사건도 여러 개였는데, 서울남부지방법원에서 진행된 사건은 1심에서 보험사 손을 들어줬었지만, 항소심에서 뒤집어졌다. 과연 관리주체의 책임이 인정된 앞 사건과 어떤 차이가 있는 것일까?

나) 법원의 판단

우선, 이 아파트에 설치된 스프링클러는 화재감지기로부터 4m 지점에서 나는 일정 기준 이상의 연기와 72℃ 이상 열이 감지되면 중계기에서 증폭된 신호가 수신기로 전달되어 밸브가 개방되어 작동하는 방식이다. 그런데 방화범이 소방전선이 설치된 천장 아래에서 고의적으로 불을 질렀고, 화재 감지기에서 감지된 신호를 전달하는 소방전선이 전부 타버린 것이다. 이로 인해 역전류가 발생했고, 스프링클러를 작동하기 위한 중계기와 수신기 회로기판이 손상되었다. 결국 화재 당시 화재감지기는 정상 작동했지만 소방전선과 회로기판이 손상되어 스프링클러가 작동하지 않은 것이다.

원래 소방서는 이런 사고가 나면 소방시설법 위반으로 과태료를 부과하지만 이 사건에서는 부과하지 않았다. 그 이유는 스프링클러 미작동 원인이 이처럼 관리주체의 소방시설 설치·유지 및 안전관리상 문제가 아니라 건축물의 구조적인 부분, 이를테면 천장보에 설치된 탓에 교차 회로가 작동하지 않았다고 본 것이다.

법원 역시 이 사고는 방화와 시공사가 소방전선을 천장보에 설치한 아파트의 구조적인 문제에 원인이 있었던 것으로 보인다면서 관리주체가 소방시설물 유지 및 관리에 필요한 주의의무를 게을리했다고 볼 수 없어 보험사의 구상금 청구를 기각했다.

3) 결론

비슷해 보이지만 전혀 다른 법원의 판단이 나왔다. 이는 비슷해 보였지만 사실은 전혀 다른 사건인 걸로 보는 것이 타당하다. 왜냐하면 법원이 적용한 법리는 같기 때문이다. 관리주체의 책임은 소방설비 유지 및 관리에 주의의무를 다하지 않았는지 여부에 달려있다.

그러므로 공동주택 화재안전관리자인 관리주체는 화재로 인한 안전사고 예방을 위한 제도와 법령의 내용을 숙지하고 선량한 관리자로서의 의무를 충실히 이행하여야 할 것이다.

3.2 공동주택의 화재로 인한 안전사고 예방을 위한 제도와 법령의 내용

1) 공동주택관리법

공동주택관리법은 공동주택 공용부분의 유지·보수 및 안전관리업무를 관리주체가 수행하여야 할 업무로 규정하고 있다(공동주택관리법 제63조 제1항 제1호). 또한 관리사무소장은 공동주택의 안전하고 효율적인 관리로 입주자 등의 권익을 보호하기 위해 시설물 안전관리계획을 수립하고 건축물 안전점검에 관한 업무를 집행하도록 규정하였다(동법 제64조 제2항 제2호). 그 밖에도 관리주체의 업무를 지휘하고 총괄하며 안전관리계획의 조정 등 업무를 수행하도록 규정하였다(동법 제64조 제2항 제4호, 동법 시행령 제30조 제1항). 관리사무소장은 이와 같은 업무를 선량한 관리자의 주의로 수행하여야 함은 물론이다(동법 시행령 제64조 제4항).

2) 화재예방, 소방시설 설치 유지 및 안전관리에 관한 법률(이하 '소방시설법'이라 약칭)

소방시설법에 따르면 특정소방대상물 관계인에게 여러 가지 권한과 함께 의무를 부여하고, 이를 위반한 경우 형사처벌 또는 과태료 등의 행정제재를 가하고 있다. 우선 특정소방대상물, 소방시설이란 무엇을 말하는 것일까? 그 의미를 살펴본 후 특정소방대상물 관계인에게 부여된 권한과 의무, 위반시 제재의 구체적인 내용을 살펴보기로 한다.

특정소방대상물이란 소방시설을 설치하여야 하는 소방대상물로서 대통령령으로 정하는 것을 말하는데, 주택으로 쓰이는 층수가 5층 이상인 공동주택이나 근린생활시설 등을 뜻한다(동법 제2조 제1항 제3호, 동법 시행령 제5조 별표 2). 소방시설이란 소화설비, 경보설비, 피난구조설비, 소화용수설비, 그 밖에 소화활동설비로서 대통령령으로 정하는 것을 말하는데, 각각의 정확한 뜻은 다음과 같다(동법 제2조 제1항 제1호, 동법 시행령 제3조 별표 1).

소화설비란 물 또는 그 밖의 소화 약제를 사용해 불을 끄는 기계·기구 또는 설비로서 소화기 같은 소화기구나, 자동소화장치, 스프링클러설비 같은 것을 떠올리면 된다. 경보설비는 화재가 발생한 사실을 통보하는 기계나 기구 또는 설비를 말하고, 피난구조설비는 화재가 발생한 경우 피난하기 위해 사용하는 기구나 설비를 뜻한다. 완강기 같은 피난기구나 방화복 같은 인명구조기구나 유도등이 이에 해당한다. 그 밖에 소화용수설비는 화재를 진압하는 데 필요한 물을 공급하거나 저장하는 설비, 소화활동설비는 화재를 진압하거나 인명구조 활동을 위해 사용하는 설비를 말한다.

그렇다면 특정소방대상물 관계인의 권한과 의무, 위반시 제재의 내용은 어떤 것이 있을까?

특정소방대상물 관계인은 대통령령으로 정하는 소방시설을 소방청장이 정하여 고시하는 화재안전기준에 따라 설치 또는 유지·관리하여야 한다(동법 제9조 제1항). 만일 화재안전기준을 위반해 소방시설을 설치하거나 유지·관리하게 되면 300만 원 이하의 과태료가 부과된다(동법 제53조 제1항 제1호).

또한 소방본부장이나 소방서장은 소방시설이 화재안전기준에 따라 설치 또는 유지·관리되어 있지 아니할 때에는 해당 특정소방대상물의 관계인에게 필요한 조치를 명할 수 있다(동법 제9조 제2항). 소방본부장이나 소방서장의 명령을 정당한 사유 없이 위반한 경우 3년 이하의 징역 또는 3천만 원 이하의 벌금에 처해진다(동법 제48조의2 제1호).

뿐만 아니라 특정소방대상물의 관계인이 소방시설을 유지·관리할 때에는 소방시설의 점검·정비를 위한 폐쇄·차단 이외에는 소방시설의 기능과 성능에 지장을 줄 수 있는 폐쇄(잠금을 포함한다. 이하 같다)·차단 등의 행위를 하여서는 아니 된다(동법 제9조 제3항). 만일 이를 위반하여 소방시설에 폐쇄·차단 등의 행위를 하면 5년 이하의 징역 또는 5천만 원 이하의 벌금에 처해진다(동법 제48조 제1항). 그와 같은 범죄를 저질러 사람을 상해에 이르게 하면 7년 이하의 징역 또는 7천만 원 이하의 벌금에 처하며, 사망에 이르게 한 때에는 10년 이하의 징역 또는 1억 원 이하의 벌금에 처해진다(동법 제48조 제2항).

그 밖에도 특정소방대상물의 관계인은 건축법 제49조에 따른 피난시설, 방화구획(防火區劃) 및 같은 법 제50조부터 제53조까지의 규정에 따른 방화벽, 내부마감재료 등(이하 "방화시설"이라 한다)에 대하여 이를 폐쇄하거나 훼손하는 등의 행위, 그 주위에 물건을 쌓아두거나 장애물을 설치하는 행위, 위 시설의 용도에 장애를 주거나 소방기본법 제16조에 따른 소방활동에 지장을 주는 행위, 기타 위 시설을 변경하는 행위를 할 수 없다(동법 제10조 제1항). 만일 이 같은 행위를 하면 300만 원 이하의 과태료가 부과된다(동법 제53조 제1항 제2호). 또한 소방본부장이나 소방서장은 특정소방대상물의 관계인이 위와 같은 행위를 한 경우 위 시설의 유지·관리를 위하여 필요한 조치를 명할 수 있고(동법 제10조 제2항), 만일 위 명령을 정당한 사유 없이 위반하게 되면 3년 이하의 징역 또는 3천만 원 이하의 벌금에 처해 진다(동법 제48조의2 제1호).

뿐만 아니라 특정소방대상물의 관계인은 그 특정소방대상물에 대하여 소방안전관리 업무를 수행하여야 하고, 대통령령으로 정하는 특정소방대상물(이하 "소방안전관리대상물"이라 약칭)의 관계인은 소방안전관리 업무를 수행하기 위하여 대통령령으로 정하는 자를 행정안전부령으로 정하는 바에 따라 소방안전관리자 및 소방안전관리보조자로 선임하도록 규정하고 있다(동법 제20조 제1항 내지 제2항). 그러나 대통령령으로 정하는 소방안전관리대상물의 관계인은 소방시설관리업의 등록을 한 자(이하 "관리업자"라 약칭)로 하여금 소방안전관리 업무 중 대통령령으로 정하는 업무를 대행하게 할 수 있으며, 이 경우 소방안전관리 업무를 대행하는 자를 감독할 수 있는 자를 소방안전관리자로 선임할 수 있다(동법 제20조 제3항). 이와 같이 소방안전관리대상물의 관계인이 소방안전관리자를 선임한 경우에는 행정안전부령으로 정하는 바에 따라 선임한 날부터 14일 이내에 소방본부장이나 소방서장에게 신고하고, 소방안전관리대상물의 출입자가 쉽게 알 수 있도록 소방안전관리자의 성명과 그 밖에 행정안전부령으로 정하는 사항을 게시하여야 한다(동법 제20조 제4항). 특정소방대상물(소방안전관리대상물 제외)의 관계인과 소방안전관리대상물의 소방안전관리자의 업무는 소방계획서의 작성 및 시행, 자위소방대(自衛消防隊) 및 초기대응체계의 구성·운영·교육, 피난시설, 방화구획 및 방화시설의 유지·관리, 소방훈련 및 교육, 소방시설이나 그 밖의 소방 관련 시설의 유지·관리, 화기(火氣) 취급의 감독, 그 밖에 소방안전관리에 필요한 업무 등이다(동법 제20조 제6항).

3.3 화재 관련 안전사고 예방을 위한 필수 조치

1) 화재 예방

화재 예방은 불이 나지 않도록 힘쓰는 조치이다. 화재 원인의 철저한 관리를 통해 화재를 예방하고, 화재 예방 교육을 철저하게 실시하여야 할 것이다. 화재 원인의 철저한 관리란 앞서 살펴 본 여러 관련 법령의 내용을 숙지하고 준수하는 데에서 출발한다. 이는 자칫 화재가 발생한 경우 이어질 법적 분쟁에서 관리 주체가 억울하게 책임을 전부 부담하거나 잘못한 것에 비해 과한 책임을 지지 않을 수 있는 최소한의 조치가 된다.

2) 화재발생 시 피해 최소화

화재를 예방하는 것이 최우선일 것이나 만일 화재가 발생했다면 빨리 끄고, 빨리 피하여 피해를 최소화하는 것이 최선이다. 화재발생 시 대피 요령을 숙지하고 이를 반복하여 훈련함으로써 실질적인 안전 교육을 실시하고, 소방시설과 방화시설 등 관련 시설의 유지 및 보수를 철저히 하여야 한다.

3) 예방 조치의 수준과 정도

화재 예방 조치는 안전사고를 충분하게 예방할 수 있는 수준이어야 하며 형식적인 유지·보수로는 부족함은 물론이다.

04 태풍 등 자연재해 관련 시설물 안전사고

4.1 판례 속 태풍 등 자연재해 관련 시설물 안전사고의 모습과 법적 책임의 소재

우리나라는 매년 여름 지리한 장마 외에도 집중호우, 태풍 등 자연재해를 겪곤 한다. 이로 인해 발생하는 안전사고 역시 매년 보고된다. 반복되는 자연재해는 미리 예측하여 사고를 예방하고 대비할 수 있다는 측면에서 더 이상 천재지변이 아니라 결국 인재라는 비난을 피하기 어렵다. 최근 태풍 등 자연재해로 인한 안전사고의 법적 책임을 둘러싼 법정 공방의 내용 속에 어떻게 대비해야 할지에 대한 단서가 있다.

1) 태풍에 쓰러진 나무로 인해 주차된 차량이 파손되는 사고(부산지방법원 2019.8. 21. 선고 2019나44316 판결 참조)

가) 사건의 경위

2018. 10.경 태풍(이하 '본건 태풍'이라 약칭)으로 인하여 강한 바람이 불어 본건 아파트 주차장에 식재된 나무(이하 '본건 나무'라 약칭)가 쓰러졌다. 그로 인해 주차장에 주차되어 있던 A 소유 차량(이하 '본건 차량'이라 약칭)의 지붕이 파손되는 사고(이하 '본건 사고'라 약칭)가 발생하였다. 위 차량에 관하여 자동차종합보험을 체결한 보험사는 A에게 본건 차량의 수리비로 약 300만 원 상당의 보험료를 지급하였고, 본건 아파트 입주자대표회의(이하 '피고 입대의'라 약칭)를 상대로 구상금 청구의 소를 제기하였다.

나) 법원의 판단

(1) 공작물 책임

민법 제758조는 '공작물 등의 점유자, 소유자의 책임'이라는 제목으로 공작물 책임을 규정하고 있다. 이에 따르면 공작물의 설치 또는 보존의 하자로 인하여 타인에게 손해를 가한 때에는 공작물 점유자가 손해를 배상할 책임이 있고, 만일 점유자가 손해의 방지에 필요한 주의를 해태하지 아니한 때에는 그 소유자가 손해를 배상할 책임이 있다(동조 제1항). 수목의 식재나 보존에 하자가 있는 경우 역시 공작물 책임이 그대로 준용된다(동조 제2항). 이때 공작물 설치 또는 보존상 하자라 함은 공작물이 그 용도에 따라 통상 갖춰야 할 안전성을 갖추지 못한 상태에 있는 것을 말한다. 그리고 이와 같은 안전성을 구비하였는지 여부는 당해 공작물의 설치 보존자가 그 공작물의 위험성에 비례하여 사회통념상 일반적으로 요구되는 정도의 방호조치의무를 다하였는지 여부를 기준으로 삼아야 한다(대법원 1996.2.13. 선고 95다22351 판결 등 참조).

(2) 태풍으로 인한 재해의 경우

우리나라는 거의 매년 집중호우 내지 태풍 등 자연재해를 겪고 있다. 이런 기후 여건상 아파트의 유지·보수업무를 담당하는 입주자대표회의로서는 강풍을 동반한 태풍에 대해 만반의 준비로 충실한 대비책을 세워야 한다. 아파트 단지 내 식재된 나무가 꺾이거나 부서져 나무 주변을 통행하는 사람이 다치거나 주차된 차량에 위험을 가하는 일이 없도록 예방해야 한다. 나무나 가지가 바람에 버틸 힘이 있는지 여부를 수시로 점검해 부러질 위험이 있으면 가지치기를 하거나 지지대를 견고하게 세워 주는 등의 안전조치를 취하여 사고를 미연에 방지하여야 한다. 따라서 본건 나무가 태풍에 쓰러진 데에는 본건 사고 당시 통상 갖춰야 할 안전성을 갖추지 못한 것으로서 나무의 식재 또는 보존에 하자가 있었다고 봄이 상당하다.

(3) 본건 아파트 입주자대표회의가 공작물의 설치 또는 보존에 관한 주의의무를 다하였는지 여부

공작물의 설치 또는 보존상 하자는 공작물 자체가 통상 갖춰야 할 안전성을 결여한 상태를 의미한다. 이때 그 손해의 발생에 자연적 사실이 경합되었다 하더라도 그 손해가 천재지변의 불가항력에 의한 것이어서 공작물 설치 도는 보존상 하자가 없었더라도 불가피했다는 점이 입증되지 않는 한 그 손해는 공작물 하자로 인해 발생한 것으로 보아 공작물 책임은 인정된다(대법원 2005.4.29. 선고 2004다66476 판결 등 참조). 입증책임의 원칙상 천재지변의 불가항력으로서 하자가 없었다 해도 피할 수 없는 손해였다는 입증은 공작물 책임을 부담하게 된 점유자가 해야 함은 물론이다.

사안의 경우 본건 태풍은 5등급에 해당하는 슈퍼 태풍이었다. 입주자대표회의는 본건 나무를 비롯해 단지 내 나무 주변에 방풍벽 및 삼각 지지대를 설치한 사실은 인정할 수 있다, 그러나 입주자대표회의가 설치한 삼각 지지대는 그 형상에 비춰 5등급 슈퍼 태풍에 대비하기 위한 수단이라기보다는 일상적인 조경관리 수준을 넘지 않는 것으로 보인다. 따라서 입주자대표회의가 본건 아파트 시설의 설치 또는 보존에 관한 주의의무를 다했다고 보기는 어려워 본건 사고를 천재지변에 의한 불가항력이라고 볼 수는 없다.

(4) 손해배상책임의 제한

불법행위에 기한 손해배상 사건에서 피해자가 입은 손해가 자연력과 가해자의 과실 행위가 경합되어 발생한 경우 가해자의 배상 범위는 손해의 공평한 부담이라는 차원에서 손해 발생에 자연력이 기여한 부분을 공제한 나머지 부분에 제한되어야 한다(대법원 1993.2.23. 선고 92다52122 판결 등 참조). 당시 태풍의 등급이 슈퍼 태풍에 해당하였고, 언론 보도 등을 통해 강풍이 불 것을 충분히 알수 있었음에도 피해자가 지하주차장이 아닌 본건 나무 부근에 주차한 점 등을 고려하면 자연력의 기여도 및 피해자 측 과실을 90%로 봄이 상당하다.

2) 태풍으로 지붕 마감재가 떨어져 주차된 차량이 파손되는 사고(서울중앙지방법원 2019.8.20. 선고 2018나71641 판결)

가) 사건의 경위

2018. 4.경 태풍(이하 '본건 태풍'이라 약칭)으로 인해 강풍이 불면서 본건 아파

트 지붕에 부착되어 있던 슁글 등 지붕 마감재(이하 '본건 마감재'라 약칭)가 낙하해 주차되어 있던 B 소유 차량(이하 '본건 차량'이라 약칭)의 도장 등에 흠이 생기는 사고(이하 '본건 사고'라 약칭)가 발생하였다. 위 차량에 관하여 자동차종합보험을 체결한 보험사는 B에게 본건 차량의 수리비로 약 270만 원 상당의 보험료를 지급하였고, 본건 아파트 입주자대표회의(이하 '피고 입대의'라 약칭)를 상대로 구상금 청구의 소를 제기하였다.

나) 법원의 판단

(1) 손해배상책임 인정

법원은 매년 강력한 태풍을 경험해 온 우리나라의 기후 여건상 강풍이 불었다고 하여 곧바로 불가항력적인 자연재해로 볼 수는 없다고 전제하였다. 특히 공작물 설치 또는 보존상 하자는 공작물이 그 용도에 따라 통상 갖춰야 할 안전성을 갖추지 못한 상태를 의미하는데, 태풍을 경험해 왔다면 응당 그로 인해 발생할 수 있는 위험을 미리 예견했어야 한다고 보았다. 불과 1년 전에도 돌풍으로 인해 본건 아파트 지붕 마감재가 낙하하는 사고가 발생한 사실이 있다면 아파트 지붕에 대한 추가적이고 근본적인 보강 조치를 취할 시간적 여유가 있었다는 점에서도 단순히 아파트 지붕을 주기적으로 보수한 사실만으로는 문제된 지붕 마감재가 통상 갖춰야 할 안전성을 갖추지 못한 하자를 부인하기 어렵다고 판시하였다.

(2) 책임의 제한

본건 사고 당시 전국적으로 강풍 피해가 발생해 강풍주의보가 발령중이어서 대대적으로 주의를 촉구하는 상황이었으므로 운전자 역시 차량을 안전한 곳에 주차할 주의의무가 있었던 점, 입주자대표회의에서 9차례에 걸쳐 낙하물로 인한 차량 파손 우려 및 지상에 주차된 차량의 이동 안내 방송을 한 점, 그럼에도 운전자가 낙하물에 대한 아무런 대비도 하지 않은 채 그대로 지상에 주차해 둔 점, 입주자대표회의에서 주기적으로 지붕에 대한 보수공사를 시행해 온 점 등을 종합해 손해배상책임은 20%로 제한하였다.

3) 결론

태풍이라는 자연재해는 우리나라의 기후 여건상 일상적으로 닥치는 일이라 할 수 있다. 그러니 제대로 대비하지 못할 경우 과실이 인정될 여지가 크다. 태풍 외에 다른 재해 역시 마찬가지이다. 다만, 공작물 책임에서 직접 점유자는 관리업무 전반을 총괄하면서 구체적으로 직접 이를 수행하는 관리주체이고, 입주자대표회의는 간접 점유자에 불과하다고 본 여러 판례들에 비춰 볼 때 입주자대표회의가 자신은 간접 점유자에 불과하므로 면책된다는 주장을 하였다면 결론이 달라졌을까 궁금증이 남는다. 공작물 책임을 지게 된 입주자대표회의가 관리주체를 상대로 구상청구에 나설 가능성도 배제할 수 없으니 비록 위 사건의 당사자로 등장하지는 않았으나 관리주체가 이 문제에서 제외되기는 어려울 것이다.

4.2 공작물 책임을 통한 안전사고의 예방과 관리

1) 공작물 책임이 성립하기 위한 요건

민법 제758조에 따르면 '공작물의 설치 또는 보존의 하자로 인하여 타인에게 손해를 가한 때에는 공작물 점유자가 손해를 배상할 책임이 있다. 그러나 점유자가 손해의 방지에 필요한 주의를 해태하지 아니한 때에는 그 소유자가 손해를 배상할 책임이 있다'고 규정하고 있다.

공작물 책임이 성립하려면 ① 공작물로부터 손해가 발생해야 하고, ② 설치 또는 보존의 하자가 있어야 하며, ③ 손해와 공작물의 설치·보존상 하자 사이에 인과관계가 있고, ④ 점유자의 면책 사유가 없어야 한다.

공작물이란 인공적 작업에 의해 제작된 물건으로서 지상 및 지하에 인공적으로 설치된 토지 공작물이나 건물 일부를 이루는 건물 내부의 여러 설비는 물론 기업의 물적 설비 일반을 포함한다. 토지 공작물로는 건물, 광고탑, 옹벽, 도로, 교량, 육교, 터널, 담장, 축대 등이 있고, 건물 공작물에는 천정, 계단, 엘리베이터, 건물 내 공구나 기계류 등이 있다.

공작물의 설치 또는 보존의 하자란 공작물이 그 용도에 따라 통상 갖춰야 할 안전성을 갖추지 못한 상태에 있는 것을 의미한다. 이때 안전성을 구비하였는지 여부는 당해 공작물의 설치 보존자가 그 공작물의 위험성에 비례하여 사회통념상 일반적으로 요구되는 정도의 방호조치의무를 다하였는지 여부를 기준으로 삼아야 한다(대법원 1996.2.13. 선고 95다22351 판결 등 참조). 법령이나 행정청의 내부규정은 공작물 설치·보존상의 하자 유무를 판단하는 참작 기준일 뿐 절대적인 기준은 아니다. 따라서 법령 기준에 따라 공작물을 설치하였다고 해서 이후 생기는 주위의 자연적·인공적 환경변화에 따른 사고 예방조치 강구의무까지 면제되는 것은 아님에 주의하여야 한다.

공작물 설치상 하자는 공작물 축조 당시부터 존재하는 하자이고, 보존상 하자는 공작물 설치 이후 관리되는 사이에 생기는 하자를 뜻하며 이 같은 하자의 입증책임은 이를 주장하는 피해자에게 있다.

또한 손해는 공작물의 하자로 인하여 생긴 것이어야 한다. 불가항력인 경우에는 인과관계가 부정되어 공작물 책임을 인정할 수 없게 된다. 공작물 하자와 손해 사이의 인과관계는 일응 인정되는 것으로 보므로 하자가 없었다 하더라도 손해의 발생은 불가피했다는 점의 입증은 이를 주장하는 공작물 점유자에게 있다.

태풍이나 호우와 같은 자연력, 피해자의 과실이나 제3자가 개입하였다는 사정만으로 공작물 설치·보존상 하자와 손해의 발생 사이에 인과관계가 부정되지는 않는다. 다만, 이 같은 사정은 손해배상책임이 제한사유로는 작동할 수 있다.

위의 성립요건이 모두 갖춰진 경우, 즉 공작물의 설치·보존상 하자가 있고, 손해가 발생하였으며 인과관계가 인정된다면 원칙적으로 점유자가 공작물 책임을 부담한다. 다만, 손해의 방지에 필요한 주의를 해태하지 않았다면 점유자는 면책된다. 그에 비하여 소유자는 무과실 책임을 부담한다. 따라서 공작물 설치·보존상 하자가 없었다거나 불가항력으로서 인과관계가 부정되는 경우가 아니라면 소유자는 본인의 과실 여하에 상관없이 공작물 책임을 부담하게 된다.

2) 공작물 책임의 주체

공작물 책임은 1차적으로는 공작물의 점유자가 부담하고, 2차적으로는 공작물의 소유자가 부담한다. 점유자는 공작물을 사실상 지배하는 자를 말하는데, 간접점유자가 따로 있는 때에는 직접 점유자가 1차적인 책임을 부담하고, 직접 점유자가 손해 방지에 필요한 주의를 해태하지 않은 경우 2차적으로 간접점유자가 책임을 부담하게 된다.

관리주체와 입주자대표회의 중 누가 공작물의 직접 점유자일까?

공동주택을 관리하는 업무 전반을 총괄하면서 그 구체적인 수행을 직접적으로 담당하는 것은 관리주체이므로 공작물의 직접 점유자는 관리주체이고, 입주자대표회의는 간접점유자에 불과하다고 보는 판례들이 상당하다. 따라서 공작물 책임이 문제 될 때 1차적으로는 직접 점유자인 관리주체의 책임이 문제되나 입주자대표회의 역시 간접점유자이므로 직접 점유자인 관리주체가 손해방지에 필요한 주의의무를 해태하지 않은 경우 손해배상책임이 문제 될 여지가 있다할 것이다. 공작물 책임에서 소유자의 책임이 문제되는 것은 공작물 점유자에게 면책사유가 있는 경우, 점유자와 소유자가 동일한 경우, 점유자가 공작물 설치·보존상 하자로 손해를 입은 경우 등이다. 소유자의 공작물책임은 점유자와 달리 면책사유가 없는 무과실 책임이다.

4.3 태풍 등 자연재해로 인한 안전사고를 예방하기 위한 조치

1) 집중호우, 태풍, 폭염 등 자연재해와 예상되는 안전사고 유형

① 아파트 주차장 등 침수 피해
② 차량, 유리창 등 파손
③ 정전, 감전, 누전 등 사고
④ 비탈면, 옹벽, 축대 등 무너짐 사고
⑤ 마감재 등 시설물 추락 또는 낙하 사고
⑥ 수목 등 부러짐 사고

2) 자연재해로 인한 안전사고 예방 조치

① 호우 발생 시 침수 피해 예방 조치
- 주변 배수로, 빗물받이를 수시로 청소하고 사전에 정비 완료
- 비탈면, 옹벽, 축대 등의 안전성을 수시 점검하여 위험한 경우 관할 관청에 신고하여 사전에 정비 완료

- 침수 예상되는 주차장 등에는 호우 특보시 모래 주머니, 물먹이 판 등을 갖추어 피해를 예방
- 저지대 주차된 차량의 이동 안내
② 태풍 발생 시 강풍 등 피해 예방 조치
- 바람에 날아갈 위험 있는 지붕이나 간판, 나무 등을 미리 결박하는 등 안전조치
- 창문틀과 유리창 사이가 벌어지지 않도록 테이프 등으로 단단히 고정하고 노후된 창문은 강풍에 휘어지거나 파손될 위험이 크므로 사전에 교체하거나 보강 필요
- 간판이나 조립식 지붕, 전신주나 신호기 등 옥외 시설물이 추락할 경우를 대비해 강풍 발생 전에 제거하거나 안전한 곳으로 이동
- 강풍에 나무가 쓰러지고 뽑혀 날아갈 경우를 대비하여 위험한 나무를 솎아내거나 가지치기, 지지대를 견고하게 설치하는 등 보강 조치
- 강풍에 노출된 전선은 누전이나 감전 위험이 크므로 사전에 전선 연결 부위 점검하고 교체

3) 예방 조치의 수준과 정도

가) 예상되는 자연재해의 위험에 충분히 대비할 수 있는 수준이어야 한다. 따라서 일상적인 하자 보수나 관리 수준으로는 충분한 대비로 볼 수 없다.

나) 공작물의 용도에 따라 통상 갖춰야 할 안전성을 유지할 수 있는 정도여야 한다. 따라서 공작물의 위험성에 비례하여 사회통념상 일반적으로 요구되는 방호조치의무를 다하여야 한다.

05 예방을 위한 노력 필요

아파트 단지 내 사고는 아무리 조심해도 과할 것이 없다. 하절기에는 태풍 또는 장마, 동절기에는 빙판 사고가 주로 문제 되지만 조경이나 맨홀 관리 등 평상시에도 신경 써야 할 곳이 한두 군데가 아니니 계절을 가리지 않고 등장하는 안전사고는 늘 철저한 대비가 필요하다. 그러나 안전사고가 발생하였다고 해서 곧바로 손해배상책임을 인정하는 것은 아니고, 과실이 있는지 여부가 관건이다. 이는 절대적 안전성을 갖췄는지 여부가 아니라 물적·인적 설비 및 제반 사정을 감안한 상대적 안전성을 갖추었는지 여부로 판가름된다. 본래 관리주체의 과실 여부는 손해를 주장하는 원고가 입증해야 하지만 공작물 책임의 경우는 위험물을 관리하는 자에게 원칙적으로 과실이 있다고 보므로 오히려 관리주체가 주의의무를 다하였음을 입증한 경우에만 면책된다.

부디 안전사고 예방을 위한 각종 법령과 제도의 내용, 관련 사례에 나타난 법리를 잘 숙지하여 안전사고를 예방하기 위해 필요한 조치들을 잘 이행하기를 바란다. 그런 조치들의 충실한 이행이야말로 안전사고를 미연에 방지하고, 만일 안전사고가 발생하는 일이 있더라도 억울하게 책임을 부담하는 일이 없도록 도와준다.

CHAPTER

03

공동주택에서의
유형별 사고 발생현황

공동주택
안전관리

강은택

한국주택관리연구원 책임연구원

우리나라의 연도별 주택 유형 추이를 살펴보면, 아파트, 연립주택, 다세대주택 등 공동주택에 거주하는 가구는 꾸준히 증가하여, 최근에는 4가구 중 3가구가 공동주택에 거주하는 것으로 나타나고 있다. 또한 통계청(2016)의 한국인의 생활시간 변화상 자료[1])에 의하면, 우리나라 사람들이 주택에서 머무는 시간이 지속적으로 증가하는 것으로 조사되었다. 주택에 머무는 시간은 1999년 14시간 35분에서 2014년 14시간 59분으로 약 25분 정도 증가한 것으로 나타났다. 다만 미국(17.02시간), 영국(16.46시간), 캐나다(15.82시간) 등 외국에 비해서는 아직까지도 주택에 머무는 시간이 낮은 것으로 나타났다.

주택에 머무는 시간이 증가한 이유를 살펴보면, '그냥 집에서 쉬고 싶어서', '밖에 나가면 괜히 돈 쓸 일이 많아져서', '굳이 나가지 않아도 집에서 할 수 있는 것들이 많아서', '밖에 있는 것보다 집에 있는 게 마음 편해서' 등으로 나타나고 있다. 주택에서 주로 하는 활동은 'TV 보기 > 인터넷 정보 검색하기 > 집안일 하기 > 누워있기 > 영화보기 > 음악듣기' 등으로 나타났으며, 주택의 의미는 '휴식의 공간 > 두 발 뻗고 편히 누울 수 있는 공간 > 가족을 의미하는 공간 > 잠자는 공간 > 쉼터 > 가장 사적이고 소중한 공간 > 나만의 공간' 등으로 나타났다. 이와 같이 주택은 개인적으로 편안하게 쉴 수 있는 공간으로 많은 사람들이 생각하는 것으로 볼 수 있다.[2])

이렇듯 많은 사람들이 편안하게 쉴 수 있는 공간으로 생각하는 주택은 안전한 공간일까? 한국주택관리연구원(2020)의 공동주택에서 발생한 안전사고를 조사한 자료[3])에 의하면 공동주택에서도 안전사고가 지속적으로 발생하는 것으로

---

1) 통계청, 보도자료, 한국인의 생활시간 변화상(1999년~2014년), 2016.
2) 트렌드모니터, 2016 집의 의미 및 홈 인테리어 관련 조사, 2016.
3) 한국주택관리연구원에서는 2020년에 주택관리사를 대상으로 공동주택 안전사고 관련 의식

조사되었다. 조사된 공동주택의 최근 1년 동안의 세대 내 화재사고는 13.6%, 공용부 화재사고는 3.6%, 승강기 사고(멈춤, 갇힘, 추락 등)는 55.3%, 어린이놀이시설 사고는 13.9%, 단지 내 범죄(폭력, 절도, 성범죄 등)는 14.1%, 자연재해(태풍, 홍수, 지진 등)는 24.4%, 단지 내 교통사고는 22.4%가 경험이 존재하는 것으로 조사되었다. 즉, 화재, 승강기 사고, 교통사고 등이 지속적으로 발생함에 따라 많은 관심과 지원이 필요한 실정이다. 이에 본 장에서는 공동주택단지 내에서 발생하는 유형별 사고의 발생현황 및 원인에 대해서 보다 세부적으로 살펴보고자 한다.

조사를 진행함.

02 유형별 사고 발생현황

2.1 화재

　전체 화재에서 공동주택 화재가 차지하는 비율(2007~2018년)은 약 10.1%인 반면, 전체 사망자에서 공동주택 화재 사망자가 차지하는 비율(2007~2018년)은 약 17.5%로 조사되었다. 즉, 전체 화재 10건 중 1건은 공동주택에서 발생하고 있으며, 화재로 인한 사망자 비율은 다른 장소에서 발생하는 화재에 비해 공동주택에서 발생하는 화재가 더 높은 것으로 나타났다.

　또한, 전체 화재 발생량은 점차 감소하는 반면, 공동주택 화재 발생량은 점차 증가하는 것으로 나타나 공동주택 화재에 대한 관심이 보다 더 필요한 시기로 볼 수 있다.

▎표 3-1 공동주택 화재 발생현황

구분	전체 화재		공동주택 화재		전체 화재 중 공동주택 비율	
	화재발생(건)	사망자(명)	화재발생(건)	사망자(명)	화재발생(%)	사망자(%)
2018년	42,338	369	5,272	65	12.5	17.6
2017년	44,178	345	4,869	62	11.0	18.0
2016년	43,413	306	4,907	53	11.3	17.3
2015년	44,435	253	4,806	48	10.8	19.0
2014년	42,135	325	4,234	57	10.0	17.5
2013년	40,932	307	4,156	60	10.2	19.5
2012년	43,249	267	4,027	45	9.3	16.9
2011년	43,875	263	3,942	65	9.0	24.7

2010년	41,863	304	3,866	59	9.2	19.4
2009년	47,318	409	4,278	63	9.0	15.4
2008년	49,631	468	4,737	64	9.5	13.7
2007년	47,882	424	4,427	65	9.2	15.3
연평균	44,271	337	4,460	59	10.1	17.5
합계	531,249	4,040	53,521	706	10.1	17.5

자료: 소방청, 화재발생총괄표, 각 연도.

공동주택 화재의 원인별 발생현황을 살펴보면, 최근 12년간 발생한 공동주택 화재는 총 53,521건으로 화재 원인별로는 부주의(60.5%)에 의한 화재가 가장 많이 발생하는 것으로 조사되었다. 그 다음으로 전기적요인(19.1%), 미상(7.6%), 방화의심(4.6%), 기계적요인(4.0%) 순으로 발생하는 것으로 나타났다.

▌표 3-2 공동주택 화재 원인별 발생현황

(단위: 건)

합계 (2007년~ 2018년)	전기적 요인	기계적 요인	부주의	방화	방화 의심	가스 누출	미상	기타
53,521	10,224	2,165	32,390	1,203	2,451	333	4,088	667

자료: 소방청, 화재발생총괄표, 각 연도.

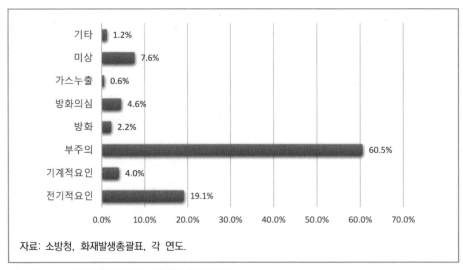

자료: 소방청, 화재발생총괄표, 각 연도.

▌그림 3-1 공동주택 화재 원인별 발생현황

다음으로, 최근 12년간 공동주택 화재 사망자는 총 706명이며, 발생 원인별로는 미상이 257명(36.4%)으로 가장 많은 것으로 조사되었다. 그 다음으로 부주의 120명(17.0%), 방화의심 104명(14.7%), 방화 100명(14.2%), 전기적요인 98명(13.9%) 순으로 사망자가 많이 발생하는 것으로 나타났다.

▌표 3-3 공동주택 화재 원인별 사망자현황

(단위: 명)

합계 (2007년~2018년)	전기적 요인	기계적 요인	부주의	방화	방화 의심	가스 누출	미상	기타
706	98	5	120	100	104	17	257	5

자료: 소방청, 화재발생총괄표, 각 연도.

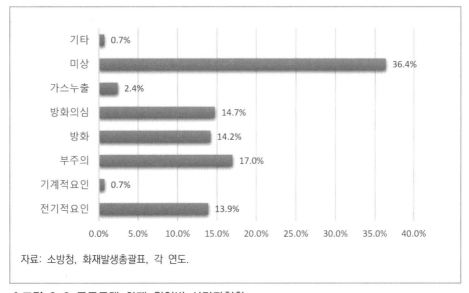

자료: 소방청, 화재발생총괄표, 각 연도.

▌그림 3-2 공동주택 화재 원인별 사망자현황

2.2 교통사고

공동주택단지 내에서의 교통사고는 자주 발생되고 있음에도 불구하고, 공동주택단지 내에서 발생하는 교통사고에 대한 공식적인 통계 자료는 없는 실정이다. 경찰청에서 조사하고 있는 경찰접수교통사고현황 통계자료에서는 조사대상 교통사고를 도로교통법 제2조에 규정하는 도로에서 차의 교통으로 인하여 발생한 인적피해를 수반하는 교통사고를 조사하고 있기 때문에 도로 외 구역에서 발생한 사고는 대부분 누락되고 있으며, 또한 도로 외 구역에서 발생하는 교통사고 통계를 수집하는 다른 행정주체도 존재하지 않는 실정이다.

▌표 3-4 경찰접수 교통사고 현황(2018년)

구분	발생건수(건)	사망자수(명)
일반국도	18,341	635
지방도	15,773	513
특별광역시도	86,983	856
시도	73,733	1,094
군도	7,616	267
고속국도	4,079	252
기타	10,623	164
합계	217,148	3,781

자료: 경찰청(2018), 경찰접수 교통사고 현황.

공식 통계자료는 아니지만, 보험개발원 내부자료를 통해서 공동주택단지 내에서 발생하는 교통사고 건수를 개략적으로 확인할 수 있었다. 2017년 기준으로 도로 및 비도로 연간 교통사고 발생현황을 살펴보면, 사고건수는 총 400만 건으로 조사되었으며, 그 중에서 도로가 313만 건(78.2%), 도로 외 구역이 66만 건(16.4%)으로 나타났다.

┃ 표 3-5 도로 및 비도로 교통사고 발생현황(2017년)

구분	도로	도로 외 구역	기타	합계
사고건수	313만 건	66만 건	21만 건	400만 건
사고비율	78.2%	16.4%	5.3%	100.0%

자료: 보험개발원 내부자료.
재인용: 장한별 외(2019), 아파트 단지 주차장 등 도로 외 구역 교통안전 제도개선방안 연구.

　도로 외 구역 교통사고는 주로 아파트(48.7%), 주차장(43.5%)에서 발생하는 것으로 나타났다. 즉, 아파트 단지 내에서만 매년 약 32만 건의 교통사고가 발생하는 것으로 볼 수 있다. 또한 도로 외 구역 사고 유형별로 분류해서 살펴보면, 차대차(66%), 차량단독(30%), 차대인(1.7%)의 비중을 보이는데 보행자 사고는 건수 기준으로 연간 약 1.1만 건이 발생하는 것으로 나타났다(장한별 외, 2019).

┃ 표 3-6 도로 외 구역 교통사고 발생현황(2017년)

구분	아파트	주차장	학교	산업단지	합계
사고건수	32만 건	29만 건	4만 건	1만 건	66만 건
사고비율	48.7%	43.5%	6.2%	1.6%	100.0%

자료: 보험개발원 내부자료.
재인용: 장한별 외(2019), 아파트 단지 주차장 등 도로 외 구역 교통안전 제도개선방안 연구.

　공동주택단지를 대상으로 교통사고 안전점검을 분석한 교통안전공단 자료에 의하면, 운전자 시의성 불량, 서행운전 미준수, 잘못된 시설물 설치, 보도 및 횡단보도 부재, 불명확한 주행경로 등이 개선되어야 하는 것으로 밝히고 있다. 각 공동주택단지들마다 교통사고를 유발하는 요인에 대한 지속적인 점검 및 개선이 요구된다.

| 표 3-7 공동주택단지 교통사고 안전점검 분석결과

항목	주요내용	건수	비율
운전자 시인성 불량	• 지하주차장 진출입부 및 곡선부, 장애물(건물, 수목, 옹벽 등) 등으로 인해 자동차 및 보행자를 사전에 인지하기 어려움	102	17.6%
서행운전 미준수 (서행유도시설 미흡)	• 긴 직선 및 급한 내리막, 도로폭이 과다한 구간 등에서 운전자 과속사고 발생이 우려됨 • 우회거리 단축을 위한 외부 자동차의 단지도로 통과로 인한 교통량 증가 및 과속사고 발생이 우려됨	96	16.6%
잘못된 시설물 설치	• 시설물 설치 위치의 부적절, 규격에 맞지 않는 시설물 등으로 운전자에게 정보제공이 되지 않거나 잘못된 정보를 제공하여 운전자 실수 유발	84	14.5%
보도 및 횡단보도 부재	• 보도 미설치 및 보도 단절, 편측에만 보도가 설치된 곳 등에서 자동차와 보행자가 분리되지 않아 운전자, 보행자 부주의시 사고 발생이 우려됨 • 교차로에 횡단보도가 설치되어 있지 않아 보행자 횡단시 안전사고 발생이 우려됨	83	14.3%
불명확한 주행경로	• 중앙선, 정지선, 주행방향, 통행방법 규제, 안전지대 등 노면표시 및 교통안전표지 미설치로 운전자에게 명확한 정보 미제공으로 운전자 혼란 초래	81	14.0%
무단 주·정차	• 교차로 부근, 정문 앞, 상가 앞, 지하주차장 램프 등에 자동차를 주·정차하여 보행공간 침범 및 보행자와 자동차 시인성 제약, 중앙선 침범 등 충돌사고가 우려됨 • 주차공간 부족에 따른 경사로 이중주차(중립)로 미끄러지는 사고 발생이 우려됨	48	8.3%
정보 인지 곤란	• 교차로 인지 곤란, 노면표시 및 조명시설 설치 등이 부적절하여 운전자에게 정보제공이 어려움	28	4.8%
노면탈색	• 횡단보도, 정지선, 주행방향, 통행방법 규제, 안전지대 등 노면표시의 탈색	12	2.1%
시설물 마모	• 과속방지턱 등이 마모되어 제기능을 하기 어려움	2	0.3%
기타	• 교차로 면적 과다, 차단기 설치 위치	44	7.6%

자료: 교통안전공단 보도자료, 교통사고 없는 안전한 아파트단지 만들기.

2.3 어린이놀이시설 안전사고

어린이놀이시설 시설수는 지속적으로 증가하여 2019년 기준으로 총 75,308 시설로 조사되었다. 이 중에서 38,123시설(50.6%)은 주택단지에 설치되어 있어, 가장 많은 놀이시설이 주택단지에 설치되어 있다. 다음으로 도시공원(13.8%), 어린이집(11.5%), 유치원(10.1%), 학교(8.5%) 순으로 나타났다.

▌표 3-8 어린이놀이시설 시설수

구분	주택단지	도시공원	어린이집	유치원	학교	놀이제공업소	대규모점포	아동복지시설	공공도서관	주상복합	합계
시설수	38,123	10,396	8,681	7,643	6,421	966	223	305	29	194	75,308
비율	50.6%	13.8%	11.5%	10.1%	8.5%	1.3%	0.3%	0.4%	0.0%	0.3%	100.0%

자료: 행정안전부, 어린이놀이시설 중대사고 분석결과, 각 연도.

어린이놀이시설에서 발생된 사고현황을 살펴보면, 최근 3년(2017~2019년)간 학교가 509건(50.3%)으로 가장 높고, 다음으로 주택단지가 331건(32.7%), 어린이집/유치원 78건(7.7%), 도시공원 72건(7.1%) 순으로 나타났다. 즉, 주택단지는 가장 많은 어린이놀이시설이 설치된 장소이며, 또한 안전사고 발생은 학교 다음으로 많이 발생하는 장소로 볼 수 있다.

▌표 3-9 어린이놀이시설 사고현황

(단위: 건)

구분	2017년	2018년	2019년	최근 3년 합계	비율
주택단지	114	88	129	331	32.7%
도시공원	21	19	32	72	7.1%
어린이집/유치원	15	27	36	78	7.7%
학교	166	146	197	509	50.3%
기타	6	6	10	22	2.2%
합계	322	286	404	1,012	100.0%

자료: 행정안전부, 어린이놀이시설 중대사고 분석결과, 각 연도.

주택단지에서 최근 3년(2017~2019년)간 발생된 사고를 시간대별로 살펴보면, 오후부터 저녁시간에 가장 많은 사고가 발생되는 것으로 나타났다. 이는 어린이 놀이시설을 주로 이용하는 어린이들이 학교 하교 시간 이후에 이용하기 때문인 것으로 볼 수 있다.

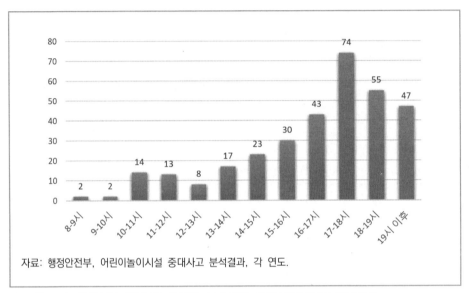

자료: 행정안전부, 어린이놀이시설 중대사고 분석결과, 각 연도.

▌그림 3-3 주택단지 어린이놀이시설 시간대별 사고현황(2017~2019년)

주택단지 어린이놀이시설에서 발생된 사고의 사고원인을 살펴보면, 이용자 부주의로 인한 사고가 324건(97.9%)으로 가장 많았으며, 시설결함 5건(1.5%), 기타 2건(0.5%) 순으로 나타났다.

▌표 3-10 주택단지 어린이놀이시설 사고원인

(단위: 건)

구분	2017년	2018년	2019년	최근 3년 합계	비율
이용자부주의	112	88	124	324	97.9%
시설결함	1	-	4	5	1.5%
기타	1	-	1	2	0.6%
합계	114	88	129	331	100.0%

자료: 행정안전부, 어린이놀이시설 중대사고 분석결과, 각 연도.

03 결론

많은 사람들이 살고 있는 공동주택에서는 화재, 교통사고, 어린이놀이시설 안전사고, 승강기 사고, 범죄 등 다양한 안전사고가 발생되고 있다. 먼저, 화재의 경우에는 전체 화재 중 공동주택에서 발생하는 화재의 비중이 지속적으로 증가하고 있으며, 전체 사망자 중 공동주택에서 발생한 화재에 의한 사망자 비율도 증가하는 추세에 있다. 공동주택에서 발생하는 화재의 대부분의 원인은 부주의로 나타났지만, 전기적 요인에 의해 발생하는 화재도 상당한 것으로 나타났다.

다음으로, 교통사고의 경우에는 공동주택단지 내에서 발생하는 사고현황에 대한 공식적인 통계 자료조차 없는 실정이다. 공동주택단지 내에서도 다수의 교통사고가 발생하고 있기 때문에, 사고예방을 위한 교통시설물 설치 및 점검이 필요한 상황이다. 어린이놀이시설의 경우에는 전체 시설 중 주택단지에 설치된 시설이 50% 이상을 차지하고 있는 실정이다. 주택단지에서는 주로 오후시간부터 저녁시간까지 이용자 부주의에 의한 사고자 자주 발생되기 때문에, 지속적인 안전관리가 요구된다. 다음으로 승강기 사고의 경우에는 전체 승강기 수 중 공동주택에 설치된 승강기 수가 절반을 넘는 것으로 나타난 반면, 사고 발생건수는 상대적으로 낮은 것으로 나타났다. 다만, 승강기 사고는 중대한 인명사고로 이어질 수 있기 때문에, 지속적인 관심이 요구된다. 마지막으로 범죄의 경우에는 공동주택에서 발생하는 범죄의 비율이 생각보다 높은 것으로 나타났다. 특히 강력범죄, 폭력범죄 등의 비율이 높은 것으로 나타나, 범죄를 예방하기 위한 공동주택 관리방안이 요구된다.

이상에서는 공동주택에서 발생하는 다양한 안전사고의 발생현황 및 원인에 대해서 살펴보았다. 많은 사람들이 편안하게 쉴 수 있는 공간으로 인식되고 있는 주택에서 여러 가지의 안전사고가 발생되고 있다는 점은 우리에게 시사하는 바가 크다고 볼 수 있다. 이러한 안전사고에 대한 예방 및 대응을 공동주택단지의 책임으로 맡기기보다는 각 유형별로 공공에서 개입하여 사고를 예방하거나 또는 발생된 사고의 피해를 줄이기 위한 체계적인 노력이 필요한 시점으로 판단된다. 이러한 노력들이 결국에는 우리나라 국민들의 삶의 질을 높이는 데 긍정적인 영향을 끼치게 될 것이다.

참고문헌

경찰청(2018), "경찰접수교통사고현황".

경찰청(2019), "경찰범죄통계".

교통안전공단(2015), "교통사고 없는 안전한 아파트단지 만들기", 5월 12일 보도자료.

소방청, 화재발생총괄표, 각 연도.

장한별 외(2019), "아파트 단지 주차장 등 도로 외 구역 교통안전 제도개선방안 연구", 한
　　국교통연구원.

통계청(2016), "한국인의 생활시간 변화상(1999년~2014년)", 4월 20일 보도자료.

트렌드모니터(2016), "2016 집의 의미 및 홈 인테리어 관련 조사".

행정안전부, "어린이놀이시설 중대사고 분석결과", 각 연도.

CHAPTER

04

공동주택
관리사무소장의
안전인식

공동주택
안전관리

안아림

한국주택관리연구원 책임연구원

01 안전인식 조사 개요

　관리사무소장은 공동주택에서의 공동생활을 유지하기 위한 역할의 중심에 있다. 이에, 본 장에서는 공동주택의 관리사무소장을 대상으로 안전에 대한 의식 및 관리현황, 안전한 공동주택 관리방안 관련 조사 내용을 소개하고자 한다.

　안전의식 조사는 설문조사지를 구글 설문으로 배포하여 온라인 설문조사를 수행하였다. 조사의 모집단은 대한주택관리사협회의 정회원으로 등록한 주택관리사 가운데 현재 공동주택에서 관리업무를 수행하고 있는 관리사무소장이다. 이들 중 설문에 응한 관리사무소장은 389명이다. 조사기간은 7월 20일부터 7월 23일까지 4일간이다.

관리사무소장 안전인식 조사결과

2.1 안전에 대한 인식

조사에 응답한 관리사무소장의 93.6%는 관리사무소장이 공동주택의 안전한 주거환경 조성에 영향을 미친다고 응답하였다. 이와 함께, 관리사무소의 각 업무에 1점부터 5점까지 점수를 부여하도록 하여 중요도를 평가하였는데, '안전관리'의 평균점수가 3.4점으로 가장 높게 나타났다. 안전관리 다음으로는 '관리비 부과', '공사용역', '청소미화', '공동체관리' 순으로 조사되었다.

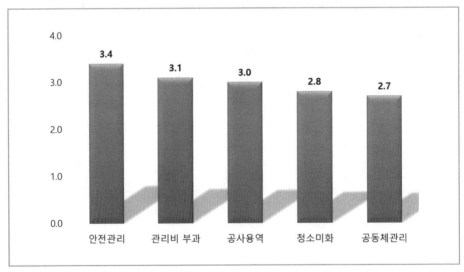

▮그림 4-1 관리업무 중요도 평균점수

공동주택에 많은 사람이 함께 거주하는 만큼 일어날 수 있는 사고의 종류도 매우 다양하다. 이에, 관리 측면에서 어떠한 사고 유형에 취약한지 또는 안전한지 살펴보고자 다음과 같이 공동주택에서 일어날 수 있는 각각의 사고에 대하여 관리사무소장은 어떻게 인식하고 있는지 조사하였다.

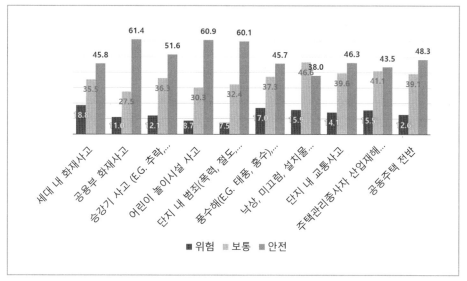

▌그림 4-2 사고 유형별 안전수준 인식 (%)

조사 결과, 전반적으로 공동주택은 사고로부터 안전하다고 생각하는 경향이 높은 것으로 조사되었다. 공동주택에서 발생할 수 있는 여러 사고를 구분하여 살펴보면, 특히 공용부 화재사고에 대해 안전하다고 응답한 비율이 61.4%로 가장 높게 나타났다. 공용부 화재사고 이외에도 어린이 놀이시설 사고(60.9%), 단지 내 범죄(60.1%), 승강기 사고(51.6%)에 대해서는 응답자의 절반 이상이 안전하다고 응답하였다.

모든 항목에서 '위험' 또는 '매우 위험'하다고 답한 비율은 20% 미만으로 조사되었다. 특히 어린이 놀이시설 사고와 단지 내 범죄에 대해 위험하다고 응답한 비율은 10% 미만으로 낮게 나타났다. 다만, 상대적으로 위험하다고 응답한 비율이 높은 항목으로는 세대 내 화재사고로, 18.8%로 집계되었다. 이는 공용부 화재사고에 대해 안전하다고 생각하는 비율이 가장 높게 나타난 것과 대조적이다. 이러한 결과가 나타난 원인으로는 세대의 전유부분이 관리사무소의 관리 권한과 책임 범위 밖에 있기 때문일 것으로 예상된다.

2.2 사고 및 관리 현황

본 조사에서는 보다 안전한 공동주택을 위한 개선방향을 제시하고자 안전에 대한 인식과 함께 실제 사고현황과 관리실태에 관하여 조사하였다. 먼저, 사고 실태를 파악하기 위해 공동주택에서 지난 1년(2019년)동안 발생한 사고는 몇 건 이었는지 조사한 결과, 389개 단지 중 98곳(25.2%)은 조사 유형에 해당하는 사고가 한 번도 없었던 것으로 확인되었다. 조사대상 단지 4곳 중 3곳은 최소 1회 이상 사고가 발생했던 것이다.

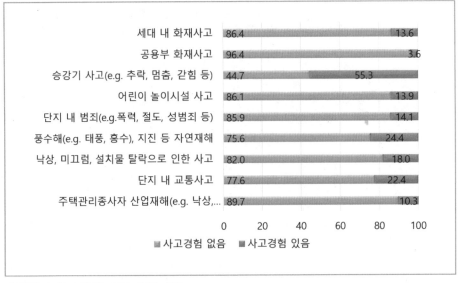

▎그림 4-3 유형별 사고 경험 (%)

공용부 화재사고 경험을 했던 단지는 14곳(3.6%)에 불과하였으나, 승강기 사고를 경험한 단지는 215곳(55.3%)으로 나타났다. 승강기 사고 다음으로는 자연 재해 관련 사고를 경험한 단지가 많았다. 사고 횟수별로 살펴보면, 131개 단지에서 1~2회, 62개 단지에서 3~5회 승강기 사고가 발생하였다. 11회 이상 승강기 사고가 발생한 곳도 8곳이 있었던 것으로 나타났다. 관리사무소장 389명 중 95명(24.4%)은 1회 이상 풍수해 및 지진 등 자연재해 관련 사고를 경험한 것으로 조사되었다. 단지 내 교통사고를 1회 이상 경험한 곳도 87곳(22.4%)으로, 세 번째로 사고경험이 있는 단지가 많았다. 단지에서 교통사고가 발생하는 경우 차단기의 유무 또는 단지 내 도로 이용의 공공성 등 불특정 다수가 이용할 수 있는 도로인지를 가려 사고처벌의 수준이 달라질 수 있다.[1] 현재로서는 단지 내 교통사고 발생 시 처벌 기준이 모호한 것이다. 따라서 사고 발생에 따른 대응보다는 주민 대상 캠페인과 교육을 통한 예방이 필요한 상황이다.

공동주택단지 내 승강기 사고 및 교통사고를 제외하면 사고가 거의 일어나지 않거나, 1~2회 발생하는 등 드물게 일어나는 것으로 볼 수 있지만, 여러 세대가 함께 거주하기 때문에 사고 발생 시 피해 규모가 클 수 있다는 점에서 예방과 대응이 매우 중요하다.

설문조사 응답자 중 91.8%에 해당하는 357명은 최소 한 가지 이상의 사고 예방 및 대응 매뉴얼이 있다고 답하였다. 357명의 응답자가 근무하는 단지에서는 평균적으로 약 6가지 사고유형에 대한 매뉴얼을 갖고 있었으며, 9가지 사고유형에 대한 관리 매뉴얼이 모두 있는 단지는 94곳이었다.

사고의 유형별로 나누어 보면 공용부 화재사고의 경우 예방 및 대응 매뉴얼이 준비된 곳이 83.3%로 가장 많았다. 공용부 화재에 대해서는 실제 사고 경험도 가장 적었던 만큼 대응과 예방을 하는 것으로 풀이된다. 공용부 화재사고 다음으로는 승강기 사고, 세대 내 화재사고, 주택관리종사자 산업재해, 어린이 놀이시설 순으로 관리 매뉴얼을 구비한 단지가 많았다. 하지만 단지 내 교통사고 관련 매뉴얼이 없는 경우는 61.4%로 절반 이상을 차지하였다. 단지 내 범죄, 자연재해 등에 대해서도 예방 및 대응 매뉴얼이 없는 경우가 절반에 가까운 수준으로 조사되었다.

---

1) [대법원 2006.1.13. 선고 2005도6986 판결]에서는 아파트단지와 대학내 도로에서 무면허운전을 하여 사고를 일으킨 사건에 대하여 다음과 같이 판결을 내림. "피고인이 운전을 한 것으로 특정된 장소인 아파트단지와 대학구내 통행로의 관리 및 이용 상황에 비추어 피고인이 운전한 도로가 불특정 다수의 사람이나 차량의 통행을 위하여 공개된 장소로서 일반교통에 사용되는 곳으로 볼 여지가 있음...(이하생략)"
(출처: 대법원 2006.1.13. 선고 2005도6986 판결 [도로교통법위반(무면허운전)] > 종합법률정보 판례)

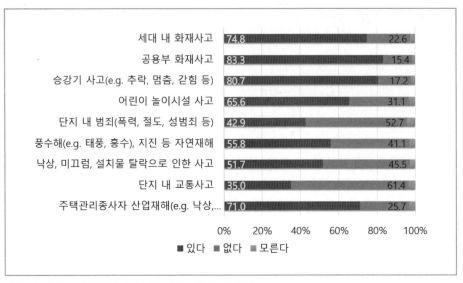

세대 내 화재사고　74.8　22.6
공용부 화재사고　83.3　15.4
승강기 사고(e.g. 추락, 멈춤, 갇힘 등)　80.7　17.2
어린이 놀이시설 사고　65.6　31.1
단지 내 범죄(폭력, 절도, 성범죄 등)　42.9　52.7
풍수해(e.g. 태풍, 홍수), 지진 등 자연재해　55.8　41.1
낙상, 미끄럼, 설치물 탈락으로 인한 사고　51.7　45.5
단지 내 교통사고　35.0　61.4
주택관리종사자 산업재해(e.g. 낙상,...　71.0　25.7

0%　20%　40%　60%　80%　100%
■ 있다　■ 없다　■ 모른다

┃그림 4-4 사고 예방 및 대응 매뉴얼 유무 (%)

　비교적 많은 단지에서 한 가지 이상의 사고 예방 및 대응 매뉴얼을 갖고 있지만 약 8.2%는 제시한 사고유형 중 단 한 가지에 대해서도 예방 또는 대응 관련 관리 메뉴얼이 없거나 모른다고 응답하였다. 공동주택의 안전 관련하여 체계적인 관리 매뉴얼 작성과 배포, 홍보가 필요할 것으로 보인다.

　관련 매뉴얼을 가지고 있는 것만으로 사고에 대한 예방과 대응을 효과적으로 할 수 있다는 것을 의미하지는 않는다. 현장에서는 모든 입주민이 함께 주의를 기울여야 하며, 사고시에는 체계적인 대응이 필요하다. 예방과 대응을 위한 사전교육이 이루어져야 하는 것이다.

　본 조사에서도 응답자의 60.7%는 공동주택의 안전을 위한 교육 또는 훈련이 필요하다고 답하였다. 하지만 실제 교육 또는 훈련을 실시한 횟수를 조사한 결과에서는 다른 결과가 나타났다. 입주민을 대상으로 하는 예방 대응 교육 및 훈련을 1년간 한 번도 하지 않는 곳이 15.4%(60곳)로 조사되었다(그중 사고 관련 매뉴얼이 없는 단지도 13곳이 있었다). 아울러, 매뉴얼을 갖고 있는 비율보다 연 1회 이상 교육을 실시한 비율이 전반적으로 낮게 나타나고 있었다. 각자 생활패턴이 모두 다른 입주민을 대상으로 일시에 교육을 수행하는 것이 쉽지 않기 때문으로 예상된다.

그나마 공용부 화재에 대해서는 연 1회 이상 입주민 대상 교육을 실시하는 단지가 68.1%로 조사되어 가장 높은 비율을 보였다. 공용부 화재사고 다음으로는 세대 내 화재사고, 승강기 사고의 순서로 입주민 대상 훈련을 실시하는 단지의 비율이 높게 나타났다.

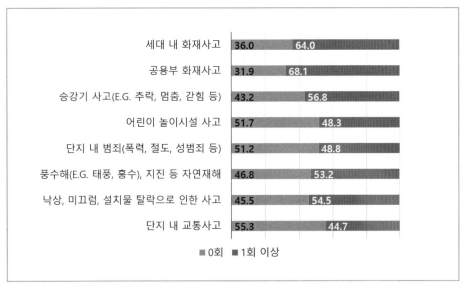

▌그림 4-5 사고예방 교육 및 훈련 실시 여부 (%)

이와 관련하여 입주민 대상의 재난 또는 사고 대응훈련을 실시하더라도 참여가 매우 저조하여 진행이 어렵고 공고문이나 방송을 통해 안전관련 수칙을 안내하지만 입주민의 행동에 큰 변화가 없다는 응답을 확인할 수 있었다. 또한, 대피공간에 물건을 쌓아두거나 불씨가 살아있는 담배꽁초를 투기하고, 단지 내에서 서행하지 않는 행위, 소방차 전용구역 주차 등의 행위에 대해서도 문제제기가 되었다. 개별단지 차원의 준비와 대응도 중요하지만, 공동주택에 거주하는 입주민의 전반적인 안전의식의 향상이 바탕이 되어야 할 것이다.

03 조사결과 요약 및 시사점

　이상의 조사 결과를 요약해보면 크게 세 가지로 제시할 수 있다. 첫째, 공동주택의 안전도에 대해서는 비교적 높게 평가하는 경향이 있었지만 대피공간 물건적치, 단지 내 서행 위반 등 기본적인 안전수칙을 지키지 않는 입주민들로 인해 사고의 위험으로부터 자유로울 수 없는 현실이다. 둘째, 관리사무소장이 공동주택의 안전한 주거환경 조성에 미치는 영향이 크다고 생각하고 있지만 사고를 예방하거나 실제 사고 발생 시 대응할 수 있는 관리 매뉴얼이 미비하다. 셋째, 관리자의 입장에서는 입주민 대상 안전교육의 필요성을 느끼고 있지만 실질적으로 입주자의 참여가 저조하여 효과적인 교육을 수행하기에는 어려움이 있는 실정이다.

　공동주택은 여러 사람이 함께 거주하기 때문에 사고의 유형이 다양하고 피해의 규모가 클 수밖에 없다. 따라서 사고를 예방하기 위한 적극적인 노력이 필요하다. 사고 예방을 위한 노력은 입주민과 관리종사자 측면으로 나누어 볼 수 있다.

　먼저, 입주민의 안전의식 향상을 위해서는 언론매체를 통한 지속적 캠페인이 필요하다는 관리사무소장의 의견이 가장 많았다. 재난안전 예방 및 대응 매뉴얼을 제작하여 배포할 필요가 있다는 응답도 뒤를 이었다.

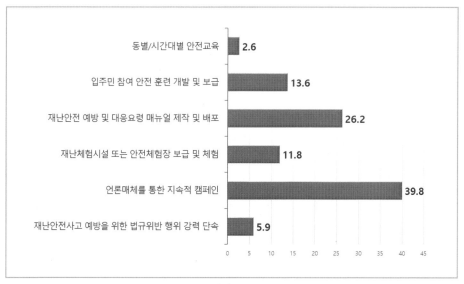

▌그림 4-6 입주민 안전의식 향상 방안 (%)

관리종사자의 안전의식 향상 및 안전관리 역량강화를 위해 효과적인 방법으로는 공동주택 관리종사자 대상 안전교육의 확대 및 내실화가 첫 번째로 많았으며, 재난안전 예방 및 대응 매뉴얼 제작 및 배포가 두 번째로 꼽혔다.

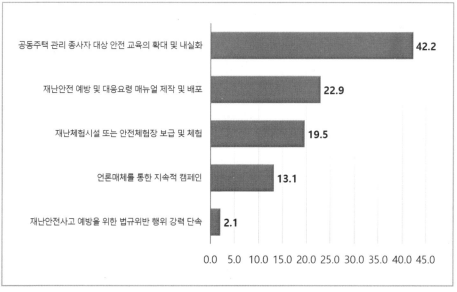

▌그림 4-7 관리종사자 안전의식 향상 및 안전관리 역량강화 방안 (%)

마지막으로, 공동주택의 안전을 강화하기 위해 가장 시급한 것으로 입주민이 직접 참여하는 안전교육 확대와 이를 통한 안전의식 수준의 향상이 꼽혔다. 공동생활을 위해 지켜야하는 기본적인 안전수칙에 대해 인지하고 지키려는 노력이 필요하다. 다음으로는 공동주택의 시설물 안전 개선이다. 공동주택에는 여러 전기, 수도, 가스 시설이 설치되어 있어, 이에 대한 주기적인 안전점검이 이루어져야 하며 비용이 들더라도 적시에 시설물 수리 및 교체를 해야 할 것이다.

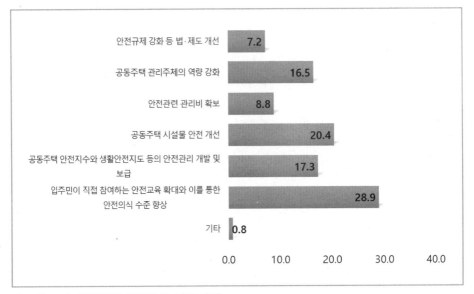

┃ 그림 4-8 공동주택 안전강화 방안 (%)

본 조사는 공동주택의 관리업무 전체를 책임지는 관리사무소장을 대상으로 처음 수행하였다는 점에서 의의가 있다. 다만, 입주민에 대한 조사를 병행하지 못하였다는 한계가 있다. 공동주택 입주자 및 근로자의 안전을 위한 정책대안 마련에 앞서, 이와 같은 기초통계 자료의 축적이 지속될 필요가 있다는 점에서 본 조사의 의의가 있다. 향후 입주민 안전의식 조사를 추가로 수행하여 연구를 발전시킨다면, 우리나라의 70%를 차지하는 공동주택에서의 안전을 증진시킬 수 있는 방안 마련의 기초자료로 활용하는 데 크게 기여 할 것이다.

공동주택
안전사고 판례

공동주택
안전관리

권형필

법무법인 로고스 변호사

서설:
아파트 내 안전사고의 현황과 실태

1.1 아파트 내 안전사고의 유형과 문제점

아파트 내의 안전사고는 크게 화재, 추락사고, 승강기 사고, 단지 내 교통사고, 그 외 시설 관련 사고로 나뉘어지며, 시설 관련 사고는 주로 아파트 내 놀이터나 주차장, 도로에서 일어나는 추락사고나 상해사고 등이 다수를 이루고 있다. 이를 다시 지배 주체에 따라 분리하면, 아파트 각 세대 내에서 이루어지는 사고, 즉 전유부분에서의 사고와 각 세대의 밖인 복도, 승강기, 단지 내 도로, 놀이터 등에서 이루어지는 공유부분에서의 사고로 나누어 볼 수 있다.

그동안 아파트에서 일어나는 사고는 일상생활이 이루어지는 생활영역, 특히 개인의 일상생활 중 일어나는 경우가 대부분인 탓에 그 책임을 사고를 당한 입주민이 고스란히 부담하여야 하는 경우가 대부분이었다. 특히 입주민이 주의의무를 다하였다 하더라도 결국 책임 소재가 명확하지 않아 배상받지 못하는 경우가 많았는데, 이는 특히 시행사와 분양사, 나아가 관리주체가 모두 다른 주체인 경우가 보통인 현실에서, 분양 이후 일정 기간이 지나 하자보수의 책임도 물을 수 없는 시점이 된 후에는 시행사 및 분양사는 하자보수 책임 기간이 지난 후라는 이유로, 관리주체는 자신들이 설치한 시설 기타 건축물이 아니라는 이유로 서로 책임을 전가하거나 단순히 입주민의 과실에 기한 사고로 치부하였기 때문이다.

그러나 아파트 내 안전사고가 심각한 문제로 대두되고, 특히 일반인들의 권리의식이 강해짐에 따라 아파트 자체의 하자와는 구분되는 관리상의 책임 문제가 부각되기 시작하였고, 결국 입주자대표회의 등 관리주체가 안전사고의 핵심적인 책임주체로 부상하였다.

1.2 아파트의 관리주체와 공동주택관리법의 제정

입주자대표회의란 공동주택의 입주자 등을 대표하여 관리에 관한 주요사항을 결정하기 위하여 입주자들에 의하여 선출된 대표자로 구성된 자치 의결기구를 의미하며, 아파트의 관리주체라 함은 자치관리기구인 입주자대표회의의 대표자인 공동주택의 관리사무소장, 입주자대표회의에 의하여 선정된 주택관리업자 등을 의미한다.

이러한 아파트의 관리주체는 아파트의 입주 이후 공동주택의 공용부분의 유지·보수 및 안전관리 등을 담당하고 시공사 등에 하자보수를 청구하는 등 아파트의 전유부분을 제외하고는 아파트의 전반을 관리한다.

이와 같은 관리주체에 의한 아파트의 관리 책임에 대하여 보다 명확하게 규율하여야 할 필요가 있고, 안전사고 예방을 위해서는 무엇보다 관리주체에 의한 평소의 관리가 중요하다는 인식 아래 2015. 8. 11. 공동주택관리법이 제정되어 2016. 8. 12.에 시행되기에 이르렀다.

주요 내용은 다음과 같다.

공동주택관리법 [법률 제17453호, 2020. 6. 9. 시행]

제2조(정의) ① 이 법에서 사용하는 용어의 뜻은 다음과 같다.
  2. "의무관리대상 공동주택"이란 해당 공동주택을 전문적으로 관리하는 자를 두고 자치 의결기구를 의무적으로 구성하여야 하는 등 일정한 의무가 부과되는 공동주택으로서, 다음 각 목 중 어느 하나에 해당하는 공동주택을 말한다.
    가. 300세대 이상의 공동주택
    나. 150세대 이상으로서 승강기가 설치된 공동주택
    다. 150세대 이상으로서 중앙집중식 난방방식(지역난방방식을 포함한다)의 공동주택
    라. 건축법 제11조에 따른 건축허가를 받아 주택 외의 시설과 주택을 동일 건축물로 건축한 건축물로서 주택이 150세대 이상인 건축물
    마. 가목부터 라목까지에 해당하지 아니하는 공동주택 중 입주자등이 대통령령으로 정하는 기준에 따라 동의하여 정하는 공동주택
  8. **"입주자대표회의"**란 공동주택의 입주자등을 대표하여 관리에 관한 주요사항을 결정하기 위하여 제14조에 따라 구성하는 자치 의결기구를 말한다.
  10. **"관리주체"**란 공동주택을 관리하는 다음 각 목의 자를 말한다.
    가. 제6조 제1항에 따른 자치관리기구의 대표자인 공동주택의 관리사무소장
    나. 제13조 제1항에 따라 관리업무를 인계하기 전의 사업주체
    다. 주택관리업자

라. 임대사업자

마. 민간임대주택에 관한 특별법 제2조 제11호에 따른 주택임대관리업자(시설물 유지·보수·개량 및 그 밖의 주택관리 업무를 수행하는 경우에 한정한다)

제63조(관리주체의 업무 등) ① 관리주체는 다음 각 호의 업무를 수행한다. 이 경우 관리주체는 필요한 범위에서 공동주택의 공용부분을 사용할 수 있다.

1. 공동주택의 공용부분의 유지·보수 및 안전관리
2. 공동주택단지 안의 경비·청소·소독 및 쓰레기 수거
3. 관리비 및 사용료의 징수와 공과금 등의 납부대행
4. 장기수선충당금의 징수·적립 및 관리
5. 관리규약으로 정한 사항의 집행
6. 입주자대표회의에서 의결한 사항의 집행
7. 그 밖에 국토교통부령으로 정하는 사항

② 관리주체는 공동주택을 이 법 또는 이 법에 따른 명령에 따라 관리하여야 한다.

제32조(안전관리계획 및 교육 등) ① 의무관리대상 공동주택의 관리주체는 해당 **공동주택의 시설물로 인한 안전사고를 예방하기 위하여** 대통령령으로 정하는 바에 따라 안전관리계획을 수립하고, 이에 따라 시설물별로 안전관리자 및 안전관리책임자를 지정하여 이를 시행하여야 한다.

제33조(안전점검) ① 의무관리대상 공동주택의 **관리주체는** 그 공동주택의 기능유지와 안전성 확보로 **입주자등을 재해 및 재난 등으로부터 보호하기 위하여** 시설물의 안전 및 유지관리에 관한 특별법 제21조에 따른 지침에서 정하는 **안전점검의 실시 방법 및 절차 등에 따라 공동주택의 안전점검을 실시하여야** 한다. 다만, 16층 이상의 공동주택 및 사용연수, 세대수, 안전등급, 층수 등을 고려하여 대통령령으로 정하는 15층 이하의 공동주택에 대하여는 대통령령으로 정하는 자로 하여금 안전점검을 실시하도록 하여야 한다.

② 제1항에 따른 관리주체는 안전점검의 결과 건축물의 구조·설비의 안전도가 매우 낮아 재해 및 재난 등이 발생할 우려가 있는 경우에는 지체 없이 입주자대표회의(임대주택은 임대사업자를 말한다. 이하 이 조에서 같다)에 그 사실을 통보한 후 대통령령으로 정하는 바에 따라 시장·군수·구청장에게 그 사실을 보고하고, 해당 건축물의 이용 제한 또는 보수 등 필요한 조치를 하여야 한다.

③ 의무관리대상 공동주택의 입주자대표회의 및 관리주체는 건축물과 공중의 안전 확보를 위하여 건축물의 안전점검과 재난예방에 필요한 예산을 매년 확보하여야 한다.

④ 공동주택의 안전점검 방법, 안전점검의 실시 시기, 안전점검을 위한 보유 장비, 그 밖에 안전점검에 필요한 사항은 대통령령으로 정한다.

1.3 아파트의 관리주체의 안전사고에 대한 책임

이파트 내 안전사고를 누구의 탓으로 돌릴 수 있느냐의 문제는 단순히 과책의 유무만으로 판단하기에는 무리가 있다. 엄격한 책임주의 아래 형벌의 부과 여부와 정도를 결정하는 형법과 달리 민사의 경우 위험책임의 경우와 같이 예외적으로 과실 없는 책임을 인정하기도 하고, 손해배상의 범위도 반드시 과책의 범위와 동일하게 산정하지는 않기 때문이다. 그러나 결국 아파트의 안전사고에 있어서도 아무런 의무의 위반이 없는 사람에게 책임을 물을 수는 없는 것임은 분명하므로, 관리주체의 책임 유무의 판단 역시 결국 자기책임의 대원칙을 근간으로 한다고 할 것이다. 따라서 일반적으로 전유부분 내에서의 사고는 입주민이 해당부분을 전적으로 지배하고 있음을 이유로 입주민의 책임으로 보고, 공용부분에서의 사고는 관리주체의 관리소홀 여부를 따져 책임 소재를 결정하는 입장이다. 다만 경우에 따라서는 공용부분 내에 전유부분이, 혹은 전유부분 내에 공용부분이 혼재하는 경우가 있고, 정확한 책임 소재를 파악하기 어려운 경우 역시 존재하는 바, 판례는 관리주체가 사고의 직접적인 원인이 아니라고 하더라도 관리주체의 관리소홀로 인하여 피해가 확산되었다고 평가되는 경우에는 그 책임을 인정한다.

결국 아파트 내 안전사고의 책임을 관리주체가 부담하는지 여부는 각 사안별로 면밀히 살펴보아 관리주체가 그 관리 의무를 다하였는지 여부를 중심으로 판단하여야 할 것인바, 구체적인 사례는 다음과 같다.

02 아파트 내 안전사고의 유형별로 관리주체의 책임이 인정된 사례

2.1 단지 내 설치된 시설의 안전성 결여로 인하여 발생한 사고

아파트 내 시설과 관련된 사고는 놀이터나 주차장, 아파트 옥상 등 공용부분에 설치된 시설에 존재하는 안전성의 문제로 인하여 발생하는 경우가 대부분이다. 민법은 제758조에서 공작물의 점유자의 책임을 규정하며, 공작물의 설치 또는 보존의 하자로 인하여 타인에게 손해를 가한 때에는 공작물점유자에게 손해배상 책임이 있다고 규정한 한편, 우리 법원은 공용부분 및 공용부분에 설치된 공작물의 점유자를 입주자대표회의로 본다.

따라서 대법원은 아파트 내 놀이터나 아파트 옥상의 성글 등 공용부분 그 자체는 물론 공용부분에 설치된 설비 등 공작물의 점유자는 아파트 입주자대표회의라는 전제하에 이러한 공작물이 통상 갖추어야 할 안전성을 갖추지 못하여서 사고가 발생하였다면 그 책임은 아파트 입주자대표회의에 있다고 판시하고 있다.

특히 이 경우 이러한 공작물 기타 시설물이 전유부분 내에 설치되어 있다 하더라도 해당 설치물이 공용부분인 이상 아파트 입주자대표회의를 점유자로 보아 이로 인한 사고의 책임을 인정하고 있어 주의가 필요하다.

1) 사례 1: 실외기 설치기사가 실외기 설치 중 아파트 발코니 난간과 함께 떨어져 부상을 당하였다면 입주자 대표회의가 손해배상책임을 부담한다.[1]

가) 사실관계

에어컨 설치기사인 A와 그의 동료는 발코니 내에 설치돼 있던 에어컨 실외

---

1) 아파트관리신문 기사 참조(http://www.aptn.co.kr/news/articleView.html?idxno=63029)

기를 발코니 외부에 설치해 달라는 B아파트의 입주민의 요청에 따라 에어컨 실외기 받침대(앵글)를 제작한 후 이를 발코니 난간에 설치하고, 이어서 실외기를 동료와 함께 들고 받침대 위에 놓으려고 발코니 난간 쪽으로 몸을 기울인 순간 발코니 난간이 아파트 외벽과 분리되면서 난간과 함께 지상으로 추락하였다. 이 사고로 A는 다발성 늑골골절, 척추 손상 등의 상해를 입었다.

나) 법원의 판단

이 아파트의 경우 발코니 난간에 에어컨 실외기가 설치되어 있는 세대가 다수 있다는 점을 볼 때, 발코니 난간이 '실외기를 난간에 설치할 수 있을 정도'의 안전성과 실외기를 난간에 설치하기 위해 작업자가 난간에 기댈 때의 하중을 견디는 정도의 안전성을 갖추고 있어야 할 것으로 보이며, 이러한 정도의 안전성을 갖추지 못하고 있다면 이는 보존상의 하자에 따른 책임이 인정되고, 보존상의 하자로 인해 발생한 이 사건 사고에 관해 난간의 점유자가 손해를 배상할 책임이 있다.

한편, 집합건물의 소유 및 관리에 관한 법률 및 A아파트 관리규약 규정 등을 종합해 볼 때 아파트의 발코니 중 발코니 창까지의 내부는 전유부분에 해당하나, 발코니 난간은 아파트 외벽의 일부로서 공용부분에 해당하므로 공용부분의 유지·보수 및 안전관리 업무를 담당하는 입주자대표회의가 난간의 점유자에 해당한다.

입주자대표회의는 아파트 준공연도 등에 비춰 발코니 난간의 위험성을 인식하고 그 유지 및 보수에 만전을 기했어야 함에도 이를 게을리해 사회통념상 요구되는 정도의 방호조치의무를 다하지 못하였으므로 난간 점유자로서 이 사건 사고로 인한 손해를 배상할 책임이 있다.

다만, 난간의 노후 정도가 심했음에도 에어컨 및 실외기 설치 전문가인 A가 난간의 고정·지지의 강도를 확인하는 등 추락하지 않도록 스스로 주의하지 못했던 점을 참작해 대표회의의 책임을 30%로 제한하여 인정한다.

다) 결론

아파트 외벽에 설치된 난간의 보존상의 하자로 인하여 에어컨 설치기사가 상해를 입었다면 입주자 대표회의가 손해를 배상할 책임이 인정된다.

2) 사례 2: 어린이가 아파트 내 언덕에서 놀다가 지하주차장 환기구 채광창에 부딪혀 추락사하였다면 입주자대표회의가 손해배상책임을 부담한다.[2]

가) 사실관계

경기 안양시 A아파트의 입주민인 B군은 2015년 10월 A아파트 단지 내 언덕에서 뛰어놀다가 지하주차장 환기구 채광창에 부딪힌 뒤 11m 지하로 추락해 출혈성 쇼크, 외상성 뇌손상 등으로 사망하였다. 사고 당시 채광창 전면부에는 옹벽과 자전거 거치대가 설치돼 있고, 후면부에는 비교적 급한 경사면이 있었다.

나) 법원의 판단

이 사건의 지하주차장의 환기구에 설치된 채광창은 경사로에서 뛰어 내려온 사람이 부딪친다면 그 충격으로 사람이 지하주차장으로 추락할 가능성이 크므로 통상 갖춰야 할 안전성을 갖추고 있지 못하고 있는 반면, 관리회사와 입주자대표회의는 위 공작물의 점유자로서 손해 방지에 필요한 주의를 다했다고 보기 어렵다.

다) 결론

입주민인 어린이가 아파트 단지 내 지하주차장 환기구 채광창에 부딪힌 뒤 채광창 아래로 떨어져 사망하였다면 관리회사와 입주자대표회의가 공동하여 손해배상 책임을 부담한다.

3) 사례 3: 아파트 입주민이 놀이터에서 추락사고를 당하였다면, 입주자대표회의의 책임이 인정된다.[3]

가) 사실관계

경기 용인시 기흥구 A아파트의 입주민인 B(어린이)는 어린이 놀이터의 사다리 형태로 된 놀이기구에 올라가다가 떨어져 왼쪽 팔 골절 등의 상해를 입었다.

---

2) 아파트관리신문 기사 참조(http://www.aptn.co.kr/news/articleView.html?idxno=57734)
3) 아파트관리신문 기사 참조(http://www.aptn.co.kr/news/articleView.html?idxno=52543)

나) 법원의 판단

아파트 내 어린이 놀이터에 설치된 놀이기구의 점유자는 아파트의 입주자대표회의이다. 흔들리는 사다리로서 높이가 약 1.5m인 이 사건 놀이기구는 신체기능이 성숙하지 못한 어린이들이 손을 놓치거나 미끄러져 떨어지는 사고가 충분히 예상되므로 추락 시 2차적으로 잡을 수 있는 구조물이나 충격완화를 위한 안전장치를 설치하는 등 그 용도에 따라 통상 갖춰야 하는 안전성을 갖추어야 한다(관련판례: 대법원 1979.1.30 선고 78다2204 판결 [손해배상등]).

그러나 이 사건 아파트의 어린이 놀이터의 놀이기구는 위와 같이 통상 갖춰야 할 안전성을 갖추지 못한 하자가 존재하였고, 이로 인해 B가 상해를 입은 사실이 인정된다. 아파트 입주자 대표회의는 이에 대하여 손해를 배상할 책임이 있다.

다) 결론

아파트 내에 설치된 놀이기구의 점유자는 아파트 입주자대표회의이므로 놀이기구가 통상 갖추어야 할 안전성을 갖추지 못하여 어린이가 상해를 입었다면 입주자가 이로 인한 손해를 배상할 책임을 부담한다.

4) 사례 4: 태풍에 옥상 마감재가 떨어져 차량이 파손되었다면 입주자대표회의의 과실 책임이 인정된다.[4]

가) 사실관계

B아파트에서는 2018년 10월 6일 오전 11시경 태풍 '콩레이'로 인해 옥상 지붕 부분의 아스팔트 싱글 마감재가 떨어지면서 주차 중이던 차량이 파손되는 사고가 발생하였다. A보험사는 이 사고에 따른 수리비로 차량 수리업체에 약 80만 원의 보험금을 지급한 뒤 입주자대표회의에 구상권을 행사하였다.

나) 법원의 판단

민법 제758조 제1항 소정의 공작물의 설치 또는 보존상의 하자라 함은 공작

---

4) 한국아파트신문 기사 참조(http://www.hapt.co.kr/news/articleView.html?idxno=148913)

물이 용도에 따라 통상 갖춰야 할 안전성을 갖추지 못한 상태에 있음을 말하는 것으로서, 이 같은 안전성의 구비 여부를 판단함에 있어서는 당해 공작물의 설치·보존자가 공작물의 위험성에 비례해 사회통념상 일반적으로 요구되는 정도의 방호조치의무를 다했는지 여부를 기준으로 삼아야 한다.

나아가 하자의 존재에 관한 입증책임은 피해자에게 있으나, 일단 하자가 인정되는 이상 손해의 발생에 다른 자연적 사실이 경합한 것으로 인정된다 하더라도 그것이 천재지변의 불가항력에 의한 것으로서 하자가 없었다고 해도 불가피한 것이있다는 점이 공작물의 소유자나 점유자에 의해 입증되지 않는 이상 그 손해는 공작물의 설치 또는 보존의 하자에 의해 발생한 것으로서 해석하여야 한다.

매번 태풍이 거쳐 가는 우리나라의 기후여건에서는 입주자대표회의가 강풍에 대비해 시설물의 안전상태를 확인하고 적절히 보수할 방호조치의무가 요구된다. 특히 이 아파트의 경우 태풍 '콩레이'로 인해 아파트 12개 동 중 7개 동의 옥상 지붕이 손상됐으며, 2002년 1월경 준공된 단지로 사고 당시 노후화가 상당히 진행됐고, 2016년에도 태풍 '차바'로 인해 3개 동의 옥상 지붕이 손상돼 보수공사를 하는 등 약 2년 전 실제 태풍으로 지붕이 손상되는 피해를 입은 적이 있었으므로 입주자대표회의로서는 아파트 옥상 지붕 부분에 관한 추가적이고 근본적인 보강조치를 취할 필요가 있었다. 그러나, 입주자대표회의가 이러한 조치를 결하여 아파트 옥상 지붕은 통상 갖춰야 할 안전성을 갖추지 못한 상태에 있었다고 봐야 하고, 이러한 설치·보존상 하자로 인해 사고가 발생했다고 봄이 상당하다.

또한, 매년 집중 호우와 태풍을 동반하는 장마철을 겪고 있고, 매미, 루사 등 강력한 태풍을 자주 경험해온 우리나라의 기후여건에서 콩레이가 동반한 강풍이 사고지역에서 통상 예상할 수 없는 정도의 이변에 속하는 천재지변으로 보기 어려울 뿐만 아니라, 이 같은 하자가 없었더라도 사고가 불가피했음을 인정할 증거가 없다.

다만, 태풍 콩레이는 강한 바람을 동반하는 대형 태풍이었던 점, 차량 운전자도 언론 보도 등을 통해 태풍 콩레이의 영향으로 강한 바람이 불 것이라는 사정을 충분히 알 수 있었음에도 지하주차장에 차량을 주차하는 등 차량 보호를 위해 필요한 조치를 취하지 않은 채 만연히 차량을 그대로 지상주차장에 뒀다가 사고가 발생한 점, 파손 내용도 상대적으로 경미한 점 등을 고려하여 입주자대표회의의 책임을 50%로 제한한다.

다) 결론

입주자대표회의는 공작물의 설치·보존상의 하자에 따른 손해배상 책임을 부담한다.

2.2 화재사고

화재사고의 경우 고의 또는 과실로 화재의 원인을 제공한 자에게 책임을 묻는다. 따라서 관리주체가 직접 화재의 원인을 제공하지 아니한 이상 원칙적으로 관리주체에게 화재의 책임을 물을 수는 없다고 할 것이다.

그러나 우리 대법원은 화재가 공작물의 설치 또는 보존상 하자가 아닌 다른 원인으로 발생했거나 발생 원인이 명확하게 밝혀지지 않은 경우에도 공작물의 설치 또는 보존상의 하자로 인해 화재가 확산되어 손해가 발생하였다면, 공작물의 설치 또는 보존상 하자는 화재사고의 공동원인의 하나가 되었다고 볼 수 있다고 판단한다. 즉 관리주체가 시설 관리 책임을 다하지 아니하여 화재가 조기에 진압되지 못하였거나 확대된 경우에는 입주자대표회의가 이러한 화재사고에 대한 책임을 부담하여야 한다고 보는 것이다. 이러한 책임은 주로 관리주체가 스프링클러를 적시에 관리하지 아니하여 고장났거나, 임의로 꺼둔 상태에서 사고가 발생한 경우 등에 인정된다.

1) 사례 1: 스프링클러 누수 공사를 위해 밸브 잠근 사이 '화재'로 입주민이 사망한 경우 입주자대표회의가 손해배상책임을 부담한다.[5]

가) 사실관계

A아파트의 입주자대표회의는 가구 내에 설치된 스프링클러 배관에서 지속적인 누수가 발생하자, 스프링클러를 보수하기 위하여 2017. 10. 20.경부터 스프링클러의 공용부분 알람 밸브를 잠근 후 그 상태로 방치하였다. 이에 따라 이듬해

---

5) 한국아파트신문 기사 참조(http://www.hapt.co.kr/news/articleView.html?idxno=149749)

인 2018. 1. 20. 가구 내 화재가 발생하였으나 스프링클러가 작동하지 않았고 이로 인하여 입주민 B가 일산화탄소 중독에 의한 패혈증으로 사망하였다.

나) 법원의 판단

스프링클러의 밸브가 잠겨 있었기 때문에 화재가 '발생'했다고 볼 수는 없지만, 그로 인해 화재 당시 스프링클러가 작동하지 않아 화재가 '확산'되었다. 화재가 공작물의 설치 또는 보존상 하자가 아닌 다른 원인으로 발생했거나 화재의 발생 원인이 밝혀지지 않은 경우에도 공작물의 설치 또는 보존상의 하자로 인해 화재가 확산되어 손해가 발생했다면 공작물의 설치 또는 보존상 하자는 화재사고의 공동원인의 하나가 되었다고 볼 수 있다.

또한 스프링클러의 배관 누수가 시공상 하자에 기한 것이어서 시공사에서 손해배상하여야 한다는 주장에 대하여 스프링클러 배관에서 나타난 누수 현상이 시공상 하자에 기인한 것이더라도 입주자대표회의가 밸브의 점유자인 이상 민법에 따른 공작물 점유자로서의 책임을 면할 수는 없다고 하며 이러한 사정은 입주자대표회의와 시공사 사이의 내부적인 책임분담 또는 구상 문제에 불과하다.

나아가 입주자대표회의가 주택관리업자에 아파트 관리업무를 위탁했다고 해서 밸브의 관리에 관한 입주자대표회의 관리책임이 소멸한다고 볼 수 없으며, 스프링클러 배관 보수공사가 필요한 가구에서 누수로 인한 민원을 제기했다는 사정만으로 2017년 10월 20일경부터 화재가 발생한 2018년 1월 20일경까지 밸브를 잠근 상태로 둔 것이 정당화되지 않는다.

결과적으로 입주자대표회의는 아파트 공용부분인 (스프링클러)밸브의 점유자이며, 2017년 10월 20일경부터 이 밸브가 잠겨 있었기에 화재 당시 가구 내부에 설치된 스프링클러가 작동하지 않았던바, 화재 당시 잠겨 있던 밸브에는 설치 또는 보존상 하자가 있었다고 보는 것이 타당하므로 특별한 사정이 없는 한 입주자대표회의는 하자 있는 공작물인 밸브의 점유자로서 유족에게 민법 제758조 제1항에 따른 손해배상책임을 부담한다.

다만 화재가 해당 가구의 거주자 중 누군가가 주방 쓰레기통 쪽에 방치한 미상의 점화원이 음식물과 종이류 쓰레기 부분에 떨어져 발생한 것으로 추정돼 입주민의 책임 영역에서 발생한 점, 입주자대표회의는 스프링클러 배관 누수 현상을 해결하기 위해 노력했으며, 밸브를 잠근 것도 누수 배관의 보수공사를 위한 과정에서 이뤄진 조치였던 점 등을 고려해 입대의의 손해배상책임을 30%로 제한한다.

다) 결과

입주자대표회의는 화재로 인한 피해자의 손해 중 30%를 보상하여야 한다.

2) 사례 2: 지하주차장에 설치된 소방시설의 전원이 차단된 채로 방치하여 화재 사고가 확대되었다면 관리업체도 책임을 진다.[6]

가) 사실관계

의왕시의 아파트 지하주차장에서 2013. 8. 20. 새벽 03시 54분 경 화재가 발생하여 주차되어 있던 차량 수십 대가 전소되는 등의 피해가 발생하였다. 화재 발생 전 당해 아파트의 지하주차장에 설치된 스프링클러 등 소방시설의 오작동이 잦아 보수작업을 하게 되었고 이에 따라 주택관리업체 A사의 직원 C가 지하주차장의 소방시설의 전원을 차단해 둔 상태여서 소방시설이 작동하지 아니하였다.

나) 법원의 판단

주택관리업체의 직원인 C는 화재 발생 당시 소방안전관리자였으므로 아파트 소방시설의 오작동이 잦아 보수작업 등을 하게 되는 경우 소방시설의 작동을 정지하거나 전원을 차단하는 등의 조치가 이뤄졌을 것임은 충분히 예상할 수 있었을 것이고, 소방시설 보수작업 등이 실시되는 동안에는 더욱 소방안전에 만전을 기해야 함은 물론이고, 보수작업 등을 마친 후에는 소방시설이 정상적으로 작동하는지 여부를 자신이 직접 확인하거나 지시할 의무가 있다.

그러나 C는 설비 수리가 완료됐는지 여부는 확인하지 않았으므로 화재로 인한 피해 확대에 있어 소방안전관리자로서의 주의의무를 다하지 않은 과실이 인정된다. 즉, C의 과실로 화재 피해가 확대되었으므로 C는 피해자들에 대해 불법행위책임을 부담하고, C를 실질적으로 지휘·감독하는 관계에 있는 LH(시공사)

---

6) 한국아파트신문 기사 참조(http://www.hapt.co.kr/news/articleView.html?idxno = 148710)

와 주택관리업체 A사는 C의 불법행위에 대해 민법에 따른 사용자책임을 부담하며, LH와 A사의 화재 피해자들에 대한 손해배상채무는 부진정연대채무의 관계에 있다.

다만, LH가 A사에 아파트 소방시설을 전부 인계하진 않은 점, 소방시설의 잦은 오작동으로 인해 LH의 하청업체들이 보수작업을 여러 차례 했고, 하청업체들이 소방시설 전원을 차단하는 등의 조치를 했던 점, A사는 위탁약정에 따라 아파트 소방안전관리업무를 수행하는 지위에 있었던 점, C씨는 A사가 고용한 점 등을 고려하여 LH와 A사가 부담하는 손해배상 비율을 각 50%로 한다.

다) 결과

소방안전관리자인 주택관리업체의 직원의 과실로 화재로 인한 피해가 확대된 경우 주택관리업체는 사용자책임으로서 손해배상책임을 부담한다.

3) 사례 3: 차량 화재사고 '소화전·스프링클러 미작동'으로 인하여 손해가 확대되었다면 위탁관리업체가 손해배상책임을 부담한다.[7]

가) 사실관계

2016년 6월 19일 오후 1시 48분경 인천 연수구 모 아파트 지하주차장에 주차돼 있던 차량에서 화재사고가 발생, 18대의 차량이 소실되고 일부 차량에는 그을음 피해가 발생했으며, 전기·통신설비 등 배관이 소훼되어 일부 가구가 단전됐다. 화재는 소방서 등의 화재진압으로 2시 30분경 진화됐으며 사고 당시 옥내소화전과 스프링클러 가압펌프가 작동하지 않은 것으로 드러났다. 이에 대하여 차량 파손으로 보험금을 지급한 보험사가 위탁관리업체에 대하여 옥내소화전과 스프링클러 가압펌프의 작동 여부를 점검해야 할 업무상 주의의무를 게을리해 화재사고가 확대되도록 했다는 이유로 배상을 청구하였다.

나) 법원의 판단

위탁관리업체인 C사가 비록 아파트 시공사가 아니더라도, C사 역시 특정소

---

7) 한국아파트신문 기사 참조(http://www.hapt.co.kr/news/articleView.html?idxno=43624)

방대상물인 아파트 관계인으로서 옥내소화전설비 및 스프링클러설비를 안전기준에 맞게 유지·관리할 의무를 부담한다. 따라서 C사로서는 안전교육을 통해 직원들로 하여금 아파트 옥내소화전설비 및 스프링클러설비가 안전기준에 위배된 사실을 파악하고 이를 안전기준에 맞게 바로잡도록 하였어야 한다.

그러나 위탁관리업체인 C사는 화재사고 발생 당시 화재수신반과 스프링클러의 연동을 중지해두었으므로 안전기준에 위반된 상태로 소화설비를 방치한 유지·관리상 잘못이 있다. 나아가 C사가 스프링클러를 연동해 두지 않음으로써 화재사고 발생 시 스프링클러가 자동으로 작동하지 않아 화재사고의 피해가 확대되었으므로 이는 위탁관리업체인 C사의 유지·관리상의 과실로 인한 것이다.

다만, 화재사고가 아파트 자체 설비가 아닌 사고 차량에서 최초 발화됐고, 화재의 발생 자체에 대해서는 C사에 책임을 인정하기 어려운 점, 화재의 원인과 규모, 피해의 대상과 정도, 연소 및 피해 확대의 원인 등을 종합해 C사의 책임 비율을 손해액의 50%로 제한하여 인정한다.

다) 결론

위탁관리업체가 소방시설 등의 작동을 중지해두어 안전기준에 위반된 상태로 소화설비를 방치한 과실이 있고 이러한 과실로 인하여 화재로 인한 피해가 확대되었으므로 손해배상책임을 부담한다.

2.3 승강기 관련 사고

승강기 안전사고는 비단 아파트 내에서만이 아니라 승강기가 설치된 모든 건물에서 매우 중대하고 심각한 문제이다. 이에 따라 승강기의 설치 및 관리는 승강기 안전관리법을 통하여 엄격하게 규율되고 있고, 행정안전부는 국가승강기정보센터를 별도로 운영하며 사고 예방에 힘쓰고 있다.

특히 승강기 안전관리법은 승강기의 관리주체로서 계약으로 승강기를 안전하게 관리할 책임과 권한을 부여받은 자를 승강기의 안전관리자로 정하고 승강기의 관리 업무를 인정한다. 아파트의 경우 주로 아파트의 관리주체가 승강기의 안전관리자 또는 관리주체가 되는바, 관리사무소장 등 관리주체가 승강기를 안전하게 관리할 책임을 부담한다.

결국 승강기와 관련된 안전사고에서 아파트의 관리주체의 책임은 위와 같은 승강기의 관리주체 또는 안전관리자가 그 안전관리 책임을 다하지 못한 경우에 인정된다고 할 것이다.

1) 사례 1: 경비원에 승강기 조작 업무를 지시해 경비원이 추락사 한 경우 관리사무소장 · 관리업체 등은 업무상 과실치사의 죄책을 부담한다.[8]

가) 사실관계

아파트 경비원 A는 2018년 8월 18일 오전 11시 20분경 입주민의 이사를 위해 자동운행을 정지시켜 둔 승강기의 정상운행이 재개되도록 승강기 내부에 위치한 자동/수동 운행 버튼을 조작하라는 지시를 받고 1층에서 비상열쇠로 승강기 문을 수동으로 열고 들어갔으나 승강기가 17층에 수동 정지되어 있는 바람에 그대로 지하 3층 바닥으로 추락해 사망하였다.

나) 법원의 판단

아파트 승강기의 관리주체는 아파트의 관리사무소장이다. 나아가 아파트 이삿짐 승강기의 조작과 관련된 업무는 법령상, 계약상 관리업체 소속인 관리사무소장과 시설과장의 업무이고, 승강기 조작 작업의 특성상 추락의 위험이 상존하고 엘리베이터홀에서 작업자가 추락할 경우 사망에 이를 수도 있다는 점은 일반의 경험칙에 의하더라도 충분히 예견가능하다.

그럼에도 불구하고 위 아파트의 관리사무소장은 아파트 시설과장이자 승강기 안전관리자인 D가 제대로 승강기 관리규정에 따라 승강기를 조작·관리하는지 감시·감독하지 않았고, D는 승강기 안전관리자로서 직접 승강기 열쇠관리 및 승강기 조작을 해야 함에도 만연히 관례라는 이유로 아무런 자격 및 승강기 조작 관련 교육을 받은 적 없는 시설경비업체인 E사의 팀장인 피고인 F씨 등으로 하여금 승강기를 조작하도록 하였다.

다만, 경비원 A씨는 이 사건 발생 이전에도 이미 2차례 정도 이삿짐 전용 승강기를 수동으로 조작해 본 경험이 있을 뿐만 아니라 이삿짐 전용 승강기 표시

---

8) 아파트관리신문 기사 참조(http://www.aptn.co.kr/news/articleView.html?idxno=69112)

판에 17층이라고 표기돼 있었고 비록 승강로의 조도가 낮기는 했으나 승강문이 열렸을 때 승강기를 지지하는 와이어가 어느 정도 보여 A씨가 조금만 주의를 기울였더라면 승강기가 1층에 있지 않았음을 알 수 있었을 것으로 보이므로 벌금형을 인정한다.

다) 결론

승강기의 관리주체는 아파트의 관리사무소장이고 이삿짐을 옮기기 위한 승강기 조작 업무는 관리사무소장과 시설과장의 업무임에도 불구하고 아무런 교육을 받은 적 없는 시설경비원인 A에게 승강기 조작을 하도록 지시하여 경비원이 사망하였다면 관리사무소장과 관리업체는 업무상과실치사의 죄책을 부담한다.

2) 사례 2: 승강기에 갇힌 승객을 구하다가 경비원이 추락 · 사망하였다면 관리사무소장은 '업무상과실치사'의 죄책을 부담한다.[9]

가) 사실관계

아파트 기술직원인 B는 2015년 12월 25층 2호 승강기 내부에 사람이 갇혔다는 관리소 직원의 전화를 받은 후 기계실에 보관 중이던 승강기 도어 해체 비상열쇠를 들고 경비원 D와 함께 25층으로 갔다. B는 비상열쇠를 이용해 승강기 문을 강제로 개방하던 중 승강기가 정상적으로 작동돼 갇혀 있던 승객이 하차했고 승강기는 아래로 내려갔으나 25층 승강기 문이 자동으로 닫히지 않았다. B와 경비원 D는 열려진 승강기 도어에 다가가 승강기 위치를 확인하게 됐고 그러는 과정에서 경비원 D가 몸의 균형을 잃고 넘어지면서 1층에서 올라오던 승강기 위로 추락해 대동맥, 간, 척추 등 다발성 손상으로 사망하였다.

나) 법원의 판단

아파트의 관리사무소장은 승강기 관리주체로서 승강기를 안전하게 유지 · 관리해야 하고 승강기 안전관리자를 지휘 · 감독할 의무를 부담한다. 이 아파트에서는 이 사건 이전에도 몇 차례 승강기 고장 사고가 발생했으며 승강기 고장 시

---

9) 아파트관리신문 기사 참조(http://www.aptn.co.kr/news/articleView.html?idxno=68735)

승객 구조 작업은 작업 중 구조자나 승객이 추락할 위험이 있으므로 전문가에 의해 행해져야 함에도 불구하고, 관행적으로 관리사무소 기전기사가 사실상 승객 구조업무를 수행하고 있었음에도 기전기사들은 선임기사들로부터 승강기 문을 개방하는 방법만을 배웠을 뿐 안전과 관련된 체계적인 교육이나 매뉴얼을 제공받지 못했다.

즉 이 아파트 승강기 안전관리 업무가 소홀히 이뤄지고 있었음에도 관리사무소장이 이를 지휘·감독한 사정이 보이지 않으므로 기술직원이 승강기 안전관리자로 선임돼 있었더라도 관리사무소장이 승강기 관리주체로서 주의의무를 다했다고 볼 수 없다.

다) 결론

아파트의 관리사무소장은 승강기 관리주체로서 승강기를 안전하게 유지·관리해야 하고 승강기 안전관리자를 지휘·감독할 의무를 부담함에도 불구하고 안전관리 업무가 소홀히 이루어지고 있음에도 이를 지휘·감독하지 않았다면 주의의무를 다하지 않은 위법이 있으므로 경비원이 승강기에서 추락하여 사망한 것에 대하여 업무상 과실치사의 죄책을 진다.

3) 사례 3: 안전조치 미흡으로 직원이 추락사하였다면 관리사무소장에게 업무상 과실치사 등의 죄책이 인정된다.[10]

가) 사실관계

A아파트의 관리사무소장은 2018. 5.경 A아파트 옥상에서 환풍기 교체작업과 관련해 관리직원에게 안전대, 안전모를 지급하여 착용하도록 하지 않고 작업을 지시하였고, 그러던 중 현장에서 작업하던 B가 발을 헛디뎌 68m 아래로 추락하여 다발성 손상으로 사망하였다.

나) 법원의 판단

산업안전보건법에 따라 사업주는 근로자가 추락 위험 작업을 하는 경우 안전

---

10) 아파트관리신문 기사 참조(http://www.aptn.co.kr/news/articleView.html?idxno=68887)

모를 지급·착용하도록 해야 하고 추락 위험 장소에는 안전난간, 울타리, 수직형 추락방호망 또는 덮개 설치 등의 필요한 방호조치를 해야 하며, 추락방호망 설치가 곤란한 경우에는 안전대를 지급·착용토록 하고 안전대 부착설비에 안전대를 걸어 작업하도록 하는 등 추락 위험이나 위험 발생 우려가 있는 장소에서 그 위험을 방지하기 위해 필요한 안전조치를 해야 할 업무상 주의의무가 있다.

그러나 관리사무소장 B는 추락 위험이 있는 장소에서 안전난간 등을 설치하지 않고 그곳에서 작업을 하는 D에게 안전대, 안전모를 지급·착용토록 관리하지 않는 등 산업재해를 예방하기 위한 조치를 다하지 않아 D의 사망에 대한 업무상 과실이 있다.

같은 이유로 위탁관리업체는 산업안전보건법을 위반한 점이 인정되며, 위탁관리업체가 전문교육기관에 위탁해 관리사무소장에게 안전교육을 받도록 하고 안전장치를 비치하도록 했던 사정만으로는, 해당 업무에 관해 상당한 주의와 감독을 게을리하지 않은 경우에 해당한다고 볼 수 없다.

다) 결론

관리사무소장에게는 업무상 과실치사 및 산업안전보건법 위반, 관리업체에게는 산업안전보건법 위반의 죄책이 인정된다.

2.4 결빙으로 인한 미끄럼 사고

과거에는 보행로에 결빙이 발생하여 입주민이 넘어져 상해를 입는 사고가 발생하더라도 안전배려의무가 인정되는 등 특별한 사정이 없는 한 개인의 부주의에 기인하는 것으로 해석할 뿐이었다. 다만 우리 판례는 아파트 내의 결빙구간에서 발생하는 상해사고와 관련하여 관리주체의 아파트 내 통행로의 결빙을 방지할 의무를 인정하고, 결빙이 생겼을 경우 미끄러지지 않도록 조치하거나 결빙구간을 입주민에게 알릴 의무가 있다고 인정한다.

이에 따라 아파트 내 통행로에 발생한 결빙구간에서 입주민이 넘어진 경우 결빙을 방지하지 아니하였거나, 결빙구간을 표시하지 아니하였음을 이유로 관리주체의 책임을 비교적 넓게 인정한다.

1) 사례 1: 아슬아슬 빙판길, 관리주체의 미끄러짐 사고 예방 중요[11]

가) 사실관계

용인시의 A아파트 입주민 B는 2015년 2월 아파트 지상주차장 부근 통행로의 결빙구간에서 미끄러져 우측 경비골 간부골절 등의 상해를 입었다.

나) 법원의 입장

아파트 입주자대표회의는 아파트의 관리주체로서 아파트 지상주차장 부근 통행로에 결빙구간이 생기지 않도록 해야 하는 동시에 결빙구간이 생긴 지점에는 통행하는 사람이 미끄러지지 않도록 방지할 수 있는 조치를 하거나 통행하는 사람에게 결빙구간이 생긴 사실을 알릴 의무가 있다. 입주자대표회의가 이러한 의무를 위반함으로써 B씨가 결빙구간에서 미끄러지는 사고를 당했으므로 B가 사고로 입은 손해를 배상할 책임이 있다.

다만, 입주자대표회의가 지상주차장에 결빙구간이 생기지 않게 하는 데에는 한계가 있는 점, 통상 빙판이 생기기 쉬운 겨울에는 입주자들이 스스로 빙판이 있는지 여부를 주의 깊게 살피면서 천천히 걷는 등 자신의 안전을 돌볼 주의의무가 있는 점, 입주민 B는 입주자대표회의가 제설작업을 한 후 눈을 쌓아둬 눈이 얼어붙은 결빙구간을 지나다가 사고를 당했는데, 사고 시각을 고려하면 결빙구간이 미끄럽다는 것을 인식할 수 있다고 보이는 점 등을 참작하여 아파트 입주자대표회의의 책임을 20%로 제한한다.

다) 결론

아파트의 입주민이 지상주차장 부근 통행로의 결빙구간에서 미끄러져 상해를 입었다면 입주자대표회의가 손해배상책임을 부담한다.

2) 사례 2: 입주자대표회의와 관리용역 계약을 체결한 관리업체의 직원의 미화업무로 인하여 발생한 복도의 결빙으로 입주민이 상해를 입었다면 관리업체가 손해배상책임을 부담한다.

---

11) 아파트관리신문 기사참조(http://www.aptn.co.kr/news/articleView.html?idxno=64880)

가) 사실관계

이 사건 아파트의 관리업체의 직원 C는 수분이 포함된 대걸레를 이용하여 복도 바닥에 존재하던 음식물 찌꺼기를 청소하였고, 아파트의 입주민인 B(1961년생, 여)는 위 청소의 직후인 2016. 1. 19. 오전 11시경 이 사건 아파트 318동 4층 복도에서 바닥에 미끄러져 상해를 입었다.

나) 법원의 판단

이 사건 사고가 발생한 장소는 입주민이 이용하는 장소이고 피고의 미화 용역업무 범위 내에 위치하고 있는 점, 이 사건 사고가 발생한 동절기에는 바닥에 수분이 존재하는 경우 결빙으로 인해 미끄러질 위험이 존재하는 점, 피고 소속 C은 이 사건 사고 이전 수분이 포함된 대걸레를 이용하여 사고 장소를 청소하였던 점, 이 사건 사고 당시 피고 측에서 노면의 습기를 제거하는 등 미끄러움을 방지하기 위한 조치를 하지 아니하였고 위험을 경고하는 표지 등도 설치하지 아니한 점 등에 비추어 볼 때, 이 사건 사고는 작업 장소를 제대로 관리하지 아니한 피고의 업무상 과실이 원인이 되어 발생하였다고 봄이 상당하다.

따라서 관리업체는 불법행위자로서 피해자에 대하여 손해배상책임을 부담한다. 다만 B 역시 노면 상태를 확인하고 충분한 주의를 기울이지 못한 상태에서 보행하다가 이 사건 사고가 발생한 것으로 보이는바(사고 당시 노면 상태나 청소로 인한 사고 현장의 결빙 상태 등에 관한 구체적 자료는 기록상 제시되어 있지 아니하다), 피해자에게도 보행 당시 주의를 게을리한 과실이 있어 손해의 발생 및 확대에 기여했다고 봄이 상당하므로, 입증 정도 등 제반 사정에 비추어 피고의 책임을 70%로 제한한다.

다) 결론

동절기에 관리업체 직원의 청소로 인하여 발생한 수분이 얼어 입주민이 미끄러져 넘어지며 상해를 입었다면 관리업체는 이에 대하여 손해배상책임을 부담한다.

3) 사례 3: 아파트 입주민이 아파트 내 인도 빙판에서 미끄러져 골절상을 입었다면 관리자의 손해배상책임이 인정된다.[12)]

가) 사실관계

A아파트의 입주민인 B는 2014년 12월 20일 새벽 1시 30분경 A아파트 주차장에서 현관 출입구로 이어지는 경사진 인도에 생긴 빙판에서 미끄러져 오른쪽 발목 골절상을 입는 사고를 당했다. 이에 B는 이 아파트 입주자대표회의와 시설 소유(관리)자 위험을 담보하는 영업배상책임 보험계약을 체결한 C사를 상대로 "6,887여만 원을 지급하라"며 손해배상 청구소송을 제기했다.

나) 법원의 판단

시설 관리자는 빙판이 생기거나 예상되는 지점에 미끄럼방지 장치를 설치하는 등 시설 관리의무 부담한다. 그러나 이 사건 사고 며칠 전부터 영하의 날씨에 젖은 눈이 계속 내려 아파트 시설물인 인도에 빙판이 생길 가능성이 높다는 사실을 알 수 있었음에도 관리자는 제때 인도에 대한 제설 및 제빙작업을 하지 않았고, 이로 인해 이 사건 사고가 발생했다.

다만 당일 영하의 날씨에 밤새 젖은 눈이 내려 제설 및 제빙작업에 어느 정도 한계가 있어 보이는 점, 통상 빙판이 생기기 쉬운 겨울에는 1차적으로 입주자에게 스스로 빙판이 있는지 여부를 주의 깊게 살피면서 천천히 걷는 등 스스로 자신의 안전을 돌봐야 할 주의의무가 있다는 점 등을 종합해 관리자의 책임을 30%로 제한한다.

다) 결론

아파트 내 인도에서 입주민이 미끄러져 상해를 입었다면 관리자가 손해를 배상할 책임이 있다.

---

12) 아파트관리신문 기사 참조(http://www.aptn.co.kr/news/articleView.html?idxno=55014)

2.5 관리주체의 사용자로서의 책임

안전배려의무란 채무자가 채권자의 생명이나 신체에 대한 위해가 발생하지 않도록 그 설비와 장소 등을 안전하게 유지·관리하여야 할 의무로서 우리 법원은 채무자의 안전배려의무를 일반적으로 인정하고 있지는 않다.

다만, 사용자의 근로자에 대한 안전배려의무를 인정하여, 사용자는 근로계약에 수반되는 신의칙상 부수적 의무로서 피용자가 노무를 제공하는 과정에서 생명·신체·건강을 해치는 일이 없도록 인적·물적 환경을 정비하는 등 필요한 조치를 강구하여야 할 보호의무를 부담하고, 이러한 보호의무를 위반함으로써 피용자가 손해를 입은 경우 이를 배상하여야 할 책임이 있다는 것이 판례의 입장13)이다.

피용자를 고용하여 관리업무를 수행하는 관리주체 역시 이러한 사용자로서의 안전배려의무를 부담하는바, 사용자로서 관리주체가 이러한 의무를 다하지 아니하여 피고용인에게 상해 등 손해가 발생하게 하였다면 관리주체는 사용자로서의 책임을 부담한다.

1) 사례 1: 안전조치 미흡으로 직원이 추락사하였다면 관리사무소장에게 업무상 과실치사 등의 죄책이 인정된다.14)

가) 사실관계

A아파트의 관리사무소장은 2018. 5.경 A아파트 옥상에서 환풍기 교체작업과 관련해 관리직원에게 안전대, 안전모를 지급하여 착용하도록 하지 않고 작업을 지시하였고, 그러던 중 현장에서 작업하던 B가 발을 헛디뎌 68m 아래로 추락하여 다발성 손상으로 사망하였다.

나) 법원의 판단

산업안전보건법에 따라 사업주는 근로자가 추락 위험 작업을 하는 경우 안전모를 지급·착용하도록 해야 하고 추락 위험 장소에는 안전난간, 울타리, 수직형

---

13) 대법원 2006.9.28. 선고 2004다44506 판결 참조.
14) 아파트관리신문(http://www.aptn.co.kr/news/articleView.html?idxno=68887)

추락방호망 또는 덮개 설치 등의 필요한 방호조치를 해야 하며, 추락방호망 설치가 곤란한 경우에는 안전대를 지급·착용토록 하고 안전대 부착설비에 안전대를 걸어 작업하도록 하는 등 추락 위험이나 위험 발생 우려가 있는 장소에서 그 위험을 방지하기 위해 필요한 안전조치를 해야 할 업무상 주의의무가 있다.

그러나 관리사무소장 B는 추락 위험이 있는 장소에서 안전난간 등을 설치하지 않고 그곳에서 작업을 하는 D에게 안전대, 안전모를 지급·착용토록 관리하지 않는 등 산업재해를 예방하기 위한 조치를 다하지 않아 D의 사망에 대한 업무상 과실이 있다.

같은 이유로 위탁관리업체는 산업안전보건법을 위반한 점이 인정되며, 위탁관리업체가 전문교육기관에 위탁해 관리사무소장에게 안전교육을 받도록 하고 안전장치를 비치하도록 했던 사정만으로는, 해당 업무에 관해 상당한 주의와 감독을 게을리하지 않은 경우에 해당한다고 볼 수 없다.

다) 결론

관리사무소장에게는 업무상 과실치사 및 산업안전보건법 위반, 관리업체에게는 산업안전보건법 위반의 죄책이 인정된다.

2) 사례 2: 단지 내 모과를 따다 '추락사고' 당한 관리직원이 병원서 '자살' 하였다면, 추락사고와 자살 사이에 상당인과관계가 인정되어 입주자 대표회의가 위자료를 지급하여야 한다.[15]

가) 사실관계

대구 달성군에 소재한 모 아파트 관리사무소 직원 A는 지난 2014년 10월 말 오전 11시 30분경 입주자대표회의 대표자의 지시로 사다리와 장대 등을 이용해 단지 내 모과나무 열매를 따다가 사다리에서 추락하는 사고를 당했고, 요추3번 방출성 골절, 마미총증후군 등으로 요양승인을 받고 입원치료 중 2015년 5월경 병원 화장실에서 신병을 비관해 스스로 목숨을 끊었다. 한편, 이 사건 발생 당시 아파트의 입주자대표회의는 사다리 위에서 작업하는 관리직원 A의 안전을 위해 아무런 조치를 취하지 않았다.

---

15) 한국아파트신문 기사 참조(http://www.hapt.co.kr/news/articleView.html?idxno=43226)

나) 법원의 판단

입주자대표회의는 안전보호의무를 부담한다. 그러나 입주자대표회의는 아무런 안전보호조치 없이 관리사무소 직원에게 위험한 업무를 지시하였고, A는 입주자대표회의의 지시에 따른 업무수행 중 사망한바 입주자대표회의는 안전보호의무를 다하지 못한 과실이 있으므로 업무수행 및 입대의의 안전보호의무 위반으로 인한 추락사고와 A씨의 자살 사이에는 상당인과관계가 있다.

다) 결론

입주자대표회의는 그의 안전보호의무 위반에 따라 사망한 A 및 유족들에게 위자료를 지급할 의무가 있다.

CHAPTER

06

공동주택 안전관리 및 위기관리

공동주택
안전관리

김동헌

재난안전원 원장, 우석대학교 대학원

재난안전공학과 겸임교수

01 공동주택 안전 및 위기관리의 필요성

　오늘날 전 세계는 코로나19[1])로 아사 직전에 몰려있는 상황이다. 이에 육대주 전체에서 코로나19가 블랙홀이 되어 상당한 이슈들을 무능화 시키고 있는 실정이 되었고 모든 정책적 관점이 코로나19로 연계되고 있다고 볼 수 있다.

　우리나라는 코로나19로 유사 이래 가장 힘든 시기를 맞고 있고, 이에 따라 코로나19에 국가와 국민 모두가 총력 대응하고 있으며, 특히 정부 정책담당 조직의 침착한 대응과 관련 의료진들의 헌신과 국민들의 자발적 노력으로 상당한 진전이 있으며 차츰 안전을 취해가고 있는 시점으로 볼 수 있을 것이다.

　그러나 우리나라는 지난 글로벌 경제 위기로부터 완전히 벗어나지도 못한 상황에서 코로나19의 진격으로 경제적, 사회적 대혼란이 초래되었으며, 급격한 기후변화로 인한 생태계 변화는 물론 인간에게도 그 영향이 초래되고 있으며, 도·농 간의 꾸준한 인구이동과 공동주택, 고층건물, 초고층건물로 인한 주거환경 변화에 따른 뚜렷한 인구 밀집현상, 점점 더 지능화되고 첨단화되고 있는 사이버 범죄와 신종 지능적 범죄, 성범죄 등 우리 주변에는 안전한 생활을 저해하는 요인들이 도처에 도사리고 있는 시점이다.

　이런 상황에서 논자는 안전 과정에서 공동주택을 살펴보고자 한다. 공동주택은 전 국민의 70% 정도를 차지하고 있으며 소유자, 점유자, 관리자, 사용자 등 이해관계자들에게 안전하고 쾌적하고, 편리하게 이용하고 사용하고 관리가 되어야 한다. 공동주택을 바라봄에 있어서 위험이 생기거나 사고가 날 염려가 없거나 또는 그런 상태를 말하며 아무 일도 일어나지 않은 상태, 즉 편안한 상태라

---

1) SARS－CoV－2(Coronaviridae에 속하는 RNA 바이러스) 감염에 의한 호흡기 증후군으로서 코로나 바이러스(CoV)는 사람과 다양한 동물에 감염될 수 있는 바이러스로서 유전자 크기 27~32kb의 RNA 바이러스임(질병관리본부, 2020).

고 볼 수 있는 안전이란 개념과 위험한 고비, 위험한 시기, 위험한 때로서 매우 험난하고 어려운 상황이 전개될 수 있는 불안정한 상태에서의 중요한 결정적 단계, 또는 중대국면, 고비라고 볼 수 있는 위기라는 개념을 기반으로 하여 다양한 이해관계자를 토대로 공동주택의 안전의 필요성과 위기의 판단이 절실한 바 이를 안전관리, 위기관리의 관점에서 살펴보아 공동주택의 안전성과 위기관리 능력을 높여 보고자 한다.

02 안전관리

다음은 안전관리의 사전적 정의로 국어사전에서는 정해진 법에 의하여 재해나 사고의 방지를 위하여 취하는 조치나 활동하는 모든 활동을 말한다. 한자사전에서는 재해(災害), 사고(事故) 따위를 막아 인명(人命)의 안전(安全)을 꾀하는 조치(措置)나 대책(對策)을 말하고 있다. 안전관리의 법률적 정의로는 재난안전법 제3호 제4호에서 안전관리란 재난이나 그 밖의 각종 사고로부터 사람의 생명·신체 및 재산의 안전을 확보하기 위하여 하는 모든 활동을 말하고, 안전관리기준 제4조 제2호에서 안전관리는 시설 및 물질 등으로부터 사람의 생명·신체 및 재산의 안전을 확보하기 위하여 행하는 모든 활동으로 정의하고 있다.[2]

2.1 안전관리기준[3]

안전관리기준을 토대로 안전에 대한 용어 정의를 정리해보면 안전은 위험이 생기거나 사고가 날 염려가 없음, 또는 그런 상태, 안전기준은 어떤 유해한 환경조건이 어느 한계까지만 안전할 때, 그 한계가 되는 값, 안전관리는 재난이나 그 밖의 각종 사고로부터 사람의 생명·신체 및 재산의 안전을 확보하기 위하여 하는 모든 활동을 말한다. 안전관리기준은 사고의 예방과 대비를 위한 안전관리에 관한 절차와 방법을 제공하여 사고로부터 국민의 생명과 재산을 보호하고자 한다.

법제처 국가법령정보센터를 통해 법령상 안전관리기준을 살펴보면 안전관리기준[행정안전부고시], 위험물안전관리에 관한 세부기준[소방청고시], 고압가스안전관리기준통합고시[산업통상자원부고시], 액화석유가스 안전관리기준 통합

---

[2] 안전관리기준[시행 2017.7.26.] [행정안전부고시 제2017−1호, 2017.7.26., 타법개정]
[3] 국가법령정보센터, www.law.go.kr(2020.08.10.)

고시[산업통상자원부고시], 도시가스 안전관리기준 통합고시[산업통상자원부고시], 온압보정장치의 설치 및 안전관리에 관한 특례기준, 공항 보호구역 안전관리기준[국토교통부고시], 항공보안장비 종류, 운영 및 유지관리 등에 관한 기준[국토교통부고시], 도시농업 관련 농자재 등의 안전한 관리 및 처리에 관한 기준[농림축산식품부고시], 식용천일염의 생산에 관한 안전관리기준[해양수산부고시] 등이 있다. 일부 안전관리기준이나 기술기준들은 공학적인 안전기준수준이라 이를 제외하면 전술한 바와 같다.

이에 행정안전부고시인 안전관리에 관한 기준을 살펴보면 안전관리를 위한 안전관리기준의 구성요소는 1. 안전관리 계획 수립, 2. 안전관리 실행 및 운영, 3. 안전관리 운영상황 점검 및 개선 등의 안전관리 활동을 체계적으로 수행하여야 한다. 그리고 체계적인 안전관리를 위하여 안전관리기준 구성요소를 지속적으로 보완·개선하는 과정을 거쳐야 한다.[4]

먼저 안전관리 계획의 내용으로는 1. 위험요소 검토 및 영향력 분석, 2. 안전관리 추진절차 및 추진계획, 3. 인적·물적 자원관리, 4. 안전에 대한 관리대책, 가. 예방·대비를 위한 경감관리방안, 나. 평시·비상시 대응계획, 다. 운영연속성 계획, 라. 사고시 복구계획, 마. 안전관리 위험도 평가의 내용이 포함되어야 한다(안전관리기준 제7조). 둘째로 안전관리의 실행 및 운영을 위하여는 1. 안전관리 자원의 역할 및 책임, 책임에 관한 사항, 2. 조직 내 안전문화 구축 및 정착에 관한 사항, 3. 안전관리종사자 교육·훈련에 관한 사항, 4. 안전관리 의사소통 및 운영절차에 관한 사항, 5. 행정 및 재정지원에 관한 사항, 6. 문서관리 및 안전관리 변경에 관한 사항이 포함된 운영계획을 수립·시행하여야 한다.[5] 셋째로 안전관리 운영상황 점검 및 개선으로는 1. 안전관리 점검수립, 2. 점검결과 시정 및 조치, 3. 안전관리 개선의 사항을 지속적으로 추진하여야 한다.[6]

---

4) 안전관리기준 제5조(구성요소), 제6조(보완개선)
5) 안전관리기준 제18조(운영계획)
6) 안전관리기준 제25조(운영)

2.2 안전사고

이제 안전사고에 대해 알아보면 사고의 어원은 일, 직업(職業), 변고(變故), 사고(事故)를 나타내는 事(일 사), 연고(緣故), 사유(事由), 까닭, 이유(理由) 사건(事件), 고의(故意)로 한 일, 일부러 한 일을 나타내는 故(연고 고)가 합쳐져서 事故(사고)로 정의되며 이는 평시(平時)에 있지 아니하는 뜻밖의 사건(事件), 어떤 일의 까닭으로 설명된다. 사고의 사전적 정의를 살펴보면 국어사전에는 뜻밖에 일어난 불행한 일, 사람에게 해를 입혔거나 말썽을 일으킨 나쁜 짓, 어떤 일이 일어난 까닭으로 정의되고, 영어사전에는 Incident, affair, event(범죄) case(사고), accident(특히 특이하거나 불쾌한 일), (범죄 · 사고 등의) 사건, (국가 간의, 흔히 무력이 개입되는) 사건으로 정의되고 한자사전에서는 뜻밖에 일어난 사고(事故), 사회적(社會的) 관심(關心)이나 주목(注目)을 끌 만한 일로 정의된다. 특히 영어 사전에서는 (특히 자동차) 사고, 우연한 사고인 accident와 전술한 incident로 정의된다. 그리고 이러한 안전사고로 인한 피해는 안전피해로 볼 수 있다. 안전사고는 각 분야별 안전사고, 예컨대 공공안전, 교통안전, 학교안전, 생활안전, 제조물안전, 산업안전, 공동주택안전 등 안전분야별로 살펴볼 수 있고 이는 공공사고, 교통사고, 학교사고, 생활사고, 제조물사고, 산재사고, 공동주택사고 등으로 안전하고 있다가 안전사고로 연결되어 안전피해가 발생되는 것을 알 수 있다.

03 공동주택 안전관리의 개념

안전은 안전과 안전관리, 안전기준과 안전관리기준, 안전사고와 안전피해에 대한 정확한 이해가 필요하다고 판단된다. 따라서 이를 하나하나 제시해 보고자 한다.

안전, 安全 Safety	안전기준, 安全基準 (施設, 建築, 交通 等) safety standards(criteria)
안전관리, 安全管理 Management	안전관리기준, 安全管理基準 safety supervision standard
안전사고, 安全事故 Incident	안전사고피해, 安全事故被害 damage from incident

┃그림 6-1 안전에 관한 용어 관계도

안전에 대한 안전관리상 정의를 살펴보면 안전관리기준 제4조 제1호에는 안전을 국민의 생명·신체 및 재산 피해를 줄 수 있는 것을 예방하는 것으로 제시하고,[7] 안전환경은 사고의 위험을 줄이기 위해 행동이나 습관, 환경을 사고를 예방할 수 있도록 만들어 놓은 상태를 말한다.

안전기준에 대한 사전적 정의를 살펴보면 국어사전에는 어떤 유해한 환경 조건이 어느 한계까지만 안전할 때, 그 한계가 되는 값, 영어사전에는 Safety Standards,

---

7) 안전관리기준[시행 2017.7.26.] [행정안전부고시 제2017−1호, 2017.7.26., 타법개정]

한자사전에는 안전함에 기초, 토대가 되는 본보기로 제시되고 있다. 이를 토대로 분야별 안전기준을 살펴보면 소방시설, 항행안전시설, 원자로시설 등 시설안전기준, 어린이제품, 안전확인대상 생활화학제품 등 제품안전기준, 음용, 수도용 등 위생안전기준이 있으며, 공동주택 등은 시공단계에 건축구조기준[8] 등이 있다. 이러한 안전기준은 다분히 공학적인 기준으로 볼 수 있다.

공공안전, 교통안전, 학교안전, 생활안전, 제조물안전, 산업안전 등 안전분야별 분류체계를 살펴보면 다음 표와 같다.

▎표 6-1 안전분야별 세부분류 및 관련 법제도

안전분야	세부분류	내용	관련 법제도
공공안전	공공 시설물	주민복지를 증진할 목적으로 공유하고 사용하는 시설	시설물 안전관리에 관한 특별법의 점검대상시설
	유원 및 유희 시설	주민의 오락과 휴양을 위한 시설	관광진흥법 안전성 검사대상의 유기기구(고정형, 주행형, 관람형, 놀이형기구)
	위험물 시설	위험물의 제조, 저장, 취급을 목적으로 위험물 보유시설	위험물관리법의 허가대상시설(제조소, 저장소, 취급소)
교통안전	도로안전	교통수단의 운행·운항 또는 항행에 필요한 시설	교통안전법의 교통시설(도로·철도·궤도·항만·어항·수로·공항·비행장 등)
	철도안전	도시 철도의 건설·유지 보수 및 운영을 위한 시설	도시철도법 안전점검대상시설(선로·역사·역무시설 등)
	항공안전	항공구역 내·외 시설	항공법에 근거한 안전점검대상시설
	해상안전	항만구역 내·외 시설	항만법에 근거한 안전점검 대상시설로 기본시설과 기능시설 및 지원시설(항로·정박지·창고·집배송장 등)
학교안전	학교시설	학습지원을 주된 목적으로 하는 시설	• 국가안전관리기본계획에 따른 학교시설(체육관·기숙사 등) • 학교안전사고 예방 및 보상에 관한 법률

---

8) 건축구조기준[시행 2019.3.14.] [국토교통부고시 제2019-117호, 2019.3.14., 일부개정]

생활안전	생활장비	국, 공립 및 산업현장이 아닌 곳에서 사용하는 제품	도시가스, 보일러, 전열기구, 가정용의료기구 등의 것
제조물안전	제품	영리 및 필요에 의해 만들어진 공산품	제조물책임법에 저촉을 받는 모든 재료 및 완성품
산업안전	제조업	각종 원료를 가공, 제조하는 공업	산업안전보건법이 적용되는 모든 사업장
	건설업	토목, 건축 이와 관련되는 건설공사의 도급을 받는 영업	산업안전보건법이 적용되는 모든 사업장
	전기, 가스, 수도사업	전기, 가스(연료용 가스), 상수를 생산하여 공급하는 사업	산업안전보건법이 적용되는 모든 사업장

국민 안전교육 진흥 기본법 상에는 1. 생활안전, 2. 교통안전, 3. 자연재난안전, 4. 회기반체계안전, 5. 범죄안전, 6. 보건안전으로 분야를 나누고 있다. 이에 분야별 영역을 살펴보면 다음 표와 같다.

▌표 6-2 국민 안전교육 진흥 기본법 상의 안전분류

안전관련 분야		업무 범위
분야	영역	
1. 생활안전	1-1 시설안전	다중이용시설안전, 놀이시설안전, 붕괴, 폭발, 수도마비
	1-2 승강기안전	승강기안전
	1-3 화재안전	화재안전
	1-4 전기안전	전기안전
	1-5 가스안전	가스안전
	1-6 작업안전	도구사용안전, 제품사용안전, 실험·실습안전, 작업환경안전
	1-7 여가활동안전	놀이안전, 캠핑안전, 스포츠안전, 해외여행안전
	1-8 수상안전	수상안전, 물놀이안전
2. 교통안전	2-1 교통안전	보행안전, 자전거안전, 오토바이안전, 자동차안전, 대중교통안전, 교통·물류마비

3. 자연재난안전	3-1 자연재난안전	재난정보, 재난대피, 재난구호, 홍수, 태풍, 황사, 대설 ·한파, 낙뢰, 폭염, 가뭄, 호우, 강풍, 풍랑, 해일, 조 류대발생, 조수, 소행성·유성체 등 자연우주물체의 추 락·충돌, 우박, 지진, 쓰나미, 산사태, 화산, 기타 재난 및 안전관리
4. 사회기반체계 안전	4-1 환경안전	환경오염
	4-2 생물테러안전	생물테러
	4-3 방사능안전	방사능오염
	4-4 에너지안전	에너지안전
	4-5 정보통신안전	정보통신마비
5. 범죄안전	5-1 폭력안전	학교폭력, 집단따돌림, 언어·사이버폭력, 가정폭력, 학대
	5-2 유괴·미아안전	유괴·미아안전, 가출
	5-3 성폭력안전	성매매, 성폭력
	5-4 사기범죄안전	사이버사기, 다단계사기
6. 보건안전	6-1 식품안전	식중독, 유해식품안전
	6-2 중독안전	약물안전, 물질중독, 흡연·음주폐해, 사이버·스마트폰중독
	6-3 감염안전	감염병, 가축전염병, 의료마비
	6-4 응급처치	심폐소생술(AED포함), 응급구조, 응급처치
	6-5 자살	자살

04 공동주택의 안전

4.1 공동주택 안전관리

　지금까지 앞에서 안전과 안전관리, 안전기준과 안전관리기준, 안전사고와 안전피해에 대하여 살펴보았다. 이 안전과 안전기준은 각 개별법령에서 다루고 있으며, 안전관리와 안전관리기준은 행정안전부의 재난 및 안전관리 기본법에서 다루고 있는 것을 살펴 볼 수 있었다.

　공동주택 안전관리에 있어서는 공동주택관리법에 의해 규정하고 있으며, 공동주택관리법에서는 안전관리계획 및 교육 등에 대하여, 의무관리대상 공동주택의 관리주체는 해당 공동주택의 시설물로 인한 안전사고를 예방하기 위하여 대통령령으로 정하는 바에 따라 안전관리계획을 수립하고, 이에 따라 시설물별로 안전관리자 및 안전관리책임자를 지정하여 이를 시행하여야 한다. 라고 정하고, 1. 경비업무에 종사하는 사람, 2. 제1항의 안전관리계획에 따라 시설물 안전관리자 및 안전관리책임자로 선정된 사람은 국토교통부령으로 정하는 바에 따라 공동주택단지의 각종 안전사고의 예방과 방범을 위하여 시장·군수·구청장이 실시하는 방범교육 및 안전교육을 받아야 한다. 라고 하고 시장·군수·구청장은 방범교육 및 안전교육을 국토교통부령으로 정하는 바에 따라 1. 방범교육은 관할 경찰서장 또는 법 제89조 제2항에 따라 인정받은 법인, 2. 소방에 관한 안전교육은 관할 소방서장 또는 법 제89조 제2항에 따라 인정받은 법인, 3. 시설물에 관한 안전교육은 법 제89조 제2항에 따라 인정받은 기관 또는 법인에 위임하거나 위탁하여 실시할 수 있다. 라고 규정하고 있다.[9]

---

9) 공동주택관리법 제32조(안전관리계획 및 교육 등)

또한 공동주택관리법 제33조에 따른 의무관리대상 공동주택의 관리자는 안전성 확보와 시설물 기능유지를 목적으로 재해, 재난으로부터 보호하기 위해 수시로 안전점검을 실시하여야 한다.[10]

공동주택은 공용공간과 각종 시설물 등을 공동으로 사용하는 우리나라 국민의 주요 거주공간인 점 때문에 공동주택관리법, 시설물의 안전 및 유지관리에 관한 특별법, 산업안전보건법, 에너지이용합리화법, 전기사업법, 화재예방, 소방시설 설치·유지 및 안전관리에 관한 법률, 승강기시설 안전관리법, 하수도법, 수도법, 어린이 놀이시설 안전관리법, 감염병의 예방 및 관리에 관한 법 등 다양한 법령[11]의 적용을 받고 있다.[12]

공동주택의 안전점검에 있어서는 의무관리대상 공동주택의 관리주체는 그 공동주택의 기능유지와 안전성 확보로 입주자 등을 재해 및 재난 등으로부터 보호하기 위하여 시설물의 안전 및 유지관리에 관한 특별법 제21조에 따른 지침에서 정하는 안전점검의 실시 방법 및 절차 등에 따라 공동주택의 안전점검을 실시하여야 한다. 다만, 16층 이상의 공동주택 및 사용연수, 세대수, 안전등급, 층수 등을 고려하여 대통령령으로 정하는 15층 이하의 공동주택에 대하여는 대통령령으로 정하는 자로 하여금 안전점검을 실시하도록 하여야 한다. 라며 관리주체는 안전점검의 결과 건축물의 구조·설비의 안전도가 매우 낮아 재해 및 재난 등이 발생할 우려가 있는 경우에는 지체 없이 입주자대표회의(임대주택은 임대사업자를 말한다. 이하 이 조에서 같다)에 그 사실을 통보한 후 대통령령으로 정하는 바에 따라 시장·군수·구청장에게 그 사실을 보고하고, 해당 건축물의 이용 제한 또는 보수 등 필요한 조치를 하여야 한다. 라며, 의무관리대상 공동주택의 입주자대표회의 및 관리주체는 건축물과 공중의 안전 확보를 위하여 건축물의 안전점검과 재난예방에 필요한 예산을 매년 확보하여야 한다. 또한 공동주택의 안전점검 방법, 안전점검의 실시 시기, 안전점검을 위한 보유 장비, 그 밖에 안전점검에 필요한 사항은 대통령령으로 정한다. 라고 규정하고 있다.[13]

그리고 소규모 공동주택의 안전관리에서 지방자치단체의 장은 의무관리대상

10) 최병관(2017), "소규모 공동주택 안전관리 문제점 및 개선방안 - 서울지역을 중심으로", 석사학위논문, p.14.
11) 대한주택관리사협회(2019), 2019 하반기 시설물에 관한 안전교육, pp.8 - 13.
12) 이덕원(2020), "공동주택 주거만족을 위한 안전관리서비스 개선방안 연구(경기도 시흥시 아파트를 중심으로)", 석사학위논문, p.10.
13) 공동주택관리법 제33조(안전점검)

공동주택에 해당하지 아니하는 공동주택의 관리와 안전사고의 예방 등을 위하여 1. 법 제32조에 따른 시설물에 대한 안전관리계획의 수립 및 시행, 2. 법 제33조에 따른 공동주택에 대한 안전점검, 3. 그 밖에 지방자치단체의 조례로 정하는 사항의 업무를 할 수 있다. 라고 규정하고 있다.[14]

공동주택관리법 제32조 안전관리계획 및 교육 등에 의한 의무관리대상 공동주택의 관리주체는 1. 고압가스·액화석유가스 및 도시가스시설, 2. 중앙집중식 난방시설, 3. 발전 및 변전시설, 4. 위험물 저장시설, 5. 소방시설, 6. 승강기 및 인양기, 7. 연탄가스배출기(세대별로 설치된 것은 제외한다)의 시설에 관한 안전관리계획을 수립하여야 하며, 이 안전관리계획에는 1. 시설별 안전관리자 및 안전관리책임자에 의한 책임점검사항, 2. 국토교통부령으로 정하는 시설의 안전관리에 관한 기준 및 진단사항, 3. 제1호 및 제2호의 점검 및 진단결과 위해의 우려가 있는 시설에 대한 이용제한 또는 보수 등 필요한 조치사항, 4. 수립된 안전관리계획의 조정에 관한 사항, 5. 그 밖에 시설안전관리에 필요한 사항이 포함되어야 한다.[15]

의무관리대상 공동주택의 관리주체는 공동주택관리법 제33조 제1항에 따른 안전점검을 반기마다 하여야 하며, "대통령령으로 정하는 15층 이하의 공동주택"이란 15층 이하의 공동주택으로서 1. 사용검사일부터 30년이 경과한 공동주택, 2. 재난 및 안전관리 기본법 시행령 제34조의2 제1항에 따른 안전등급이 C등급, D등급 또는 E등급에 해당하는 공동주택의 어느 하나에 해당하는 것을 말한다. "대통령령으로 정하는 자"란 1. 시설물의 안전 및 유지관리에 관한 특별법 시행령 제9조에 따른 책임기술자로서 해당 공동주택단지의 관리직원인 자, 2. 주택관리사 등이 된 후 국토교통부령으로 정하는 교육기관에서 시설물의 안전관리에 관한 특별법 시행령 제7조에 따른 안전점검교육을 이수한 자 중 관리사무소장으로 배치된 자 또는 해당 공동주택단지의 관리직원인 자, 3. 시설물의 안전 및 유지관리에 관한 특별법 제28조에 따라 등록한 안전진단전문기관, 4. 건설산업기본법 제9조에 따라 국토교통부장관에게 등록한 유지관리업자의 어느 하나에 해당하는 자를 말한다. 라며, 공동주택관리법 시행령 제34조 제3항 제2호의 안전점검교육을 실시한 기관은 지체 없이 그 교육 이수자 명단을 법 제81

---

14) 공동주택관리법 제34조(소규모 공동주택의 안전관리)
15) 공동주택관리법 시행령 제33조(시설물의 안전관리계획)

조 제1항에 따른 주택관리사단체에 통보하여야 한다. 또한 법 제33조 제2항에 따라 관리주체는 안전점검의 결과 건축물의 구조·설비의 안전도가 매우 낮아 위해 발생의 우려가 있는 경우에는 1. 점검대상 구조·설비, 2. 취약의 정도, 3. 발생 가능한 위해의 내용, 4. 조치할 사항을 시장·군수·구청장에게 보고하고, 그 보고내용에 따른 조치를 취하여야 한다. 그리고 보고를 받은 공동주택에 대해서 시장·군수·구청장은 국토교통부령으로 정하는 바에 따라 관리하여야 한다.[16]

공동주택 안전관리에 있어서는 공동주택관리법 시행규칙[17]에서 같은 법 시행령 제33조 제1항 제8호에서 1. 석축, 옹벽, 담장, 맨홀, 정화조 및 하수도, 2. 옥상 및 계단 등의 난간, 3. 우물 및 비상저수시설, 4. 펌프실, 전기실 및 기계실, 5. 주차장, 경로당 또는 어린이 놀이터에 설치된 시설 등 국토교통부령으로 정하는 시설은 안전관리계획수립대상으로, 안전관리계획에 포함되어야 하는 시설의 안전관리에 관한 기준 및 진단사항은 다음 표와 같다.[18]

▌표 6-3 시설의 안전관리에 관한 기준 및 진단사항

구분	대상시설	점검횟수
1. 해빙기진단	석축, 옹벽, 법면, 교량, 우물 및 비상저수시설	연 1회(2월 또는 3월)
2. 우기진단	석축, 옹벽, 법면, 담장 및 하수도	연 1회(6월)
3. 월동기진단	연탄가스배출기, 중앙집중식 난방시설, 노출배관의 동파방지 및 수목보온	연 1회(9월 또는 10월)
4. 안전진단	변전실, 고압가스시설, 도시가스시설, 액화석유가스시설, 소방시설, 맨홀(정화조의 뚜껑을 포함한다), 유류저장시설, 펌프실, 승강기, 인양기, 전기실, 기계실 및 어린이 놀이터	매분기 1회 이상. 다만, 승강기의 경우에는 승강기제조 및 관리에 관한 법률에서 정하는 바에 따른다.
5. 위생진단	저수시설, 우물 및 어린이 놀이터	연 2회 이상

주: 안전관리진단사항의 세부내용은 시·도지사가 정하여 고시한다.

이에 공동주택 주거약자용 주택의 안전기준을 살펴보면 1. 출입문, 2. 바닥, 3. 비상연락장치, 4. 현관, 5. 거실, 6. 욕실에 대해 제시하고 있다.[19]

16) 공동주택관리법 시행령 제34조(공동주택의 안전점검)
17) 공동주택관리법 시행규칙[시행 2020.4.24] [국토교통부령 제720호, 2020.4.24, 일부개정]
18) 공동주택관리법 시행규칙 제11조(안전관리계획 수립 대상 등)

1. 출입문(주거약자에게 임대할 목적으로 건설하는 주거약자용 주택의 경우로 한정한다)은 가. 주거약자의 원활한 출입이 가능하도록 유효폭 및 활동공간 등을 고려하여 설치해야 한다. 나. 출입문의 유효폭 및 활동공간 등의 구체적인 사항은 국토교통부령으로 정하는 바에 따른다.

2. 바닥은 가. 미끄럼을 방지할 수 있는 마감재를 사용해야 한다. 나. 바닥 높이 차이는 원칙적으로 없도록 하되, 주택의 구조 등으로 인해 불가피한 사유가 있는 경우에는 1) 출입문에 방풍턱(바람막이 턱)을 설치하는 경우: 1.5센티미터 이하, 2) 현관에 마룻귀틀(마루청을 까는 데 쓰는 뼈대)을 설치하는 경우: 3센티미터 이하에 따른 높이로 해야 한다.

3. 비상연락장치(주택법 제2조 제3호에 따른 공동주택으로 한정한다)는 가. 거실, 욕실 및 침실에 경비실 등 관리실과 연결할 수 있는 비상연락장치를 각각 설치해야 한다. 나. 65세 이상인 주거약자를 대상으로 공급하는 주택의 경우에는 1) 동체감지기 및 그 밖에 입주자의 움직임 여부를 파악할 수 있는 장치. 이 경우 입주자의 선택에 따라 그 작동을 정지할 수 있어야 한다. 2) 1)의 장치를 통해 일정 기간 움직임이 감지되지 않는 경우 경비실 등 관리실에 자동으로 통보되는 홈네트워크망 장치를 모두 설치해야 한다.

4. 현관은 주거약자가 지체장애인 또는 뇌병변장애인이거나 그 밖에 휠체어를 사용하는 사람인 경우로서 해당 주거약자나 주거약자가 세대원으로 있는 세대의 세대주(이하 "주거약자 세대주"라 한다)의 신청이 있는 경우에는 마룻귀틀에 경사로를 설치해야 한다.

5. 거실은 주거약자가 청각장애인인 경우로서 해당 주거약자 또는 주거약자 세대주의 신청이 있는 경우에는 주택 내부에 세대별로 시각경보기를 설치해야 한다.

6. 욕실은 가. 주거약자에게 임대할 목적으로 건설하는 주거약자용 주택의 경우에는 좌변기, 욕조, 세면대 및 샤워 공간 주위의 적절한 위치에 안전손잡이를 설치해야 한다. 나. 주거약자가 지체장애인이거나 그 밖에 휠체어를 사용하는 사람인 경우로서 해당 주거약자 또는 주거약자 세대주의 신청이 있는 경우에는 좌변기 옆에 75센티미터 이상의 여유 공간을 확보

---

19) 장애인·고령자 등 주거약자 지원에 관한 법률 시행령 [별표 1] <신설 2019.10.22.>

해야 한다.[20)]

공동주택관리관점에서 단계별로 정리해보면 평상시에 공동주택의 안전기준에 따른 안전, 즉 예방적 차원에서 이룩되고 있는 안전한 상태에서 공동주택의 안전관리기준에 따른 안전관리를 실행 및 운영하게 된다. 이에 안전사고 발생시를 살펴보면 공동주택의 안전사고가 발생하게 되면 안전사고에 대응을 하게 된다. 이 사고를 통해 피해가 발생하게 되면, 즉 안전피해가 발생하게 되면 피해복구와 회복 등 공동주택 안전사고 피해대책을 수립, 운영하게 된다.

정리해보면 공동주택의 안전기준과 안전, 이를 관리하는 안전관리기준과 안전관리, 안전한 상태에서 발생될 수 있는 공동주택의 안전사고와 사고대응, 안전사고로 인해 발생되는 공동주택의 피해와 피해대책으로 정리해 볼 수 있으며, 다음 그림과 같다.

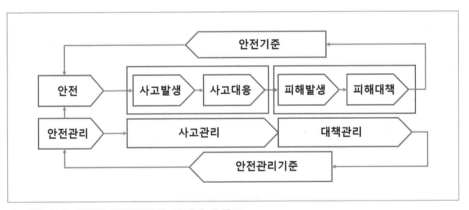

▎그림 6-2 안전과 안전관리의 단계별 흐름도

---

20) 장애인·고령자 등 주거약자 지원에 관한 법률 시행령 [별표 3]

4.2 공동주택 위기관리

우리 주변에는 위기라는 단어가 수 없이 존재한다. 예를 들면 위기의 가정, 위기의 부부, 위기일발과 같은 일상적인 위기와 엔고, 환율변동, 이동통신회사 석달 영업정지 위기와 같은 기업위기, 외환(IMF)위기, 항공기 비상착륙 위기, 한국농업의 위기와 같은 국가적 위기, 식량위기, 석유위기와 같은 세계적 위기 등 헤아릴 수 없이 많은 위기들이 있다.

2020년에는 그동안 경험해보지 못했던 다양한 상황들이 우리를 위협하고 있다. 예컨대 코로나19에 대한 감염위기, 유사 이래로 가장 강력한 장마 호우와 이를 밀어 올리는 제4호 태풍 하구핏으로부터의 홍수위기와 침수위기들은 우리를 암울하게 하고 있다.

위기관리(Crisis Management)란 돌발사고에 대한 적절한 대응조치를 뜻하며 좀 더 포괄적 의미에서 위험관리(Risk Management)의 한 축에 속한다. 위험관리란 사고의 예방, 사고 직후 대응(위기관리), 복구 등 모두를 포함하는 넓은 의미이다.

위기관리가 지니는 보편적이고 일반적인 성격은 다음과 같다. 첫째, 위기관리는 그 책임에 있어서 보편성과 일반성을 지니고 있다. 국가뿐만 아니라 기업이나 개인도 위기관리의 책무를 수행해야 한다. 둘째, 위기관리는 위기발생의 원인이 개인이나 기업의 사소한 실수나 부주의에 있다고 할지라도, 그 영향이 지역사회나 국가, 국제사회에 미칠 수 있기 때문에 공공적 성격이 강조된다. 셋째, 위기관리의 일상화가 요구된다. 오늘날의 사회는 기능의 복잡성과 전문성으로 인해 사회 일부의 기능 마비가 곧 사회 전체적인 기능 마비를 초래하게 되기 때문에 위기관리는 우리의 일상생활과 더불어 존재해야 한다. 넷째, 위기관리는 인간생명의 존엄성에 대한 존중을 전제가치로 삼는다. 그렇기 때문에 위기발생 후의 대응과 복구뿐만 아니라 위기발생 이전의 예방 완화와 준비까지 강조한다. 따라서 위기관리의 과정은 완화, 준비, 대응, 복구의 네 단계로 구성된다.

협의의 위기관리는 위기발생 후 사후관리에 제한되어 있는 것으로서, 조직의 업무지속을 방해하는 각종 사고에 대하여 대응하는 단순한 지원가능으로 이해되어 왔으며, 그 범위 또한 위기상황이 발생한 후의 사후관리에 제한적이다. 광의의 위기관리는 위기발생 사전·사후 전 과정에 걸쳐 관리하는 것으로, 각종의 위기에 대하여 종합적인 관리를 하는 것으로써 위기로 인한 피해를 최소화하기 위하여 위기의 예방(완화), 대비, 대응, 복구에 이르기까지 위기관리의 전 과정을 다룬다. 또한 국가의 위기관리는 위기·재난·안전관리 업무에 관한 규정[21])에 의하면 효과적으로 예방·대비·대응·복구하기 위하여 국가가 자원을 기획·조직·집행·조정·통제하는 제반 활동과정을 말한다.[22])

미토프, 피어슨과 헤링톤(Mitroff, Pearson & Harrington, 1996)은 위기관리에 관해 서로 상호 관계(inter disciplinary)적인 접근방법을 취하는 것이 적절하다고 지적힌다. 효과적인 위기관리는 (위기)진조(시그널)의 발견(signal detection) 대비 및 예방(preparation & prevention) 봉쇄/피해 방지(containment/damage limitation), 평상으로의 회복(recovery) 학습(learning) 즉, 사례를 통해 교훈을 얻는 5단계의 순서로 진전하는 것이 바람직하다라며 단계적 모델을 제시하였다(Mitroff, Pearson & Harrington, 1933).[23]) 다음 그림은 미토프, 피어슨과 헤링톤의 위기관리 5단계 프로세스를 도식화한 것이다.

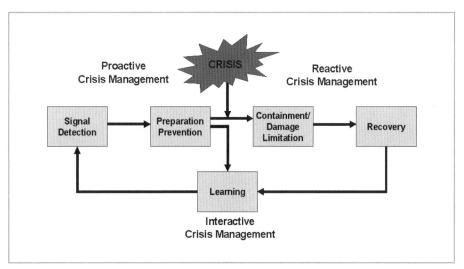

┃그림 6-3 미토프, 피어슨과 헤링톤의 위기관리 5단계 프로세스

---

21) 안전관리기준 제18조(운영계획)
22) 위기·재난·안전관리 업무에 관한 규정, 제3조(정의) 제3호
23) Mitroff, l. l., Pearson, C. M. and Harrington, L. K. (1996), The Essential Guide to Managing Corporate Crisis, Oxford University Press, New York. Mushkatel, A. H. and Weschler,

미토프, 피어슨과 헤링톤의 위기관리 5단계 프로세스가 제시되었는데 이 프로세스가 공동주택 위기관리 최적으로 판단되어 다시 한번 살펴보고자 한다.

첫째, 감지단계(Signal Detection)로서 국가재난관리기준의 상황관리에서는 재난건전성 모니터링에 관한 사항을 제시하고 있다. 이 사항은 해당 공동주택 내에 존재하는 위험요소들을 수집·분석하여 재난 발생 가능성을 사전에 파악한 후 의사결정을 지원하기 위함이며, 1. 해당기관의 관리시설 및 구조물 등의 기능 이상을 관찰할 수 있는 다양한 센서 등 시스템을 갖추어 재난 발생시간 및 위치 등의 정보를 신속하게 수집할 수 있도록 할 것, 2. 수집된 정보의 합리적 진단, 분석 및 예측이 가능할 것, 3. 분석결과를 계량화하여 위험등급에 따라 자동으로 예·경보를 발령할 수 있도록 할 것, 4. 예측된 재난 가능성에 대하여 계획을 수립하고 피해 최소화 방안을 강구할 것 등을 검토하여 재난건전성 모니터링 계획을 수립하여야 한다.[24] 라고 한다. 이를 토대로 공동주택의 위협요소를 사전에 모니터링하도록 하는 것을 말한다.

둘째, 준비 및 예방단계(Preparing and Prevention)로서 전 단계의 재난건전성 모니터링 결과의 징조나 기상정보나 국가 위기관리 예경보체계에 따라 상당한 위기가 우려될 때 이를 기반으로 준비와 예방을 꾀하도록 한다. 준비라 함은 각종 위기관리 행동매뉴얼을 비롯하여 주민대피 매뉴얼, 위기관리체계의 주민 교육 및 홍보, 그리고 주민비상연락망 점검, 비상상황 신고 및 전파체계 확보 등을 하여야 하고 예방단계로는 징조에 따른 위기사항을 해소시키거나 그 피해를 경감시키는 것을 말한다.

셋째, 봉쇄와 피해방지단계(Containment Damage Limitation)는 위기상황이 비상상황으로 전개되면 신속하게 2차피해 방지를 위한 주민 대피와 피해지역의 봉쇄가 중요하다. 이 경우 자가 대피 불능자에 대한 대피가 매우 중요하며, 대피 후 지역 내의 완전 대피에 대한 판단도 중요한 의사결정이 될 수 있다.

넷째, 복귀단계(Recovery)는 비상상황이 진압되고 난 후 복구대책수립과 이 대책에 따른 임시 복구와 항구 복구의 절차에 따른다.

다섯째, 학습단계(Learning)로 본 위기상황으로 무엇이 문제였고 그 원인이 무엇이며, 그 영향은 어느 정도였는지를 파악하고 이런 상황이 다시 오더라도 이를 해결할 수 있는 예방, 대비, 대응, 복구체계를 갖추도록 기록하고 분석하고

---

24) 재난관리기준[시행 2017.7.26.] [행정안전부고시 제2017-1호, 2017.7.26., 타법개정]

학습을 하는 과정이다. 이러한 위기관리체계를 통해서 공동주택의 위기대응능력이 강화될 수 있다고 판단한다.

05

결론

　지금까지 앞에서 공동주택의 안전관리, 위기관리 등에 대해 살펴보았다. 이는 안전과 안전기준은 각 개별법령에서 다루고 있고, 안전관리와 안전관리기준은 행정안전부의 재난 및 안전관리 기본법에서 다루고 있는 것을 살펴 볼 수 있었다.

　이를 시계열 상으로 풀어보면, 안전기준에 따른 안전을 시행하고 있다가 안전사고가 나면 안전관리가 작동되어 조치하게 된다. 따라서 안전은 예방적인 관점인 관계로 안전점검과 진단이 필요하고 안전사고에 대한 대비, 대응이 계획되고 실행되는 것이다. 이어서 이 안전한 상황 속에서 위협요소가 나타나면 위기상황이 발생되는데 이에 관심, 주의, 경계, 심각에 따르는 위기단계가 작동되고 이에 따른 위기관리가 실행되는 것이다. 이 위기상황 속에서 비상사태가 발생되면 구조, 구급, 응원이 수행되며 이에 따른 비상선포가 이루어지게 된다. 다음 그림은 안전부터 위기까지의 프레임워크를 제시한 것이다.

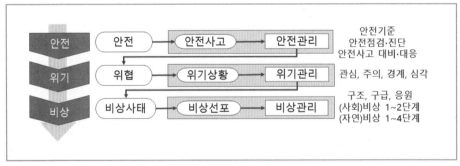

▌그림 6-4 안전부터 위기까지의 프레임워크

이와 같이 시계열로 풀어본 이 프레임워크를 공동주택관리에 접목하여 볼 때 공동주택의 안전기준에 따른 안전과 안전관리기준에 따른 안전사고대응을 시행하고, 자연재난, 사회재난, 시설재난, 갈등재난, 커뮤니케이션 재난 등 각종 원인적 재난 유형들과 이로 인한 피해측면의 결과들을 식별하고 분석하고 판정하는 위험성 평가[25]를 통해 위험요인을 도출하여 위험성 관리를 수행하고, 이에 대한 위기관리를 통한 더욱 안전한 공동주택 관리가 되었으면 한다.

---

25) KS Q ISO 31000:2018, 리스크관리 — 가이드라인, 6.4 리스크 평가, 리스크 평가는 리스크 식별, 리스크 분석 및 리스크 판정의 총괄적인 프로세스이다. 리스크 평가는 이해관계자의 지식과 견해를 바탕으로 체계적, 반복적, 협력적으로 수행되어야 할 것이다. 필요에 따라 추가 조사를 통해 가용한 최상의 정보를 사용하여야 할 것이다.

참고문헌

국가법령정보센터(2020), www.law.go.kr (2020.08.10. 방문)

김동헌(2012), "U-City 도시방재를 위한 위기 및 재난, 연속성관리체계구축 연구", 석사학위논문, 한세대학교.

김동헌(2014), "U-City 기업재난대응 역량강화를 위한 실행기반 모의훈련의 평가지표 개발에 관한 연구", 박사학위논문, 한세대학교.

이덕원(2020), "공동주택 주거만족을 위한 안전관리서비스 개선방안 연구(경기도 시흥시 아파트를 중심으로)", 석사학위논문, 우석대학교.

이영재 외(2015), 재난관리론, 생능출판.

최병관(2017), "소규모 공동주택 안전관리 문제점 및 개선방안-서울지역을 중심으로", 석사학위논문, 중앙대학교.

행정안전부(2014), korea standards for business continuity management.

행정안전부(2014), 재해경감활동 실무과정 I, 재난안전원.

행정안전부(2017), 기업 재해경감활동계획 수립기준[시행 2017.7.26.]

ANSI/NFPA 1600 Technical Committee(2010), NFPA 1600 "Standard on disaster/emergency management and business continuity programs: A New Look for 2010".

Coombs, W. T. (1999), "Ongoing crisis communication: Planning, managing, and responding". Thousand Oaks, CA: Sage".

International Standard ISO 22301(2012.05), "Societal security - Business continuity management systems - Requirements".

McDaniel, R. (2005), "Corrective-Action as a Corollary to the AfterAction Reporting Process", J 2th Annual Co ference Proceedings, TIEMS.

Mitroff, l. 1., Pearson, C. M. and Harrington, L. K. (1996), "The Essential Guide to Managing Corporate Crisis", Oxford University Press, New York. Mushkatel, A. H. and Weschler.

The Business Continuity Institute, BCI(2013), "A Guide to Iplementing Global Good Practice in Business Continuity".

공동주택 재난관리 및 연속성관리

공동주택
안전관리

김동헌

재난안전원 원장, 우석대학교 대학원

재난안전공학과 겸임교수

01 공동주택 재난관리와 연속성관리의 필요성

우리는 지금 전대미문의 큰 재앙 앞에 서있는 입장이다. 바로 보이지도 않는 적 코로나19이다. 이는 예측 불가능하고 더 강하고 빠른 새로운 변종들로, 우리를 공격하고 있는 현실 속에서 그동안 겪어보지도 못했고, 생각해보지도 못했던 새로운 비상 국면에 처해있고, 언제 이 어둡고 긴 터널을 빠져나올 수 있을런지? 또 설사 빠져 나오더라도 예년과 같은 상황으로 되돌아 갈 수 있을런지? 나는 이를 피할 수 있을런지? 노심초사하고 있는 지경인 것이다.

엎친 데 덮친 격으로 유사 이래 가장 긴 장마가 있었고, 바로 중국으로 향한다던 제4호 태풍 '하구핏'이 우리나라 중부를 강타하여 물폭탄을 퍼부었고, 곧바로 제8호 태풍 '바비'가 가거도에 초속 66.1m/s로 강풍 기록을 새로 썼으며,[1] 우리나라를 관통하였다. 또한 제9호 태풍 '마이삭'이 연이어 올라왔던 현실을 어떻게 해석하여야 하고 어떻게 풀어 나가야 할지 두려움이 앞서게 되었다. 이는 바로 재난상황인 것이다.

이에 논자는 전 국민의 70% 정도를 차지하고 있는 공동주택에 대하여 소유자, 점유자, 관리자, 사용자 등 이해관계자들이 재난으로부터 안전하게 관리가 되어야 하고 또한 핵심 가치나 기능, 시설 등의 연속성이 확보되어야 한다고 본다.

이에 이런 다양한 이해관계자를 토대로 공동주택의 재난안전의 필요성이 절실한 바 이를 재난관리와 연속성 관점에서 살펴보아 공동주택이 재난으로부터 더욱 안전하고 유사시 연속성 역량을 확보할 수 있도록 해보고자 한다.

---

1) 기상청은 태풍 '바비'가 서해를 통과하던 지난 26일 오후 4시 53분, 전남 신안군 가거도에 가장 가까이 다가오면서 최대 순간풍속이 초속 66.1m로 강풍 신기록을 달성했다고 밝힘. 초속 66.1m의 바람은 전국 기상 관측이 시작된 1973년 이후 최고 기록으로, 2003년 태풍 '매미'의 초속 60m를 17년 만에 경신한 것임. 하지만 당시 가거도는 강풍으로 전원이 끊기며 통신두절로 자료 수집이 중단돼, 새로운 강풍 기록이 뒤늦게 확인됐다고 기상청은 설명했음. (출처: 연합뉴스 고은지 기자eun@yna.co.kr, 송고시간 2020.08.02 10:18)

국가는 재난 및 안전관리 기본법[2](이하 "재난안전법") 제3조 제1호에서는 "재난"이란 국민의 생명·신체·재산과 국가에 피해를 주거나 줄 수 있는 것으로서 다음 각 목의 것을 말한다. 라고 정하고 가목에서 자연재난은 태풍, 홍수, 호우(豪雨), 강풍, 풍랑, 해일(海溢), 대설, 한파, 낙뢰, 가뭄, 폭염, 지진, 황사(黃砂), 조류(藻類) 대발생, 조수(潮水), 화산활동, 소행성·유성체 등 자연우주물체의 추락·충돌, 그 밖에 이에 준하는 자연현상으로 인하여 발생하는 재해라 하고, 나목에서 사회재난은 화재·붕괴·폭발·교통사고(항공사고 및 해상사고를 포함한다)·화생방사고·환경오염사고 등으로 인하여 발생하는 대통령령으로 정하는 규모 이상의 피해와 국가핵심기반의 마비, 감염병의 예방 및 관리에 관한 법률에 따른 감염병 또는 가축전염병예방법에 따른 가축전염병의 확산, 미세먼지 저감 및 관리에 관한 특별법에 따른 미세먼지 등으로 인한 피해로 정하고 있다. 여기에서 말하는 "대통령령으로 정하는 규모 이상의 피해"란 1. 국가 또는 지방자치단체 차원의 대처가 필요한 인명 또는 재산의 피해, 2. 그 밖에 제1호의 피해에 준하는 것으로서 행정안전부장관이 재난관리를 위하여 필요하다고 인정하는 피해의 어느 하나에 해당하는 것을 말한다.[3]로 규정하고 있다. 즉 재난안전법상 재난의 분류는 재난 발생의 원인적 분류로 국가가 감당해야 하는 수준을 고려하여 그 재난 유형을 정하고 있다.

그런데 재난의 원인적 분류는 재난의 주체[4]에 따라 다르므로 재난관리책임

---

2) 「재난 및 안전관리 기본법」(약칭 "재난안전법")[시행 2020. 6. 9.] [법률 제17383호, 2020. 6. 9., 일부개정]
3) 재난 및 안전관리 기본법 시행령 제2조(재난의 범위)
4) 재난의 주체는 국가의 개념으로는 국가와 광역지자체, 기초지자체, 중앙부처, 공공기관을 들 수 있고, 민간의 개념으로는 민간기업 및 협·단체(공동주택단지)를 들 수 있으며, 개인으로

기관5) 중 국가와 광역지자체, 기초지자체, 재난관리주관기관6)인 중앙부처는 전술한 재난안전법상 정하고 있는 재난유형들에 대해 예방·대비·대응·복구 등 재난관리를 수행하여야 한다.

재난관리책임기관인 공공기관들은 재난안전법상 재난유형들은 물론 그 기관에서 추가로 안전관리7)와 재난관리8)를 해야 할 재난유형들을 포함하여야 한다. 그리고 비 재난관리책임기관인 공공기관들은 자체에서 안전관리와 재난관리를 해야 할 재난유형들을 파악하여 수행하여야 한다. 그 외 민간기관이나 국민들은 각자에 맞는 재난유형을 선정하여 재난에 대한 예방·경감·대비·대응·복구 등 재난관리를 수행하여야 한다.

재난에 대한 재난관리상 정의를 살펴보면 재난관리기준 제4조 제1호에서 재난을 국민의 생명·신체 및 재산 피해를 주거나 줄 수 있는 것으로 제시하고 있는데 이는 국가를 재난주체로 고려한 정의로 볼 수 있다. 재난기준은 재난유형과 규모를 그 기준으로 제시할 수 있는데 국가위기관리기본지침에서는 재난분야를 가. 재난분야의 위기는 자연재해와 인적재난으로 구분한다. 나. 자연재해는 자연현상에 의해 발생되는 대규모 피해를 말하며, 위기 유형으로는 풍수해(태풍·호우·대설·해일)재난, 지진재난 등이 있다. 다. 인적재난은 안전 요인이나 인위 요인에 의해 발생하는 대규모 피해로서, 위기 유형으로는 고속철도 대형사고, 다중 밀집시설 대형사고, 대규모 환경오염, 대규모 산불, 화학 유해물질 유출사고, 지하철 대형 화재사고, 댐 붕괴, 공동구(公同)재난, 전염병, 가축 질병 등이

는 개인과 그 가족단위, 친·인척단위까지를 들 수 있는 등 조직의 성격상 다양하게 분류할 수 있음.

5) "재난관리책임기관"이란 재난관리업무를 하는 다음 각 목의 기관을 말한다.
　가. 중앙행정기관 및 지방자치단체(제주특별자치도 설치 및 국제자유도시 조성을 위한 특별법 제10조 제2항에 따른 행정시를 포함한다)
　나. 지방행정기관·공공기관·공공단체(공공기관 및 공공단체의 지부 등 지방조직을 포함한다) 및 재난관리의 대상이 되는 중요시설의 관리기관 등으로서 대통령령으로 정하는 기관(재난안전법 제3조 제5호)

6) "재난관리주관기관"이란 재난이나 그 밖의 각종 사고에 대하여 그 유형별로 예방·대비·대응 및 복구 등의 업무를 주관하여 수행하도록 대통령령으로 정하는 관계 중앙행정기관을 말한다(재난안전법 제3조 제5의2호).

7) "안전관리"란 재난이나 그 밖의 각종 사고로부터 사람의 생명·신체 및 재산의 안전을 확보하기 위하여 하는 모든 활동을 말한다(재난안전법 제3조 제4호).

8) "재난관리"란 재난의 예방·대비·대응 및 복구를 위하여 하는 모든 활동을 말한다(재난안전법 제3조 제3호).

있다. 그리고 국가핵심기반 분야는 가. 국가핵심기반 위기는 테러, 대규모 시위·파업, 폭동, 재난, 해킹 또는 컴퓨터 바이러스 등의 원인에 의해 국가경제 및 국민 생활, 정부 기능 유지에 중대한 영향을 미칠 수 있는 인적·물적·기능 체계 등이 마비되는 상황을 말한다. 나. 국가핵심기반 위기 분야에는 에너지, 식·용수, 보건의료, 정보 통신, 금융전산, 교통·수송, 원자력, 주요 산업단지 및 정부 중요시설 등 9가지로 나누고 있다. 이들은 재난의 주체가 국가임을 나타내고 있다.[9]

따라서 본 장에서는 공동주택에 대한 안전과 안전사고 등 안전관리, 재난과 재해 등 재난관리에 대해 살펴보고 이를 바탕으로 구체적으로 재난유형의 선정과 국가 위기관리 매뉴얼 시스템에 준한 현장조치 행동매뉴얼 기반의 재난유형별 행동매뉴얼, 재난유형별 시나리오에 대해 살펴보기로 한다.

---

9) 국가위기관리기본지침(대통령 훈령 제285호) 2013.9.4.

공동주택 재난관리

3.1 재난관리기준

재난관리기준[10]은 그 목적을 보면 "재난 및 안전관리 기본법 제34조의3 및 같은 법 시행령 제43조의4에 따라 재난을 효율적·체계적으로 관리하여 국민의 생명과 재산을 보호하고 재난을 경감하는데 기여할 수 있도록 국가차원의 재난관리 원칙을 제시하는데 목적이 있다". 적용범위로는 "중앙행정기관·지방자치단체 및 재난관리책임기관 등에서 재난의 예방·대비·대응·복구 등 재난관리를 위한 1. 재난관리를 위한 각종 재난경감계획, 상황관리, 유지관리, 자원관리를 위한 대책을 수립하는 경우, 2. 재난 및 안전관리 기본법, 자연재해대책법, 재해경감을 위한 기업의 자율활동 지원에 관한 법률 등에서 정하는 각종 재난관련 기준 및 계획을 수립하는 경우 등 각종 대책을 수립하는 경우에는 이 기준을 적용하여야 한다".[11]

행정안전부고시인 재난관리에 관한 기준[12]을 살펴보면 재난관리를 위한 재난관리기준의 구성요소는 1. 재난경감계획 수립 및 시행, 2. 상황관리, 3. 자원관리, 4. 지속적인 유지관리로 구성된다.[13] 먼저 재난경감계획은 재난위험요소 발굴을 위한 기초조사 및 현황자료 분석을 통하여 1. 재난위험요소 조사 분석, 2. 재난경감을 위한 정책방향, 3. 재난경감을 위한 구조적·비구조적 대책. 4. 재난관리를 위한 조직의 운영에 관한 사항, 5. 중단 없는 업무추진을 위한 운영 연속성 계획에 관한 사항, 6. 기타 필요한 사항이 포함된 경감대책을 제시하여

---

10) 위기·재난·안전관리 업무에 관한 규정, 제3조(정의) 제3호
11) 재난관리기준 제1조(목적) 제2조(적용)
12) 위기·재난·안전관리 업무에 관한 규정, 제3조(정의) 제3호
13) 재난관리기준 제5조(구성요소)

야 한다.[14)]

둘째로 상황관리계획에는 1. 재난건전성 모니터링에 관한 사항, 2. 재난 예·경보에 관한 사항, 3. 상황전파에 관한 사항, 4. 재난홍보에 관한 사항, 5. 지휘통제에 관한 사항, 6. 상호협력에 관한 사항, 7. 정보관리에 관한 사항, 8. 복구계획에 관한 사항이 포함되어야 한다.[15)]

셋째로 자원의 수급, 배분 등을 체계적으로 수행하기 위하여 1. 자원의 관리, 2. 자원관리계획, 3. 자원관리 데이터베이스, 4. 재난자원 활용 및 모니터링, 5. 재난자원 비축의 사항이 포함된 자원관리 계획을 수립하여야 한다.[16)]

넷째로 재난을 예방·경감하기 위하여 1. 재난행정에 관한 사항, 2. 재정적 절차에 관한 사항, 3. 재난평가에 관한 사항, 4. 환류활동에 관한 사항, 5. 교육과 훈련에 관한 사항, 6. 재난관리 역량강화에 관한 사항을 지속적으로 유지관리 하여야 한다.[17)]

3.2 공동주택 비상관리

이제까지 공동주택의 안전관리와 재난관리를 살펴보았는데 이들은 비상상황이 발생되기 전인 예방, 경감, 대비 관점에 대한 사항들이었다. 이제 비상상황 발생에 대한 대응과 복구, 연속성을 살펴보고자 한다.

우선 먼저 질문을 하나 던지고자 한다. 지금은 비상상황이다. 당신의 의사결정에 따라 수많은 사람들의 생명이 달려 있는 상황을 가정한 경우에 당신의 의사결정이 왼쪽 방향이면 100명이 희생되고, 오른쪽 방향이면 200명이 희생된다면 어느 방향으로 결정하겠는가? 이 질문의 경우 거의 깊은 고민 없이 적은 인원의 희생 쪽으로 의사결정을 할 것이다. 다음 왼쪽방향인 100명안에 당신의 가족이 있으면 어떻게 하겠는가?라면 한 절반 정도가 그래도 나름대로 비장감을 가지고 꿋꿋하게 100명의 희생 쪽으로 의사결정을 한다. 그렇다면 마지막으로 그 100명안에 당신도 희생되어야 한다면 어떻게 하겠는가?라는 질문에는 한 두

---

14) 재난관리기준 제7조(재난경감계획의 내용)
15) 재난관리기준 제14조(상황관리계획의 내용)
16) 재난관리기준 제23조(자원관리 내용)
17) 재난관리기준 제29조(유지관리)

명이 그나마 손을 들고 나아간다. 이는 논자가 수천회의 강의를 통해 질문과 응답을 정리해본 데이터이다.

그런데 이러한 의사결정에는 상당히 큰 문제점이 있다. 이러한 중요한 의사결정을 할 경우에 본인의 지식과 감정으로 하게 되면 매우 큰 오류가 생긴다는 것이다. 이러한 비상상황의 의사결정은 법령, 규정, 지침, 매뉴얼 등으로 정해두고 그것에 따라 의사결정을 해야 한다는 것이다. 즉 이 비상상황에서는 법령, 규정, 지침, 매뉴얼 등에서 200명의 희생 쪽으로 방향이 정해지도록 되어 있다면 그렇게 해야 한다는 것이다. 즉 법대로 해야 된다는 것이다. 이것이 일반행정체계와 다른 점이며 이에 대해 오늘날은 비상행정체계 또는 재난행정체계가 발달하고 있는 것이다.

3.3 공동주택 연속성관리

연속성관리계획을 한마디로 정리해보면 재난이 발생한 경우에 조직[18]의 핵심가치인 비즈니스, 즉 제품이나 서비스를 최소한 유지해야 되는 최소비즈니스연속성목표(MBCO)를 설정하고 이를 지키기 위한 지키기 위한 회복능력(resilience) 확보가 먼저 시행되어야 하고, 이후 정상적인 재난대응을 하면서 연속성 시행이 필요하다고 판단될 때에 연속성 가동을 하게 되는데 이 경우를 위해 비즈니스를 연속할 수 있도록 연속성 대상별[19] 복구목표시간(RTO)선정 및 그 시간 내에 복구할 수 있도록 하는 재난단계별 연속성자원[20] 소요 산출과 확보, 그리고 RTO에 따른 연속성전략,[21] 연속성절차, 훈련, 모니터링 및 평가, 지속적인 개선의 계획수립을 하도록 한다. 이를 반복하여 교육 훈련함으로서 조직의 연속성을 확보하는 것을 말한다.

국가는 재난 및 안전관리 기본법에서 재난관리책임기관의 장의 재난예방조치 등으로 재난관리책임기관의 장은 재난상황에서 해당 기관의 핵심기능을 유지하는 데 필요한 계획(이하 "기능연속성계획"이라 한다)을 수립·시행하여야 한다.

---

18) 기관이나 단체, 기업, 국가
19) 사람, 정보데이터, 건물 및 사업장, 시설 및 장비, 통신시스템. 수송, 재정, 파트너, 이해관계자 등
20) 인력, 정보데이터, 건물 및 사업장, 시설 및 장비, 통신시스템. 수송, 재정, 파트너 등
21) 다각화전략, 복제전략, 준비전략, 사후확보전략, 외주전략, 방치전략, 보험전략 등

그리고 행정안전부장관은 재난관리책임기관의 기능연속성계획 이행실태를 정기적으로 점검하고, 그 결과를 제33조의2에 따른 재난관리체계 등에 대한 평가에 반영할 수 있으며, 기능연속성계획에 포함되어야 할 사항 및 계획수립의 절차 등은 대통령령으로 정한다.[22] 이에 재난 및 안전관리 기본법 시행령에서는 행정안전부장관은 법 제25조의2 제5항에 따른 재난상황에서 각 재난관리책임기관의 핵심기능을 유지하는 데 필요한 계획(이하 "기능연속성계획"이라 한다)의 수립을 위한 지침을 작성하여 재난관리책임기관의 장에게 통보하여야 하며, 이 기능연속성계획의 수립을 위한 지침을 통보받은 관계 중앙행정기관의 장 및 시·도지사는 소관 업무 또는 관할 지역의 특수성을 반영한 지침을 작성하여 관계 재난관리책임기관의 장 및 관할 지역의 재난관리책임기관의 장에게 각각 통보할 수 있다.

기능연속성계획에는 1. 재난관리책임기관의 핵심기능의 선정과 우선순위에 관한 사항, 2. 재난상황에서 핵심기능을 유지하기 위한 의사결정권자 지정 및 그 권한의 대행에 관한 사항, 3. 핵심기능의 유지를 위한 대체시설, 장비 등의 확보에 관한 사항, 4. 재난상황에서의 소속 직원의 활동계획 등 기능연속성계획의 구체적인 시행절차에 관한 사항, 5. 소속 직원 등에 대한 기능연속성계획의 교육·훈련에 관한 사항, 6. 그 밖에 재난관리책임기관의 장이 재난상황에서 해당 기관의 핵심기능을 유지하는 데 필요하다고 인정하는 사항이 포함되어야 한다.

재난관리책임기관의 장은 기능연속성계획을 수립하거나 변경한 경우에는 수립 또는 변경 후 1개월 이내에 행정안전부장관에게 통보하여야 한다. 이 경우 시장·군수·구청장은 시·도지사를 거쳐 통보하고, 별표 1의2에 따른 재난관리책임기관의 장은 관계 중앙행정기관의 장 또는 시·도지사를 거쳐 통보하고, 행정안전부장관은 법 제25조의2 제6항에 따라 기능연속성계획의 이행실태를 확인·점검하는 경우에는 재난관리책임기관의 장에게 미리 이행실태점검 계획을 통보하여야 한다. 또한 행정안전부장관은 별표 1의2에 따른 재난관리책임기관에 대하여 이행실태점검을 하는 경우에는 관계 중앙행정기관의 장 또는 소관 지방자치단체의 장과 합동으로, 시·군·구에 대하여 이행실태점검을 하는 경우에는 시·도지사와 합동으로 점검할 수 있으며, 행정안전부장관은 이행실태점검 결과 시

---

22) 재난 및 안전관리 기본법 제25조의2 제5항~제7항

정 또는 보완 등이 필요한 사항에 대하여 해당 재난관리책임기관의 장에게 시정 또는 보완 등을 요청할 수 있고, 시정 또는 보완 등을 요청한 사항이 적정하게 반영되었는지 여부를 법 제33조의2에 따른 재난관리체계 등에 대한 평가에 반영할 수 있다.[23]

재해경감을 위한 기업의 자율활동지원에 관한 법률에서는 기업재해경감활동 계획의 수립에 대해 규정하고 있으며, 이는 기업재해경감활동, 재해경감활동계획, 재해경감활동체계, 비즈니스연속성계획(BCP), 비즈니스연속성관리(BCM), 비즈니스연속성경영관리체계(BCMS) 등으로 정리되고 있다.

이 법의 목적은 재난이 발생하는 경우 기업활동이 중단되지 아니하고 안정적으로 유지될 수 있도록 하기 위하여 기업의 재해경감활동을 지원함으로써 국가의 재난관리 능력을 증진함을 목적으로 한다.[24] 행정안전부장관은 기업의 재해경감활동계획 수립을 위한 재난관리표준을 작성·고시하여야 하며 재난관리표준에는 1. 재해경감활동 조직·체계 등의 구성에 관한 사항, 2. 재해경감활동 관계 법령 준수·절차 및 이행에 관한 사항, 3. 위험요소의 식별, 위험평가, 영향분석 등 재난 위험요소의 경감에 관한 사항, 4. 자원관리 및 기업과 재해경감 관련 단체와의 협정에 관한 사항, 5. 재해경감을 위한 전략계획, 경감계획, 사업연속성확보계획, 대응계획 및 복구계획의 수립에 관한 사항, 6. 재해경감활동과 관련된 지시·통제·협의조정 등 비상시 의사소통 및 상황전파 체계에 관한 사항, 7. 교육·훈련을 통한 자체평가 및 개선에 관한 사항, 8. 그 밖에 재난관리표준에 필요하다고 인정하여 대통령령으로 정하는 사항이 포함되어야 한다.[25]

우수기업으로 인증을 받고자 하는 기업은 재난관리표준의 범위에서 대통령령으로 정하는 기준에 따라 재해경감활동계획을 수립·시행하여야 하며, 기업은 재해경감활동을 위하여 필요하다고 인정하는 때에는 제12조에 따라 등록된 재해경감활동계획 수립 대행자에게 재해경감활동계획의 수립 등을 의뢰할 수 있으며, 기업은 기업의 종사자 등에 대하여 재해경감활동 능력을 높이기 위하여 필요한 교육 등을 실시할 수 있다.[26]

기업의 경우 재해경감을 위한 기업의 자율활동지원에 관한 법률을 토대로 기

---

23) 재난 및 안전관리 기본법 시행령 제29조의3(기능연속성계획의 수립 등)
24) 재해경감을 위한 기업의 자율활동 지원에 관한 법률 제1조(목적)
25) 재해경감을 위한 기업의 자율활동 지원에 관한 법률 제5조(재난관리표준의 고시)
26) 재해경감을 위한 기업의 자율활동 지원에 관한 법률 제11조(재해경감활동계획 수립 등)

업재해경감활동, 재해경감활동계획 등을 수립하도록 되어 있다. 그러나 공동주택에는 이러한 기준이나 근거가 미비한 상황이다. 따라서 재난 및 안전관리 기본법에 의한 기능연속성계획에서 살펴본 결과 공동주택에도 공동주택에 맞는 공동주택 연속성계획(BCP)[27]이 필요하다.

---

27) 공동주택 연속성계획(business continuity plan of Apartment Houses)

04 공동주택의 안전은 예방과 대응계획의 수립에서부터

　지금까지 앞에서 공동주택의 안전관리, 위기관리, 재난관리, 비상관리, 연속성관리 등에 대해 살펴보았다. 이는 안전과 안전기준은 각 개별법령에서 다루고 있고, 안전관리와 안전관리기준은 행정안전부의 재난 및 안전관리 기본법에서 다루고 있는 것을 살펴 볼 수 있었다.

　이를 시계열 상으로 풀어보면, 안전기준에 따른 안전을 시행하고 있다가 안전사고가 나면 안전관리가 작동되어 조치하게 된다. 따라서 안전은 예방적인 관점인 관계로 안전점검과 진단이 필요하고 안전사고에 대한 대비, 대응이 계획되고 실행되는 것이다. 이어서 이 안전한 상황 속에서 위협요소가 나타나면 위기상황이 발생되는데 이에 관심, 주의, 경계, 심각에 따르는 위기단계가 작동되고 이에 따른 위기관리가 실행되는 것이다. 이 위기상황 속에서 비상사태가 발생되면 구조, 구급, 응원이 수행되며 이에 따른 비상선포가 이루어지고 자연재난은 서서히 기간을 두고 발생되므로 비상1단계부터 비상4단계까지, 사회재난은 갑자기 폭발적으로 발생되므로 비상1단계부터 비상2단계로 비상관리가 운영된다. 이 비상상황이 더 발달되어 피해가 확산되면 재난으로 이어지는데 피해규모에 따라 재난선포가 이루어진다. 따라서 재난이 발생하기 전 예방 및 대비를 하고, 발생 후 대응·복구를 통해 재난의 전반을 컨트롤 해야 한다.

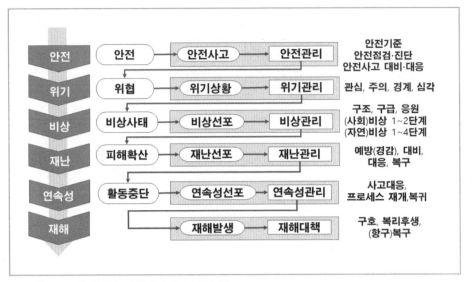

| 그림 7-1 안전부터 재해까지의 프레임워크

이와 같이 시계열로 풀어본 이 프레임워크를 공동주택관리에 접목하여 볼 때 공동주택의 안전기준에 따른 안전과 안전관리기준에 따른 안전사고대응을 시행하고, 자연재난이든 사회재난, 시설재난, 갈등재난, 커뮤니케이션 재난 등 제반 재난들을 식별하고 분석하고 판정하는 위험성 평가[28]를 통해 위험요인을 도출하고 이에 대한 위험성 처리와 모니터링 및 검토 등 위험성 관리를 수행하고, 재난관리기준에 따른 예방, 대비, 대응, 복구의 대책을 수립하여 관리하고 공동주택 연속성계획을 수립하여 더욱 안전한 공동주택 관리가 되었으면 한다.

이에 공동주택 재난 및 안전관점에서 보면 많은 부분이 잘 수립되고 실행되고 운영되고, 감시되고, 검토되고 유지개선이 이루어지고 있으나, 공동주택 위험성 평가를 통한 위험성 관리를 수행하고, 그 위험성이 재난으로 닥쳐왔을 때를 대비한 재난관리체계의 구축과 운영, 공동주택의 연속성 확보를 위한 연속성관리체계의 수립, 실행이 필요하다.

---

28) KS Q ISO 31000:2018, 리스크관리 ─ 가이드라인, 6.4 리스크 평가, 리스크 평가는 리스크 식별, 리스크 분석 및 리스크 판정의 총괄적인 프로세스이다. 리스크 평가는 이해관계자의 지식과 견해를 바탕으로 체계적, 반복적, 협력적으로 수행되어야 할 것이다. 필요에 따라 추가 조사를 통해 가용한 최상의 정보를 사용하여야 할 것이다.

참고문헌

국가법령정보센터(2020), www.law.go.kr (2020.08.10. 방문)

김동헌(2012), "U-City 도시방재를 위한 위기 및 재난, 연속성관리체계구축 연구", 석사학위논문, 한세대학교.

김동헌(2014), "U-City 기업재난대응 역량강화를 위한 실행기반 모의훈련의 평가지표 개발에 관한 연구", 박사학위논문, 한세대학교.

이덕원(2020), "공동주택 주거만족을 위한 안전관리서비스 개선방안 연구(경기도 시흥시 아파트를 중심으로)", 석사학위논문, 우석대학교.

이영재 외(2015), 재난관리론, 생능출판.

최병관(2017), "소규모 공동주택 안전관리 문제점 및 개선방안-서울지역을 중심으로", 석사학위논문, 중앙대학교.

행정안전부(2014), korea standards for business continuity management.

행정안전부(2014), 재해경감활동 실무과정 I, 재난안전원.

행정안전부(2017), 기업 재해경감활동계획 수립기준[시행 2017.7.26.]

ANSI/NFPA 1600 Technical Committee(2010), NFPA 1600 "Standard on disaster/emergency management and business continuity programs: A New Look for 2010".

Coombs, W. T. (1999), "Ongoing crisis communication: Planning, managing, and responding", Thousand Oaks, CA: Sage.

International Standard ISO 22301(2012.05), "Societal security - Business continuity management systems - Requirements".

McDaniel, R. (2005), "Corrective-Action as a Corollary to the AfterAction Reporting Process", J 2th Annual Co ference Proceedings, TIEMS.

Mitroff, l. 1., Pearson, C. M. and Harrington, L. K. (1996), "The Essential Guide to Managing Corporate Crisis", Oxford University Press, New York. Mushkatel, A. H. and Weschler.

The Business Continuity Institute, BCI(2013), "A Guide to Iplementing Global Good Practice in Business Continuity".

CHAPTER

08

공동주택 내·외부 공간범죄예방

공동주택
안전관리

황성은
서울과학기술대학교
건축공간리질리언스연구소 연수연구원

01 공동주택 범죄예방환경설계(CPTED) 개요

1.1 공동주택 CPTED 적용의 필요성

범죄의 지속적인 발생 증가와 더불어 국민의 안전에 대한 관심도 증가하고, 이에 국토교통부에서는 안전한 생활환경 조성 등의 취지로 2015년 4월 '범죄예방 건축기준'을 제정하였다. 그리고 2019년 7월부터는 100세대 이상 공동주택은 범죄예방 설계를 의무 적용하도록 되어있다. 범죄예방환경설계(CPTED)는 1970년대 Jeffery, R., Newman. O 등의 도시설계학자들에 의해 공론화된 설계기법[1]으로, 이제는 건축계획 및 설계 분야에서 VE 요소로써, 아파트 브랜드 가치와 더 나아가 도시 이미지를 향상시키는 하나의 기법으로 자리매김하고 있다.

국내 전체 범죄발생 건수는 전년도와 대비하여 최근 몇 년간 지속적으로 감소하였으나, 반면 공동주택[2]에서 발생하는 범죄 건수는 2016년 5.1%, 2017년 -8.8%, 2018년 56.5%로 급격히 증가하였다. 또한 전체 장소 중 공동주택에서 발생하는 범죄가 차지하는 비율 역시 2016년 6.9%, 2017년 6.7%, 2018년 10.8%로 노상에서 발생하는 범죄와 기타범죄를 제외한 범죄발생 장소 중 가장 높은 비율을 차지한다.[3] 우리나라 주거환경의 범죄예방은 국민의 절반 이상이 거주하고 있는 공동주택부터 시작해야 함이 자명한 사실이다.

CPTED의 적용은 기계적 설비, 사후 처리보다는 자연적이고 심리적인 방법

---

1) 적절한 디자인과 건조 환경의 효과적인 활용을 통해 범죄를 예방하고, 범죄에 대한 두려움을 감소시키며, 삶의 질을 향상시키는 것'으로, (범죄예방연구소(NCPI: National Crime Prevention Institute, U.S.) 도시 및 건축물에서의 범죄 발생과 범죄불안감을 저감시키기 위해 설계단계에서 적용하는 설계기법이다.
2) 대검찰청에서 집계되는 범죄발생 장소별 범죄현황 중 공동주택은 아파트, 연립, 다세대주택을 포함한다.
3) 대검찰청(www.spo.go.kr.) 범죄분석 − 범죄발생 장소(2016년−2018년)

을 통한 사전 예방의 성격을 갖는다. 초기 계획 및 설계단계에서 적용된 범죄예방 요소로 범죄 발생을 줄이고, 범죄 타깃이 될 확률을 낮추며, 특히 삶의 질과 만족감에 큰 영향을 미치는 범죄불안감을 저감할 수 있음은 국내외 여러 연구와 전문가에 의해 검증되었다. 국민의 절반 이상이 거주하고 있는 공동주택에 CPTED의 적용은 당연한 것이며, 이제 우리는 어떻게 하면 CPTED 원리별 적용 요소를 경제적이고 유용하게, 그러면서 각 아파트의 브랜드와 디자인을 해치지 않고 잘 적용할 것인지를 고심해야 할 때이다.

1.2 국내 공동주택 CPTED 적용의 흐름과 현황

CPTED 이론과 적용은 국외에서는 1970년대부터 활발히 연구되어 왔으나, 국내에서는 2005년 경찰청이 셉테드 추진계획을 수립하고, 2011년 건축법 개정 등을 통한 CPTED 법제화가 본격적으로 추진된 이후, CPTED 지침, 가이드라인 등이 건축법과 더불어 지자체나 기관별로 마련되었다. 2013년 1월 '건축물의 범죄예방 설계 가이드라인', 2015년 4월 '범죄예방 건축기준' 제정 등을 통해 건축물의 범죄 발생을 예방하기 위한 설계 적용이 시작되었다. 특히 2015년에는 500세대 이상 공동주택에 범죄예방 설계가 의무적용이었으나, 2019년 7월부터는 100세대 이상 공동주택으로 의무적용 범위가 확대되었으며, 100세대 미만 공동주택과 다가구주택, 다세대주택 등도 기준 적용 대상이 되는 등 더욱 적용 범위와 내용이 구체화되었다. 국내에 CPTED 적용과 관련된 지침이나 조례를 마련한 지자체는 2018년 기준 213곳으로,[4] 모든 CPTED 관련 지침에서 공동주택을 주요 CPTED 적용 건축물로 다루고 있다.

국내 범죄예방환경설계와 관련된 인증제도는 2010년 3월 설립된 (사)한국셉테드학회에서 시행하는 셉테드 디자인인증 및 시설인증 제도가 있으며, 2020년 7월 현재까지 인증 획득 누적건수는 177건으로, 인증 획득 건축물의 수는 매년 증가하는 추세이다. 인증을 획득한 건축물 중 140건(79.1%)이 공동주택이며, 학교 17건(9.6%), 주상복합 10건(5.6%), 관공서 6건(3.4%) 등으로 공동주택이 대다수를 차지하고 있다.[5]

---

4) 경찰청 정보공개자료실(2019), 18년 CPTED 조례 현황.
5) (사)한국셉테드학회 인증원(http://www.cpted.or.kr/)(2020), 셉테드인증 취득현황(2010년

1.3 공동주택 CPTED 개요

Oscar Newman(1978)의 Defensible space(방어공간)에서는 공간의 위계를 공적공간(public), 준공적공간(semi-public), 준사적공간(semi-private), 사적공간(private)으로 구분하였는데, 이를 공동주택에 동일하게 적용하여 세부공간을 구분할 수 있다.

▍표 8-1 공동주택 CPTED 영역별 세부공간 구분

영역	세부공간 및 시설물
공적공간	주출입구, 부출입구, 소출입구, 단지 경계부, 근린생활시설
준공적공간	보행공간, 휴게공간, 운동공간, 어린이 놀이터, 지상주차장, 지하주차장, 자전거보관소, 쓰레기 집하장, 외부계단실, 경로당, 보육시설
준사적공간	주동 저층부, 주동 1층 출입구 및 공용 홀, 지하 주동 출입구 및 공용 홀, 공동우편함, 무인택배함, 주동 계단실, 엘리베이터, 옥상
사적공간	단위세대 창문·발코니, 단위세대 현관

공적공간은 1차 방어공간으로써 단지 경계의 공간 및 시설물을 의미하며, 외부와 단지의 구분이 되는 공간이다. 준공적공간은 단지 내 외부공간 및 시설물로써 단지 거주자뿐만 아니라 외부인의 출입이 발생하는 공간이다. 준사적공간은 주동 건물 내외부의 공간 및 시설물로써 주동 거주자의 출입 및 이용으로 한정된다. 사적공간은 단위세대로써 외부인의 접근이 절대적으로 통제되어야 하는 공간이다.

CPTED의 원리는 영역성 강화, 자연적 감시, 접근 통제, 활동성 강화, 유지관리 등 총 5가지로 구분되며, 각 원리별 주요 내용은 <표 8-2>와 같다.

－2020년 7월)

┃ 표 8-2 CPTED 원리

원리	주요 내용
영역성 강화	공·사공간을 구분하고 경계를 물리적, 심리적으로 구분하는 방안으로, 해당 영역을 사용하는 사람은 편안함을 느끼지만 (잠재적) 범죄자는 고립으로 인식하여 범죄심리가 감소하도록 하는 기법
자연적 감시	'거리의 눈(The eyes on the street)', 공간 내·외부에서 자연적으로 시야가 교차될 수 있도록 하여 침입자 발생을 쉽게 관찰할 수 있도록 하고, 이웃과 낯선 사람의 활동을 쉽게 구분하여 범죄활동이 일어날 가능성을 감소
접근 통제	(잠재적) 범죄자의 특정 공간 및 대상에 접근을 어렵게 하기 위한 방안으로, 허가받지 않은 사람의 출입을 차단하여 접근을 포기하게 하는 기법
활동성 강화	공간 및 시설물을 활용하게 함으로써 자연스러운 감시 활동을 향상시키고, 해당 공간이 슬럼화되지 않게 하는 기법으로, (잠재적) 범죄자의 범죄 기회를 감소시키는 방안
유지 관리	'깨진 유리창 이론(Broken Window Theory)', 방치된 듯한 인상을 주는 공간은 사람들의 활동이 감소하여 범죄 발생 가능성이 높아지므로, 정비 및 관리하여 범죄에 부적절한 이미지를 통해 범죄를 예방하는 방안

02 공동주택 범죄예방환경설계(CPTED) 적용 방안

2.1 공동주택 공적공간에서의 CPTED 적용 방안

공동주택의 제1방어선으로써 단지 내로 차량 및 보행자가 출입할 수 있는 주·부출입구와 보행자만 출입하는 소출입구, 단지를 둘러싼 경계부와 출입구 인근에 위치하는 근린생활시설이 공동주택의 공적공간에 해당한다. 단지 출입자를 폐쇄적으로 통제하지 않으면서도 시설물 및 디자인 등을 활용하여 단지 영역성을 강조하고, 외부인의 출입 통제 및 감시가 가능하도록 계획하는 것이 중요하다. 또한 주민의 이용 편리성을 위해 출입구를 많이 내는 것은 외부인에 대한 자연적인 감시와 출입 통제가 어려워지므로 단지 규모에 적절하게 출입구 개수 및 위치를 결정해야 한다.

1) 단지 주·부출입구

▌표 8-3 단지 주·부출입구의 CPTED 원리에 따른 적용 요소 및 계획·설계 내용

CPTED 원리	적용 요소	계획 및 설계 내용
영역성	문주	차량 내부에서도 인식할 수 있도록 양측의 기둥을 상부에서 연결시킨 형태로 하며, 야간 식별을 위해 문주 하부에 조명 설치
	상징물, 특화조명 등	단지명 등을 표기한 상징석 등 야간 조명을 포함한 상징물 배치, 조경 등을 포함하여 상징목 식재, 단지 내 다른 조명과 차별되는 특화조명 설치
	단지 내외부 바닥재 차이	단지 진입부부터는 단지 외부와 차별되는 보행로 및 차로의 바닥재 시공
접근 통제	경비실	출입구, 주 보행로 등이 감시되도록 3면 감시 가능한 디자인으로 설계, 주변 시야 확보, 문주 등 단지 경계에 인접하여 배치, 주요 공간 CCTV 모니터링 시스템 설치
	차량 출입차단기	근생 이용자 등 외부 차량용 주차장은 출입구 인근의 지상에 마련하고, 주민 차량만 차량 출입차단기를 통과하도록 배치, 차량번호 자동 인식 시스템 설치
	CCTV	차량 진입부와 보행자 출입 구간에 정면(안면) 인식이 가능하도록 단지 내에서 출입구를 감시하는 방향으로 설치
자연 감시	조명	출입구 주변이 인식되고, 주변 보행로와 연계되도록 설치
	주변 연계	주동 내(공용 홀, 계단, 복도, 세대 내 발코니 등)에서 출입구로의 시야 확보

(문주)

(상징물, 상징목, 특화조명 등)

(단지 내외부 바닥재 차이)

(경비실)

(차량 출입차단기)

(CCTV)

2) 단지 소출입구

표 8-4 단지 소출입구의 CPTED 원리에 따른 적용 요소 및 계획 · 설계 내용

CPTED 원리	적용 요소	계획 및 설계 내용
영역성	문주, 상징물, 특화조명 등	단지명 등을 표기한 문주 상징석 등 야간 조명을 포함한 상징물 배치, 조경 등을 포함하여 상징목 식재, 단지 내 다른 조명과 차별되는 특화조명 설치
	단지 내외부 바닥재 차이	단지 진입부부터는 단지 외부와 차별되는 보행로 및 차로의 바닥재 시공
접근 통제	CCTV	출입하는 보행자 안면 인식이 가능하도록 단지 내에서 출입구를 감시하는 방향으로 설치
자연 감시	조명	출입구 주변이 인식되고, 주변 보행로와 연계되도록 설치
	주변 연계	단지 주보행로와 연계되고, 단지 내 지상주차장 및 외부공간(휴게공간, 운동공간, 어린이 놀이터 등)에서 출입구로의 시야 확보
유지관리		조명, 상징물, 바닥재 등의 고장이나 훼손을 방치하지 않고, 쓰레기나 적치물 등에 대한 지속적인 유지관리

(문주, 상징물, 특화조명 등)   (단지 내외부 바닥재 차이)

3) 단지 경계부

표 8-5 단지 경계부의 CPTED 원리에 따른 적용 요소 및 계획·설계 내용

CPTED 원리	적용 요소	계획 및 설계 내용
영역성	단지 싸인물	단지명 등을 표기한 안내표지판을 일정 간격으로 설치
접근 통제	물리적 담장	생울타리 설치시 높이 1.5m이하, 폭 0.8m 이상의 밀생수종, 사계절 수종으로 식재 생울타리, 화단, 조경석재 등을 혼합할시 투시형 구조로 하되 통행은 불가하도록 설치, 난간이나 벽돌담 설치시 투시형으로 설치하여 내외부 감시가 가능하도록 설치, 방음벽은 높이 2m 이내의 구간을 투시형으로 설치
자연 감시	조명	단지 경계가 인식될 수 있도록 적정 간격으로 조명 설치
유지관리		조명의 고장이나 훼손을 방치하지 않고, 경계부의 생울타리 등 식재에 대한 지속적인 유지관리, 밀집조경 등으로 발생할 수 있는 사각지대 방지

(단지 싸인물)

(물리적 담장)

4) 단지 내 근린생활시설

▮표 8-6 단지 내 근린생활시설의 CPTED 원리에 따른 적용 요소 및 계획 · 설계 내용

CPTED 원리	적용 요소	계획 및 설계 내용
영역성	단지 싸인물 등	단지와 근린생활시설의 경계부는 화단, 단지 싸인물 등을 설치하거나 단차를 주어 경계 구분
접근 통제	전용 주차장	단지 주민용 주차장에 진입하지 못하도록 주민 차량용 출입차단기 진입 이전에 별도의 지상주차장 마련
	별도 보행 동선	근생시설 출입구를 단지 외부에서 진입하도록 배치
	CCTV	근생시설에서 단지 방향으로 출입하는 출입구가 있는 경우, 출입자 안면 인식이 가능하도록 단지 내에서 근생 출입구를 감시하는 방향으로 설치
자연 감시	조명	단지와 근린생활시설 경계는 적정 간격으로 조명 설치

(주차장 구분)

(단지 경계 안내문)

(출입구 및 보행 동선 구분)

2.2 공동주택 준공적공간에서의 CPTED 적용 방안

공동주택단지 내 외부공간은 보행, 휴게, 운동공간과 어린이 놀이터, 지상·지하주차장, 쓰레기집하장, 자전거보관소, 외부계단실, 경로당, 보육시설 등 외부 공간 및 시설물로 이루어져 있다. 주로 주민들이 외부공간을 활발하게 이용하게 함으로써 자연적 감시가 이루어지고, 외부인 또는 잠재적 범죄자의 접근과 활동을 위축시키는 원리가 적용되어 있다. 또한 지속적인 활동성 유지를 위한 시설물의 유지관리가 중요하다.

1) 보행공간

▮표 8-7 단지 보행공간의 CPTED 원리에 따른 적용 요소 및 계획·설계 내용

CPTED 원리	적용 요소	계획 및 설계 내용
영역성	경계 구분	도로 및 비상도로와 구분되는 보행로 마련
자연 감시	조명	20m 이내의 간격으로 교차로 배열하여 설치, 간격이 더 넓거나, 곡선구간 등에는 볼라드 등 보조조명을 조명 주변 4m 이내에 설치
	조경	내외부 시야 확보가 가능하도록 밀집조경은 되도록 피하고, 관목 수고 1m 이내, 교목 지하고 2m 이상 확보
활동성	순환동선	휴게공간, 운동공간, 어린이 놀이터 등 단지 외부공간과 보행로가 연계되도록 마련하고, 막다른 골목이 없도록 단지 순환동선 확보, 급격한 방향전환 구간이 없도록 설계하고, 방향 전환 구간에는 볼록거울 설치
	유지관리	조명, 바닥재 등의 고장이나 훼손을 방치하지 않고, 쓰레기나 적치물 등에 대한 지속적인 유지관리, 조경이 보행자 시야 확보에 방해되지 않도록 가지치기

(보행로와 도로 구분)

(조경)

(조명)

2) 휴게공간

▍표 8-8 단지 휴게공간의 CPTED 원리에 따른 적용 요소 및 계획 · 설계 내용

CPTED 원리	적용 요소	계획 및 설계 내용
자연 감시	위치 및 주변 연계	보행로에서 연결되고, 인근 휴게공간, 운동공간 등 외부공간에서 시야 확보가 가능한 곳에 배치, 단지 중앙측에 배치
	조명	휴게공간이 전반적으로 비춰질 수 있도록 조명 설치
	조경	내외부 시야 확보가 가능하도록 관목 수고 1m 이내, 교목 지하고 2m 이상 확보
활동성	시설물	활발한 활동이 지속될 수 있도록 적절한 개수의 다양한 휴게시설 설치
유지관리		조명, 시설물 등의 고장이나 훼손을 방치하지 않고, 시설물은 청소 및 관리가 용이한 재료로 설치하여 지속적인 유지관리

(위치 및 주변 연계)

3) 운동공간

표 8-9 단지 운동공간의 CPTED 원리에 따른 적용 요소 및 계획·설계 내용

CPTED 원리	적용 요소	계획 및 설계 내용
자연 감시	위치 및 주변 연계	보행로에서 연결되고, 인근 휴게공간, 운동공간 등 외부공간에서 시야 확보가 가능한 곳에 배치
	조명	운동공간이 전반적으로 비춰질 수 있도록 조명 설치
	조경	내외부 시야 확보가 가능하도록 관목 수고 1m 이내, 교목 지하고 2m 이상 확보
활동성	시설물	활발한 활동이 지속될 수 있도록 적절한 개수의 다양한 운동기구 설치
유지관리		조명, 시설물 등의 고장이나 훼손을 방치하지 않고, 시설물은 청소 및 관리가 용이한 재료로 설치하여 지속적인 유지관리

(위치 및 주변 연계)

4) 어린이 놀이터

┃표 8-10 어린이 놀이터의 CPTED 원리에 따른 적용 요소 및 계획·설계 내용

CPTED 원리	적용 요소	계획 및 설계 내용
접근 통제	CCTV	어린이 놀이터가 모두 감시될 수 있도록 CCTV 설치
	비상벨	비상벨을 설치하고, 설치된 위치에 차별화된 디자인 적용, 비상벨 설치 안내표지판 설치
자연 감시	위치 및 주변 연계	보행로에서 연결되고, 휴게공간, 운동공간 등 외부공간에서 시야 확보가 가능한 곳에 배치, 경비실에서 감시 가능한 위치에 배치, 단지 중앙측에 배치
	보호자 시설	어린이 놀이터가 감시 가능하도록 별도로 마련된 보호자용 휴게시설 설치
	조명	어린이 놀이터가 전반적으로 비춰질 수 있도록 조명 설치
	조경	내외부 시야 확보가 가능하도록 관목 수고 1m 이내, 교목 지하고 2m 이상 확보
활동성	시설물	활발한 활동이 지속될 수 있도록 적절한 개수의 다양한 놀이기구 설치
유지관리		조명, 시설물 등의 고장이나 훼손을 방치하지 않고, 시설물은 청소 및 관리가 용이한 재료로 설치하여 지속적인 유지관리

(CCTV)

(비상벨)

(보호자 시설)

(조경)

5) 지상주차장

▌표 8-11 지상주차장의 CPTED 원리에 따른 적용 요소 및 계획·설계 내용

CPTED 원리	적용 요소	계획 및 설계 내용
자연 감시	위치 및 주변 연계	보행로에서 연결되고, 인근의 단지 출입구, 주동 출입구, 휴게공간, 운동공간 등 외부공간에서 시야 확보가 가능한 곳에 배치
	조명	주차공간이 전반적으로 비춰질 수 있도록 조명 설치
	조경	내외부 시야 확보가 가능하도록 관목 수고 1m 이내, 교목 지하고 2m 이상 확보
유지관리		조명, 바닥재 등의 고장이나 훼손을 방치하지 않고 쓰레기나 적치물 등에 대한 지속적인 유지관리

(위치 및 주변 연계)

6) 지하주차장

표 8-12 지하주차장의 CPTED 원리에 따른 적용 요소 및 계획·설계 내용

CPTED 원리	적용 요소	계획 및 설계 내용
영역성	디자인	주차지점, 주동방향, 출구방향 등을 명확히 식별할 수 있는 안내 싸인물 설치, 지하주차장 벽면, 바닥, 천장은 밝은 마감재 적용
자연 감시	구조	기둥은 일정 간격으로 설치하고, 차량 동선에서 시야확보가 불가한 사각지대 제거, 경사지로 인해 지하주차상에서 시상으로 출입하는 출입구가 있는 경우 출입구 및 통로에 별도의 출입구 안내표지판, 조명, CCTV 설치
	주변 연계	천창, 썬큰을 설치하여 자연 채광 확보, 커뮤니티시설이 진입 가능한 경우 출입구를 유리 등 내외부 시야 확보가 가능한 재료로 설치
	출입구 위치	단지 외부공간 및 주주동 내(공용 홀, 계단, 복도, 세대 내 발코니 등)에서 차량 출입구로의 시야 확보
	조명	지하주차장이 전반적으로 비춰질 수 있도록 조명 설치, 차량 동선에 글레어 방지(Glare-free) 조명 설치
접근 통제	CCTV	차량 동선 및 주차공간이 모두 감시 가능하도록 설치
	비상벨	25m 이내 간격으로 기둥 또는 벽면에 설치, 설치된 기둥 또는 벽면은 색채를 달리하거나 형광 반사 띠 등을 설치, 비상벨 설치 문구를 작성
유지관리		조명, 바닥재 등의 고장이나 훼손을 방치하지 않고 쓰레기나 적치물 등에 대한 지속적인 유지관리

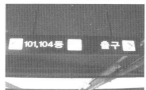
(안내 싸인물, 벽면 디자인)

(주변 연계)

(CCTV)

(비상벨 및 기둥 디자인)

7) 자전거 보관소

▌표 8-13 자전거 보관소의 CPTED 원리에 따른 적용 요소 및 계획·설계 내용

CPTED 원리	적용 요소	계획 및 설계 내용
자연 감시	위치 및 주변 연계	(외부에 배치할 경우) 지상층 주동 출입구 인근 또는 필로티 하부에 설치, 주동 출입구 및 보행로에서 시야 확보 가능한 위치에 설치 (주동 내에 배치할 경우) 주동 출입구 및 공용 홀에서 내외부 시야 확보가 가능하도록 벽 및 문 등을 투시형으로 설치
	조명	내부에 동작감지 조명을 설치
활동성	시설물	도난 방지를 위해 자전거 시건장치 등을 설치할 수 있도록 시설물 마련
유지관리		조명, 시설물 등의 고장이나 훼손을 방치하지 않고, 시설물은 청소 및 관리가 용이한 재료로 설치하여 지속적인 유지관리

(위치 및 주변 연계)

8) 쓰레기 집하장

▌표 8-14 쓰레기 집하장의 CPTED 원리에 따른 적용 요소 및 계획·설계 내용

CPTED 원리	적용 요소	계획 및 설계 내용
자연 감시	디자인	쓰레기나 재활용품이 외부에 노출되지 않으면서 상하부 시야가 확보되도록 설치
	조명	집하장 인근에 조명을 설치하고, 내부에 동작감지 조명을 설치
활동성	시설물	쓰레기나 재활용품을 내부에 충분히 수용할 수 있도록 하여 인근에 쓰레기가 적치되지 않도록 설치
유지관리		조명, 시설물 등의 고장이나 훼손을 방치하지 않고, 시설물은 청소 및 관리가 용이한 재료로 설치하여 지속적인 유지관리

(디자인)

9) 외부 계단실

표 8-15 외부 계단실의 CPTED 원리에 따른 적용 요소 및 계획·설계 내용

CPTED 원리	적용 요소	계획 및 설계 내용
자연 감시	위치 및 주변 연계	지하에 위치한 출입구는 외부로 연결되는 출입구임이 확인 가능한 문구 및 디자인 적용, 지상에 위치한 출입구는 단지 내 보행로 및 외부 공간에서 시야 확보가 가능한 곳에 위치
	조명	내부에 동작감지 조명을 설치
접근 통제	CCTV	출입자 안면 인식이 가능하도록 계단실 내에 설치
	비상벨	계단실 내에 설치하고, 설치된 위치의 일정 구간은 색채를 달리하거나 형광 반사 띠 등을 설치하고, 비상벨 설치 문구를 작성

(위치 및 주변 연계)

10) 보육시설 및 경로당

표 8-16 보육시설 및 경로당의 CPTED 원리에 따른 적용 요소 및 계획·설계 내용

CPTED 원리	적용 요소	계획 및 설계 내용
자연 감시	위치	단지 중앙측에 배치하고, 출입구가 주변 외부공간에서 시야 확보가 가능하도록 위치
	조명	출입구에 동작감지 조명을 설치하고, 보육시설 및 경로당 주변이 전반적으로 비춰질 수 있도록 조명 설치
접근 통제	CCTV	출입자의 안면 인식이 가능하도록 건물 외부에서 출입구를 감시하는 방향으로 설치

(보육시설 및 경로당 위치 및 출입구 배치)

2.3 공동주택 준사적공간에서의 CPTED 적용 방안

준사적공간은 주동 내·외부 공간으로, 필로티를 포함한 주동 저층부, 주동 1
층 및 지하층의 출입구와 공용홀, 공동우편함 및 무인택배함, 주동 내 계단실과
복도, 엘리베이터, 옥상공간이 포함된다. 주동에 거주하는 거주자 외 외부인의 출
입 및 활동의 통제가 중요하며, 외부로부터의 자연적 감시와 더불어 건물 내 충
분한 시야 확보를 통해 범죄 발생에 대한 두려움을 저감할 수 있도록 해야 한다.

1) 주동 저층부 디자인

▎표 8-17 주동 저층부의 CPTED 원리에 따른 적용 요소 및 계획·설계 내용

CPTED 원리	적용 요소	계획 및 설계 내용
자연 감시	필로티	보행로에서 연결되고, 주동 출입구에서 시야 확보가 가능한 곳에 배치, 일반 조명과 동작감지 조명을 함께 설치
	조명	주동 측면이 보행로와 면한 경우 벽부등 설치
	조경	주동 전면의 식재는 관목 수고 1m 이내, 교목 지하고 2m 이상 확보하고, 주동과 1.5m 이상 이격하여 식재
접근 통제	옥외배관	벽체 삽입형, 발코니 통합형 등 가스배관이 옥외에 노출되지 않도록 설치하거나, 외부 설치시 주동 계단실 창문, 단위세대 창문 및 발코니 등 개구부와 2m 이상 이격하여 설치, 타고 올라가지 못하도록 가스배관덮개 등 설치
	외벽 시설물	타고 올라가지 못하도록 요철 등 외벽 시설물 제거
활동성	필로티	활발한 활동이 지속될 수 있도록 휴게공간, 주민자치공간, 무인택배함 등 설치

   (필로티 하부 휴게공간)   (주동 전면 식재)   (옥외배관)

2) 주동 1층 출입구 및 공용 홀

▌표 8-18 주동 1층 출입구 및 공용 홀의 CPTED 원리에 따른 적용 요소 및 계획·설계 내용

CPTED 원리	적용 요소	계획 및 설계 내용
영역성	문주, 주동 싸인물 등	출입구에 주동 번호를 표기한 문주 등 디자인을 적용하고, 야간에도 식별 가능하도록 조명설비를 포함하여 설치
자연 감시	출입구 위치	인접 주동이나 단지 외부공간에서 시야가 확보되고, 단지 중앙 방향에서 출입 가능하도록 배치
	투명유리 출입구	출입구에 투명유리를 사용하여 출입구 외부에서도 공용 홀이 시야 확보되도록 설계
	동선	출입구부터 엘리베이터 앞까지 시야가 확보되도록 직선으로 동선 계획, 출입구부터 공용홀까지 계단실을 통과해서 가지 않도록 설계
	조명	주동 출입구에 설치되는 조명은 주변 보행로 조명보다 밝은 조명 설치, 공용 홀에는 동작감지 조명 설치
접근 통제	출입 차단 시설 등	출입구에는 비디오폰, 비상벨 기능이 포함된 전자 출입 시스템을 설치, 경비실이 있는 경우 경비실에서 주동 출입구, 공용 홀이 감시 가능하도록 배치
	CCTV	출입자의 안면 인식이 가능하도록 건물 내부에서 출입구를 감시하는 방향으로 설치, 공용 홀이 감시 가능하도록 설치

(문주 및 주동 싸인물)   (투명유리 출입구 및 동선)

3) 주동 지하층 출입구 및 공용 홀

▌표 8-19 주동 지하층 출입구 및 공용 홀의 CPTED 원리에 따른 적용 요소 및 계획 · 설계 내용

CPTED 원리	적용 요소	계획 및 설계 내용
영역성	문주, 주동 싸인물 등	출입구에 주동 번호를 표기한 문주 등 디자인을 적용하고, 조명설비를 포함하여 설치
자연 감시	출입구 위치	주차공간에서 시야가 확보되도록 설치, 주차공간에서 출입구까지 복도가 생기지 않도록 설계
	투명유리 출입구	출입구에 투명유리를 사용하여 출입구 외부에서도 공용 홀이 시야 확보되도록 설계
	동선	출입구부터 엘리베이터 앞까지 시야가 확보되도록 직선으로 동선 계획, 출입구부터 공용홀까지 계단실을 통과해서 가지 않도록 설계, 전실이 있는 경우 너무 길고 넓지 않게 설계
	조명	주동 출입구에 설치되는 조명은 주변보다 밝은 조명 설치, 공용 홀에는 동작감지 조명 설치, 출입구로 진입하는 복도가 있는 경우 벽면에 보조조명 설치
접근 통제	출입 차단 시설 등	출입구에는 비디오폰, 비상벨 기능이 포함된 전자 출입 시스템을 설치
	CCTV	출입자의 안면 인식이 가능하도록 건물 내부에서 출입구를 감시하는 방향으로 설치, 공용 홀이 감시 가능하도록 설치

(문주 및 주동 싸인물)　　　　　　　　(투명유리 출입구 및 동선)

4) 공동우편함 및 무인택배함

┃표 8-20 공동우편함 및 무인택배함의 CPTED 원리에 따른 적용 요소 및 계획 · 설계 내용

CPTED 원리	적용 요소	계획 및 설계 내용
접근 통제	위치	주동 1층 또는 지하 출입구에서 시야확보가 가능한 위치에 배치, 집배원 등이 주동 내부로 들어오지 않고 우편물, 택배 등을 우편함 및 택배함에 넣을 수 있도록 배치, 무인택배함을 단지 주 · 부출입구 인근에 배치하는 경우 경비실에서 감시 가능한 위치에 배치

(공동우편함 위치)   (무인택배함 위치)

5) 주동 계단실

┃표 8-21 주동 계단실의 CPTED 원리에 따른 적용 요소 및 계획 · 설계 내용

CPTED 원리	적용 요소	계획 및 설계 내용
자연 감시	창문	단지 외부공간, 보행로 등과 계단실 내부가 시야 확보가 가능하도록 외기에 면한 벽면에 전체, 또는 50% 이상 면적의 창문 설치
	조명	내부에 동작감지 조명을 설치하고, 위 아래 각 1개층씩 총 3개층 이상이 동시에 켜지도록 설계
접근 통제	비상벨	경광음 기능이 있는 비상벨 설치
유지관리		조명, 바닥재 등의 고장이나 훼손을 방치하지 않고 쓰레기나 적치물 등에 대한 지속적인 유지관리

(창문)   (비상벨)

6) 주동 엘리베이터

❚ 표 8-22 주동 엘리베이터의 CPTED 원리에 따른 적용 요소 및 계획·설계 내용

CPTED 원리	적용 요소	계획 및 설계 내용
자연 감시	내부 유리마감	엘리베이터 탑승 전 및 탑승 후에 내부 상황을 확인할 수 있도록 엘리베이터 내부 4면을 거울 또는 반사재료로 마감
접근 통제	CCTV	탑승자의 안면 인식이 가능하도록 엘리베이터 내부에서 출입구를 감시하는 방향으로 설치
	비상벨	조작버튼 있는 곳에 비상벨 설치

(내부 유리마감)　　　　　　　　　　　(CCTV)

7) 옥상공간

❚ 표 8-23 옥상공간의 CPTED 원리에 따른 적용 요소 및 계획·설계 내용

CPTED 원리	적용 요소	계획 및 설계 내용
접근 통제	출입 차단시설	옥상 출입구 앞 홀에 진입하지 못하도록 화재 시 자동개폐 기능이 있는 출입 통제시설 설치
	CCTV	옥상 출입구 및 출입구 앞 홀이 감시 가능하도록 설치
	비상벨	경광음 기능이 있는 비상벨 설치

 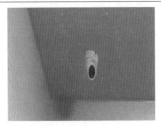

(출입차단시설)　　　　　　　　　(CCTV, 출입차단시설)

2.4 공동주택 사적공간에서의 CPTED 적용 방안

사적공간은 공동주택에 거주하는 개별 단위세대를 의미하며, 단위세대의 창문 및 발코니 창문과 현관의 접근통제 강화가 절대적으로 중요한 CPTED 적용 원리이다. 단지 내외·부 공간에서의 CPTED 적용과 더불어 단위세대의 직접적 침입 등을 저지할 수 있는 접근통제가 이루어져야 진정한 공동주택의 범죄예방 이 이루어질 수 있다.

1) 단위세대 창문 · 발코니 창문

▌표 8-24 단위세대 창문 · 발코니의 CPTED 원리에 따른 적용 요소 및 계획 · 설계 내용

CPTED 원리	적용 요소	계획 및 설계 내용
접근 통제	방범성능 제품	안전방충망, 방범창살 등 방범성능을 확보한 제품 설치
	보안설비	동체 감지기, 침입감지시설, 안전잠금장치 등 설치

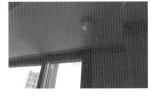  

(동체감지기)	(침입감지시설)	(방범방충망)

2) 단위세대 현관

┃ 표 8-25 단위세대 현관의 CPTED 원리에 따른 적용 요소 및 계획·설계 내용

CPTED 원리	적용 요소	계획 및 설계 내용
접근 통제	방범성능 제품	방범문 등 방범성능을 확보한 제품 설치
	보안설비	도어체인, 보조 잠금장치 설치
	디자인	힌지 미노출, 신문·우유투입구 미설치

(현관문 디자인)

03 범죄로부터 안전한 공동주택을 위한 제언

공동주택의 범죄 발생을 예방하고, 범죄불안감을 저감하기 위해 적용해야 하는 각 공간별 계획 및 설계내용을 소개하였다. CPTED의 적용이 디자인적 요소를 한정하거나, 초기 설계의 소요시간과 비용을 증가시키는 등 어려움이 있을 수 있다. 또한 CPTED 적용 요소와 원리에 대한 이해와 노력이 요구된다. 그러나 이러한 수고를 통해 공동주택단지와 도시공간이 갖게 될 주거 안전성은 사회문화적, 인구학적, 범죄학적 맥락 등에서 반드시 향상되어야 할 성능이다. 브랜드별 특색을 해치지 않고도 본 장에서 언급한 CPTED 요소의 적용은 충분히 가능하다.

CPTED의 적용은 단기적이고 임시방편적으로 이루어져서는 안 되며, 설계이전의 계획단계부터 고려되어야 한다. 적용이 쉽고 비교적 적은 비용으로 실현될 수 있어야 하지만, 지속적으로 유지관리가 쉽고 교체가 필요 없는 방향으로 계획되어야 장기적인 관점에서 성공한 디자인 적용이라 할 수 있다. 기계적 감시보다 자연적 감시가 가능하도록 공간을 조성하는 것은 CPTED가 추구하는 지향점으로, 계획, 설계 단계에서 반영되지 않으면 차후 반영은 그보다 훨씬 어려워진다. 기계적 설비의 도움을 받더라도 우선적으로 자연적, 심리적 요소를 통한 안전성의 확보가 이루어져야 한다.

공동주택의 CPTED는 공적공간, 준공적공간, 준사적공간, 사적공간 모두 종합적으로 고려되고 적용되어야 한다. 한 공간의 범죄예방이 모든 공동주택단지의 범죄발생과 범죄불안감을 낮출 수는 없는 것이다. 예를 들면 단위세대에 완벽히 CPTED 요소가 적용되어 있다 해도 주동 차원의 준사적공간에 CPTED 적용이 미흡하면 단위세대의 범죄발생 위험은 증가하며 범죄불안감은 계속 높을 것이다. 또한 준공적공간인 단지 내 외부공간에 자연감시성과 활동성 등에 적절한 CPTED가 반영되었어도 공적공간인 출입구 및 단지경계부에서 단지의 영역성과 외부인의 접근 통제가 제대로 이루어지지 않는다면 효과가 없는 것이다. 공동주택 전반의 공간에 CPTED 적용이 적절히 이루어져야 한다.

본 장에서는 국내 연구 및 보고서, 건축법 및 지자체별 지침 및 조례, (사)한국셉테드학회 인증사업 등에서 종합적으로 도출되는 CPTED 원리별 적용 요소를 사진과 함께 정리하였다. 아직까지 국내 셉테드의 적용을 확인할 수 있는 인증의 취득은 법적의무사항이 아니므로 법에서 요구하는 셉테드 기준에 대한 준수여부를 확인할 수 있는 객관적인 장치가 미흡한 실정이다. 많은 건축물에 셉테드를 적용하여 범죄로부터 보다 안전한 주거환경을 조성하기 위해서는 인증의 법제화가 수반되어야 할 것이다. 범죄행위의 특성상 물리적 환경에 의해 제어되지 않거나, 특정 지역이나 단지에서는 범죄예방의 효과가 미흡할 수 있으나, 전국의 도시 및 건축물에 CPTED가 적용된다면 공동주택의 CPTED 적용 효과는 자연히 증가할 것이고, 범죄 발생과 범죄불안감은 저하될 것이다. 공동주택 거주자가 범죄로부터 좀 더 안심하고 살 수 있는 대한민국이 되길 고대한다.

참고문헌

강부성 외 6(1999), 한국 공동주택계획의 역사, 세진사.

경찰청(2019), "18년 CPTED 조례 현황", 경찰청, p.1.

국토교통부(2013), "건축물의 범죄예방 설계 가이드라인", http://www.law.go.kr/admRulInfoP.
do?admRulSeq＝2000000086363. (2020.07.29. 방문).

대검찰청(2015), "2014 범죄분석", 대검찰청, pp.278－279.

대검찰청(2016), "2015 범죄분석", 대검찰청, pp.394－395.

대검찰청(2017), "2016 범죄분석", 대검찰청, pp.398－399.

대검찰청(2018), "2017 범죄분석", 대검찰청, pp.398－399.

대검찰청(2019), "2018 범죄분석", 대검찰청, pp.398－399.

대검찰청(2020), "2019 범죄분석", 대검찰청, pp.398－399.

박현호(2017), 범죄예방 환경설계 CPTED와 범죄과학, 박영사.

유광흠 외7(2014), 실무자를 위한 범죄예방 환경설계 가이드북, 건축도시공간연구소.

유복희 외2(2016), "공동주택단지의 CPTED 계획요소 적용에 관한 연구", 한국생활과학
지, 25(4), pp.497－514.

이경훈 외1(2017), "아파트 거주자의 범죄불안감에 영향을 미치는 설계요소의 상대적
중요도 연구", 대한건축학회 논문집, 3(33), pp.29－36.

이경훈 외2(2011), 공동주택 범죄예방 설계의 이론과 적용, 문운당.

한국셉테드학회 편찬위원회(2015). 셉테드 원리와 운영관리, 박영사.

(사)한국셉테드학회(2020), "CPTED 인증목록", http://www.cpted.or.kr/sub4_5.html.
(2020.07.29. 방문).

황성은(2019), "공동주택에 적용된 범죄예방환경설계 요소의 범죄불안감 저감 효과",
박사학위논문, 서울과학기술대학교.

Newman, O. (1972), *Defensible space*, Macmillan, New York.

Newman, O. (1973), *Defensible Space*, Architectural Press, London.

안전사고 예방
우수사례

공동주택
안전관리

이태봉

주택관리사

01 안전사고 예방을 위한 방법: 안전에 대한 인식 전환

공동주택의 관리주체는 공동주택관리법 제63조 제1항 제1호에 따라 공동주택 공용부분의 시설물에 대하여 유지·보수 및 안전관리 업무를 수행하고 공동주택관리법 시행규칙 제29조 제3호에 따라 공동주택단지 안에서 발생한 안전사고에 신속하고 적정하게 대응하여 사고의 확산과 사고피해를 최소화할 수 있도록 해야 하는 의무를 가지고 있다. 그러나 대부분의 공동주택단지에서 관리주체는 공동주택관리 업무 영역에서 안전관리보다는 입주민의 요구사항 해결에 관리역량을 모으고 있고 최소한의 범위 내에서 시설관리업무를 수행하고 있는 것이 현실이다.

안전사고 예방을 위하여 관리주체와 입주자 등이 할 수 있는 최선의 방법은 안전사고를 예방하는 것이다. 안전사고 예방을 위한 조치는 관리자와 이용자가 같이 호흡을 해야 한다. 이용자를 고려하지 않은 시설물 안전조치나 안전사고 예방을 위한 조치는 실효성이 낮아질 것이고 이용자의 안전을 위한 최상의 준비가 되어 있어도 이용자가 위험에 대한 인식을 하지 않고 안전사고 예방을 위한 조치에 협력하지 않는다면 공동주택과 같이 입주민의 주거편익을 위한 많은 시설물이 움직이는 공간에서는 항상 안전사고의 위험이 도사리고 있다는 것을 인지해야 할 것이다. 따라서 공동주택과 같은 복합건축물에 거주하는 입주민 안전사고 예방을 위해서는 관리자와 이용자가 동시에 안전에 대한 인식을 전환해야 할 것이다.

안전사고를 예방하고 사고피해를 최소화할 수 있는 효율적인 방법은 시설물의 운영관리자와 이용자가 안전인식을 같이하고 안전을 위한 조치에 공감하는 것이다. 이와 같은 내용이 효과적으로 확산되기 위해서는 시설물운영관리자와 이용자가 함께 해야 하는데, 일반적으로 공동주택단지에서 이를 실천하는 경우가 많지 않다. 안전사고 발생비율이 낮고 시설물관리 만족도가 높은 공동주택단지의 경우 관리주체와 입주민이 함께하는 프로그램(화재 등 재난상황 발생 시 안전하게 대피할 수 있도록 도움을 주는 프로그램인 "우리아파트 대피소 가보기", 입주민이 거주하는 공간에서 발생될 수 있는 위험상황과 위험요소에 대하여 안내를 해주고 적극적으로 현장을 방문하여 점검을 하는 프로그램인 "세대 방문 서비스" 등)을 운영하여 안전에 대한 인식과 사고예방을 위한 방법에 대하여 함께 공감하는 것이 안전사고를 줄일 수 있는 좋은 방법이 될 것이다.

02

안전사고 예방 우수사례

2.1 우리아파트 대피소 가보기

공동주택에서 일반적으로 비상시에 대피할 수 있도록 만들어 놓은 대피소는 지하주차장과 지하실 등으로 알려져 있다. 그러나 실제 재난상황 발생 시 적합한 대피소는 재난의 유형에 따라 다르기 때문에 재난상황 발생 시 일률적으로 지하 대피소로 피난을 유도하는 것은 바람직하지 않다. 이에 공동주택의 특성을 고려하여 대피소의 위치와 대피방법에 대하여 관리운영자와 이용자가 정확하게 알 수 있도록 반복적인 홍보와 훈련이 필요하다.

건축물의 높이가 200미터가 넘거나 50층 이상으로 건축된 건물을 초고층건물로 구분하고 있는데 초고층건물은 화재발생 시 피난 동선이 길어 지상으로 대피하기 어려운 상황이 발생된다. 이와 같은 상황에 대비하여 구조를 요하는 사람들이 안전하게 대피할 수 있도록 건축물의 중간층에 피난안전구역을 설치하도록 하고 있다("초고층 및 지하연계 복합건축물 재난관리에 관한 특별법" 제정 이전에 사업계획 승인을 얻어 건축된 건축물은 해당 장소에 대피소를 설치하였음).

이와 같이 건축물의 형태에 따라 대피하는 방법이 다르기에 초고층 공동주택에 거주하는 입주민을 대상으로 대피소 위치를 평소에 익힐 수 있도록 하고 재난상황 발생 시 침착하게 대피할 수 있도록 우리아파트 대피소 가보기 프로그램을 진행하여 재해상황 발생 시 대처하는 방법을 홍보하고 안전에 대한 인식을 전환하도록 하여 안전사고 발생률을 낮게 한 "우리아파트 대피소 가보기"라는 프로그램을 실천한 사례를 소개한다.

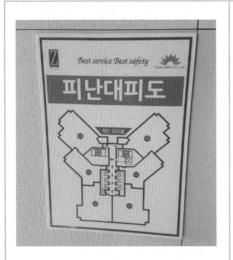	
각 층마다 피난대피도 부착 (형광재)	"우리아파트 대피소 가보기" 체험현장

대피소 가보기 참여	대피소 가보기 참여자 서명부

▋그림 9-1 "우리아파트 대피소 가보기" 체험

2.2 세대 방문 서비스

공동주택에서 발생되는 재해 중 가장 규모도 크고 피해가 큰 것은 화재사고 인데 화재사고는 공용부분보다 전유부분에서 발생빈도가 높다. 입주민이 거주하는 공간에서 발생될 수 있는 위험요소와 위험상황에 대하여 관리주체의 직원들이 사전에 세대를 방문하여 점검하고 문제해결을 돕는 프로그램인 "세대 방문서비스" 등의 운영을 통하여 안전에 대한 인식을 확산하고 여러 차례 발생했던 화재사고가 세대 방문 서비스 프로그램의 시속석 운영을 통하여 한 건도 발생되지 않은 사례를 소개한다.

▍표 9-1 세대 방문 서비스 시행이력

연도	방문 점검 세대
2014년	1,064세대
2015년	1,129세대
2016년	617세대
2017년	875세대
2018년	602세대
2019년	950세대

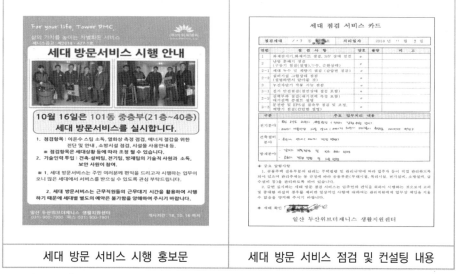

세대 방문 서비스 시행 홍보문	세대 방문 서비스 점검 및 컨설팅 내용

▍그림 9-2 "세대 방문 서비스" 시행 자료

2.3 세대 입주민 비상연락 시스템 구축

공동주택에 설치되는 소방관련 시설은 화재예방, 소방시설의 설치유지 및 안전관리에 관한 법률에 따른 국가화재안전기준에 따라 설치된다. 공동주택의 소방시설은 경보설비, 소화설비, 피난설비, 비상방송설비 등으로 구분되는데 화재발생 초기에 효율적인 대응을 위해서는 경보설비 동작 시 신속하게 현장 상황을 파악한 후 비상방송설비를 통하여 안내 방송을 실시하여 입주자들을 안전하게 피난하도록 해야 한다. 그러나 대부분의 공동주택은 최소한의 관리인력으로 운영되기 때문에 화재 등 재난상황이 발생되면 관리자는 현장으로 달려가 현장에서 초기대응을 하게 되고 입주자등에게 재난상황의 안내를 하는 것은 기계적으로 동작하는 경종, 사이렌, 비상방송이다. 이러한 과정에서의 문제점은 일반적으로 기계적으로 동작하는 경종소리나 사이렌소리는 물론 대피상황임을 알려주는 비상방송(기계음)이 송출되어도 비화재보에 익숙한 입주자들은 화재 등 재난상황이 발생한 것에 대하여 인지를 하지 못하고 신속하게 대피를 하지 않아서 피해가 커지는데, 이러한 문제점을 해결하기 위하여 휴대전화를 가진 모든 입주자들의 정보를 입력하여 재난상황 발생 시 공동주택단지 내에서는 물론 공동주택단지 외부에서도 쉽게 재난상황 발생사실을 입주자들에게 문자로 전송할 수 있도록 세대 입주민 비상연락 시스템을 구축하여 운용하는 사례를 소개한다.

┃표 9-2 세대 비상연락망 구축현황

동	등록 현황
101동	870개
102동	925개
103동	962개
104동	836개
105동	841개
106동	803개
107동	854개
108동	810개
합계	6,901개

○ 비상메세지 발송 방법

① 즐겨찾기 (http://say.olleh.com)

② ID : safety6119 / PW : z9118113@

③ 보안숫자 : 000000 enter

④ 문자서비스 → 문자메시지 → 내주소록

   (비상연락 그룹목록 해당동/중/ 선택 후)

   추가 → 중복확인 → 풀러오기

   (문자메시지 해당 동/중) → 보내기

❙ 그림 9-3 입주세대 비상연락망 사용 매뉴얼

❙ 그림 9-4 비상연락망을 활용한 대피안내 문자 발송

▌그림 9-5 입주민에게 전송된 대피안내 문자

2.4 비상상황별 대응 매뉴얼

공동주택 관리업무 수행 중 발생할 수 있는 재해 및 위기상황은 다양한데 관리현장에서 인식하는 공동주택의 재해는 화재나 정전사고 정도로 인식하는 경우가 많다. 사고에 대한 가장 바람직한 대처방법은 예방활동이나 공동주택의 입주자대표회의나 관리주체 모두 안전사고 예방에 대한 관심이 부족하고 사고예방을 위한 조치로서 예산이 필요하다는 것을 간과하고 있는 경우가 많다.

공동주택관리법 제32조 제1항을 보면 "의무관리대상 공동주택의 관리주체는 해당 공동주택의 시설물로 인한 안전사고를 예방하기 위하여 대통령령으로 정하는 바에 따라 안전관리계획을 수립하고, 이에 따라 시설물별로 안전관리자 및 안전관리책임자를 지정하여 이를 시행하여야 한다"라고 규정하고 공동주택관리법 시행령 제14조 제2항 제14호에 비용지출을 수반하는 안전관리계획의 수립과 조정은 입주자대표회의 과반수 의결로 정하고 있음에도 불구하고 안전관리예산을 수립하여 집행하는 공동주택은 소수에 불과하다. 이러한 현실속에서 공동주택에서 발생할 수 있는 다양한 재해와 위기상황을 효율적으로 극복하기 위해서는 위기상활별 대응 매뉴얼을 두고 많은 훈련을 하는 것이 필요할 것이다. 이에 비상상황별 대응 매뉴얼을 적정하게 만들어 운용하고 있는 사례를 소개한다.

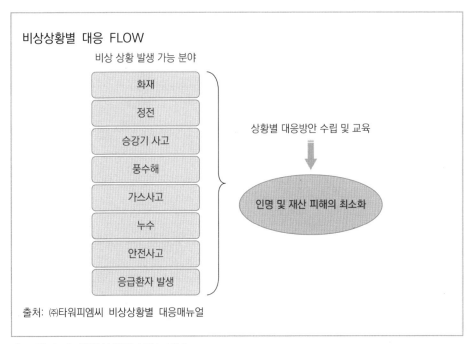

▌그림 9-6 비상상황별 분야 구분

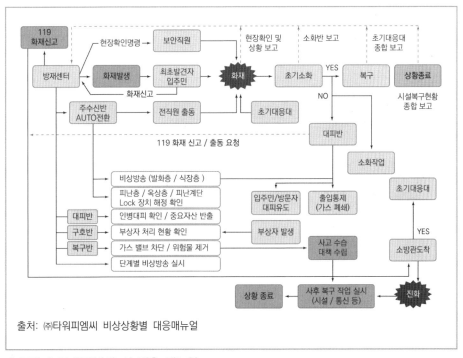

▌그림 9-7 화재발생 시 대응 매뉴얼

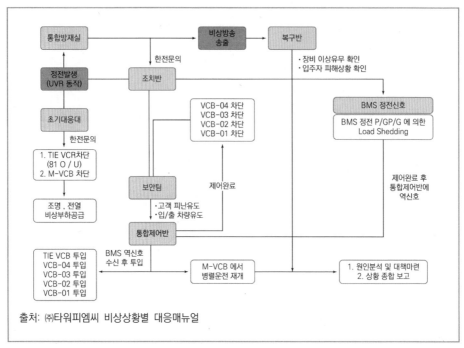

출처: ㈜타워피엠씨 비상상황별 대응매뉴얼

▌그림 9-8 정전발생 시 대응 매뉴얼

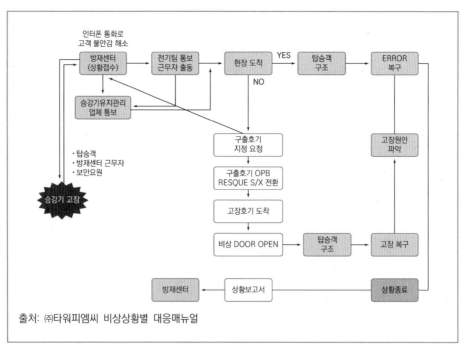

출처: ㈜타워피엠씨 비상상황별 대응매뉴얼

▌그림 9-9 승강기사고 발생 시 대응 매뉴얼

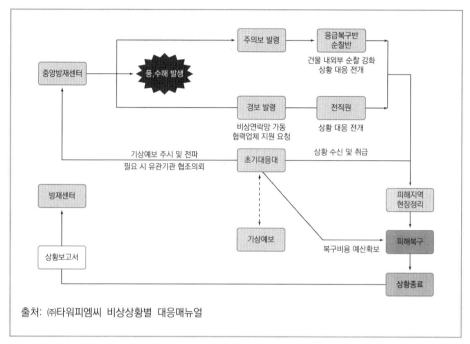

출처: ㈜타워피엠씨 비상상황별 대응매뉴얼

▌그림 9-10 풍수해발생 시 대응 매뉴얼

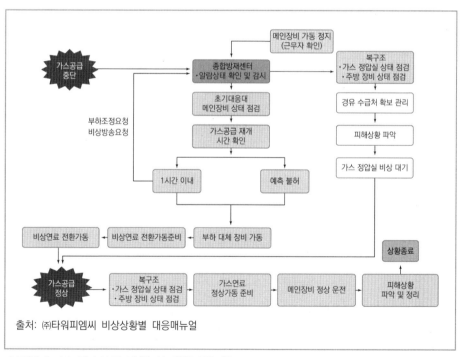

출처: ㈜타워피엠씨 비상상황별 대응매뉴얼

▌그림 9-11 가스사고 발생 시 대응 매뉴얼

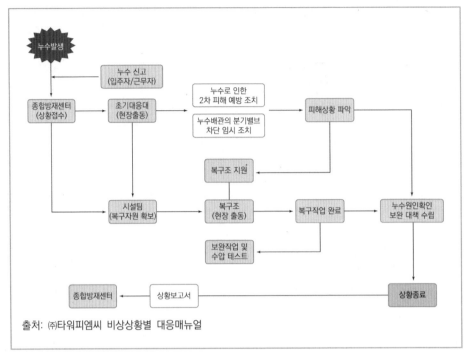

출처: ㈜타워피엠씨 비상상황별 대응매뉴얼

▌그림 9-12 누수발생 시 대응 매뉴얼

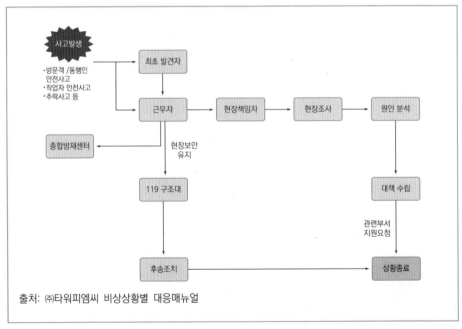

출처: ㈜타워피엠씨 비상상황별 대응매뉴얼

▌그림 9-13 안전사고 발생 시 대응 매뉴얼

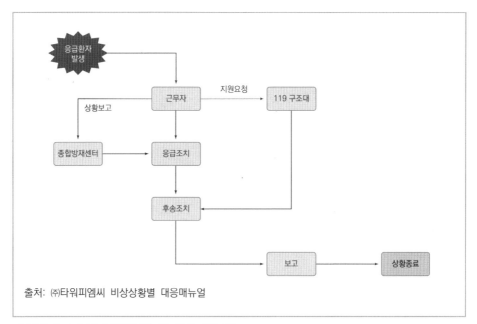

출처: ㈜타워피엠씨 비상상황별 대응매뉴얼

▎**그림 9-14** 응급환자발생 시 대응 매뉴얼

참고문헌

국가법령정보센터(2020) "공동주택관리법", http://www.law.go.kr/main.html (2020.07.22
 방문)
주)타워피엠씨 비상상황별 대응매뉴얼.

CHAPTER

10

주택관리사
안전교육의 개선방향

공동주택
안전관리

이기남
주택관리사

01 개요

우리나라는 급격한 산업발전과 수도권의 인구집중으로 인한 주택 부족 문제를 해결하고자 공동주택의 공급을 꾸준하게 증대하여 국민의 75% 이상이 공동주택에 거주하고 있다. 공동주택은 우리나라의 보편적인 주택의 형태이다. 공동주택이 양적으로 빠르게 증가함에 따라 공동주택을 체계적이고 안정적으로 관리하기 위해서 주택관리사 제도를 도입하게 되었다. 주택관리사 제도는 1990년 제1회 자격시험을 시작으로 2020년까지 58,675명[1]의 합격자가 배출되어 안정적인 국가 전문자격사로 자리매김하고 있다.

최근 공동주택의 초고층화, 첨단기술 집약 및 거주자의 주거요구 다양성 등으로 주택관리사의 중요성이 더욱 대두되고 있다. 이에 주택관리사의 전문성 향상을 위한 각종 교육 이수 의무가 강화되고 있으며 교육과정이 다양화되고 있다. 그러나 관련 제도의 경직성, 교육환경의 제한적 조건 등으로 효율적이고 전문적인 교육이 이루어지지 못하여 실효성의 문제점이 발생하고 있다. 이에 주택관리사의 교육과정에 대하여 알아보고 개선 방향에 대하여 다루고자 한다.

---

1) 대한주택관리사협회 홈페이지(www.khma.org)

02 주택관리사의 역할

　주택관리사등[2]은 공동주택관리법 제64조에 따라 의무관리대상공동주택[3]에 관리사무소장으로 배치되어 해당 공동주택의 공용부분과 부대·복리시설의 유지 및 안전관리를 업무를 수행한다. 공동주택 관리업무는 전기, 수도, 승강기 등 주요 시설물의 안전점검과 유지관리업무를 담당하는 시설관리 분야, 공동주택의 건물 내·외부의 청결한 주거환경 조성을 위한 청소업무를 담당하는 미화 분야, 입주민의 주거안정을 위한 순찰 및 감시업무를 담당하는 경비 분야로 구분할 수 있다.

　물론 살펴본 것과 같이 분야별로 업무가 명확히 구분되지는 않는다. 예를 들어 경비업무를 담당하는 경비원의 경우 순찰과 감시업무 이외에 주차관리, 택배 수령 대행, 분리수거 등의 부대 업무를 담당하고 있는 것이 현실이다. 최근 들어 공동주택관리 범위가 기존 공용부분 시설관리, 주거환경개선 및 보안(경비)업무 등에 국한되지 않고 입주민의 커뮤니티 활성화, 공동체 활동 및 형성 지원과 주거복지향상을 위한 지방자치단체의 지원요청 등이 증가하고 있어 주택관리사의 업무영역이 확대되고 있다.

---

2) "주택관리사등"이란 주택관리사보와 주택관리사를 말한다(공동주택관리법 제2조 제1항 제13호).
3) "의무관리대상공동주택"이란 해당 공동주택을 전문적으로 관리하는 자를 두고 자치 의결기구를 의무적으로 구성하여야 하는 등 일정한 의무가 부과되는 공동주택으로서, 다음 각 목 중 어느 하나에 해당하는 공동주택을 말한다(공동주택관리법 제2조 제1항 제2호).
　가. 300세대 이상의 공동주택
　나. 150세대 이상으로서 승강기가 설치된 공동주택
　다. 150세대 이상으로서 중앙집중식 난방방식(지역 난방방식을 포함한다)의 공동주택
　라. 건축법 제11조에 따른 건축허가를 받아 주택 외의 시설과 주택을 동일 건축물로 건축한 건축물로서 주택이 150세대 이상인 건축물
　마. 가목부터 라목까지에 해당하지 아니하는 공동주택 중 입주자등이 대통령령으로 정하는 기준에 따라 동의하여 정하는 공동주택

03 주택관리사등의 배치의무

의무관리대상공동주택을 관리하는 다음의 어느 하나에 해당하는 자는 주택관리사등을 해당 공동주택의 관리사무소장으로 배치하여야 한다.

① 입주자대표회의(해당 공동주택을 자치관리 하는 경우에 한정한다)
② 공동주택관리법 제13조 제1항에 따라 관리업무를 인계하기 전의 사업주체
③ 주택관리업자
④ 임대사업자

의무관리대상공동주택 중 500세대 이상은 주택관리사를 500세대 미만은 주택관리사 또는 주택관리사보를 관리사무소장으로 배치하여야 한다. 이 경우 주택관리사보를 관리사무소장의 보조자로 배치할 수 있다.

공동주택 안전관리 및 안전점검

4.1 안전관리계획

공동주택관리법 제32조 제1항에서 의무관리대상공동주택의 관리주체는 시설물로 인한 안전사고 예방 및 체계적인 관리를 위하여 안전관리계획을 수립하고, 이에 따라 시설물별 안전관리자 및 안전관리책임자를 지정하여 시행하도록 의무를 부여하고 있다. 안전관리계획은 공동주택의 주요시설에 대한 검사, 점검 등을 관리자가 계획에 따라 시행토록 함으로써 시설물에 내재된 위험요인을 사전에 발견·제거하여 시설물 이용자의 안전사고 예방과 안전한 주거환경을 조성하기 위하여 수립 운영한다.

안전관리계획에는 공동주택관리법 시행령 제33조 제2항에 따라 ① 시설별 안전관리자 및 안전관리책임자에 의한 책임점검사항, ② 안전관리에 관한 기준 및 진단사항, ③ 점검 및 진단결과 위해의 우려가 있는 시설에 대한 이용제한 또는 보수 등 필요한 조치사항, ④ 안전관리계획의 조정에 관한 사항, ⑤ 그 밖에 시설안전관리에 필요한 사항을 포함하여야 한다. 안전관리계획의 수립과 조정에 관한 업무는 공동주택관리법 제64조 제2항 제2호 및 같은 법 시행규칙 제30조 제1항 제3호에 따라 관리사무소장이 한다. 안전관리계획을 수립하고 운영하기 위해 구성하는 공동주택관리기구는 공동주택관리법 시행규칙 [별표 1]에 따른 기술인력과 장비를 갖추어야 한다.

구분	기준
1. 기술인력	다음 각 호의 기술인력. 다만, 관리주체가 입주자대표회의의 동의를 받아 관리업무의 일부를 해당 법령에서 인정하는 전문용역업체에 용역하는 경우에는 해당 기술인력을 갖추지 않을 수 있다. 가. 승강기가 설치된 공동주택인 경우에는 승강기 안전관리법 시행령 제28조에 따른 승강기자체검사자격을 갖추고 있는 사람 1명 이상 나. 해당 공동주택의 건축설비의 종류 및 규모 등에 따라 전기사업법, 고압가스 안전관리법, 액화석유가스의 안전관리 및 사업법, 도시가스사업법, 에너지이용 합리화법, 소방기본법, 화재예방, 소방시설 설치·유지 및 안전관리에 관한 법률 및 대기환경보전법 등 관계 법령에 따라 갖추어야 할 기준 인원 이상의 기술자
2. 장비	가. 비상용 급수펌프(수중펌프를 말한다) 1대 이상 나. 절연저항계(누전측정기를 말한다) 1대 이상 다. 건축물 안전점검의 보유 장비: 망원경, 카메라, 돋보기, 콘크리트 균열폭 측정기, 5미터 이상용 줄자 및 누수탐지기 각 1대 이상

비고

1. 관리사무소장과 기술인력 상호간에는 겸직할 수 없다.
2. 기술인력 상호 간에는 겸직할 수 없다. 다만, 입주자대표회의가 제14조 제1항에 따른 방법으로 다음 각 목의 겸직을 허용한 경우에는 그러하지 아니하다.
   가. 해당 법령에서 국가기술자격법에 따른 국가기술자격(이하 "국가기술자격"이라 한다)의 취득을 선임요건으로 정하고 있는 기술인력과 국가기술자격을 취득하지 않아도 선임할 수 있는 기술인력의 겸직
   나. 해당 법령에서 국가기술자격을 취득하지 않아도 선임할 수 있는 기술인력 상호간의 겸직

4.2 건축물 등의 안전점검

의무관리대상공동주택의 관리주체는 공동주택관리법 제33조 제1항에 따라 공동주택의 기능 유지와 안전성 확보로 입주자등을 재해 및 재난 등으로부터의 보호를 목적으로 시설물의 안전 및 유지관리에 관한 특별법 제21조에 따른 지침에서 정하는 안전점검 실시 방법 및 절차 등에 따라 공동주택의 안전점검을 하여야 한다. 안전점검자에 대해서는 같은 법 제64조 제2항 제2호에서 관리사무소장의 업무로 정하고 있다.

1) 공동주택의 층수, 경과 연수 및 안전등급에 따른 구분

우리나라의 시설물은 규모를 기준으로 하여 대형시설물은 시설물의 안전관리에 관한 특별법에 따른 1종 또는 2종 시설물로 분류하고, 공동주택은 16층 이상의 경우 시설물의 안전관리에 관한 특별법의 2종 시설물로 적용받아 관리하게 된다. 15층 이하 공동주택의 안전점검 실시시기, 실시 자격자, 점검방법 및 절차 등에 따라 공동주택관리법, 시설물의 안전관리에 관한 특별법, 재난 및 안전관리 기본법에 따른 각각의 규정을 적용하고 있다.

2) 안전점검 실시 방법 및 절차

관리주체는 공동주택관리법 제33조 및 같은 법 시행령 제34조 제1항에 따라 반기마다 공동주택의 안전점검을 실시하여야 한다. 안전점검의 실시 방법 및 절차 등은 시설물의 안전관리에 관한 특별법 제21조에 따른 지침을 따르도록 하고 있다. 관리주체는 안전점검 시 공동주택관리법 시행령 [별표 1]에 따른 건축물 안전점검 장비(망원경, 카메라, 돋보기, 콘크리트 균열폭 측정기, 5미터 이상용 줄자 및 누수탐지기 각 1대 이상)를 이용하여야 한다.

관리주체는 안전점검을 실시한 결과 건축물의 구조·설비에 안전도가 매우 낮아 재해 및 재난 등의 발생 우려가 있을 때는 입주자대표회의에 그 사실을 통보하고 ① 점검대상 구조·설비, ② 취약의 정도, ③ 발생 가능한 위해의 내용, ④ 조치할 사항이 포함된 보고서를 작성하여 시장·군수 또는 구청장에게 보고하여야 하며, 보고내용에 따라 해당 시설물에 대해 이용제한 등의 필요한 조치를 하여야 한다.

3) 안전점검 실시자격

안전점검은 공동주택의 규모 및 경과 연수 등에 따라 안전점검을 할 수 있는 사람을 다음과 같다.

가) 안전점검 주체가 의무관리대상공동주택의 관리주체인 경우

15층 이하로서 사용검사일로부터 30년이 지나지 않은 공동주택 또는 15층 이하로서 재난 및 안전관리기본법에 의한 안전등급이 A, B등급인 경우 공동주택관리법 제32조에 따른 안전관리계획서상 시설물별 안전관리자 및 안전관리책임자를 선정하여 관리하여야 한다.

나) 안전점검 주체가 자격[4]이 필요한 경우

16층 이상인 공동주택, 15층 이하로서 사용검사일로부터 30년이 지난 공동주택, 15층 이하로서 재난 및 안전관리기본법에 의한 안전등급이 C, D, E등급인 경우 소정의 자격을 갖추어야 한다.

---

4) 안전점검 자격(공동주택관리법 시행령 제34조 제2항)
  1. 시설물의 안전 및 유지관리에 관한 특별법 시행령 제9조에 따른 책임기술자로서 해당 공동주택단지의 관리직원인 자
  2. 주택관리사 등이 된 후 국토교통부령으로 정하는 교육기관에서 시설물의 안전관리에 관한 특별법 시행령 제7조에 따른 안전점검교육을 이수한 자 중 관리사무소장으로 배치된 자 또는 해당 공동주택단지의 관리직원인 자
  3. 시설물의 안전 및 유지관리에 관한 특별법 제28조에 따라 등록한 안전진단전문기관
  4. 건설산업기본법 제9조에 따라 국토교통부장관에게 등록한 유지관리업자

05 안전관리 관련 전문교육과정

5.1 주택관리사등의 의무교육과정

　1990년 제1회 시험으로 주택관리사가 배출된 이후 주택관리사의 전문성 제고를 위한 의무교육이 시행되고 있다. 1994년 2월 24일 제1회 주택관리사 법정 관리교육 시작(주택관리사 30년의 발자취, 2020.4.23.)으로 주택관리사보와 주택관리사로 구분되는 법정 교육이 시행되었다. 최근 들어 주택관리사의 업무영역 확대와 전문성 강화의 필요성이 대두되어 2014년 6월 25일부터 공동주택의 관리사무소장으로 배치된 주택관리사를 대상으로 하는 주택관리사 주택관리에 관한 보수교육이 시행되었다. 공동주택관리법이 제정 시행(시행 2016.8.12.)되면서부터 보수교육에 대상이 주택관리사등으로 확대되었다. 교육과정은 다음과 같다.

- 주택관리사보 공동주택관리 및 윤리에 관한 배치교육
- 주택관리사 공동주택관리 및 윤리에 관한 배치교육
- 주택관리사등 공동주택관리 및 윤리에 관한 보수교육

5.2 공동주택의 안전 관련 교육과정

　주택관리 및 안전 관련 업무에 종사하는 근로자가 이수하는 교육과정은 시설물에 따라 매우 다양하다. 교육과정을 나열하여 살펴보면 다음과 같다.

가) 주택관리사보 안전점검교육

✔ 관련규정: 시설물의 안전 및 유지관리에 관한 특별법 시행령 제8조
✔ 교육대상자
- 주택관리사보 또는 주택관리사 자격을 취득하고 관리사무소장으로 배치 받았거나 배치 받고자 하는 자로서 공동주택관리법 제33조 제1항에 의한 안전점검을 실시하고자 하는 사람
- 주택관리사보 또는 주택관리사 자격을 취득하고 공동주택단지의 관리 직원으로 근무하거나 근무하고자 하는 자로서 공동주택관리법 제33조 제1항에 의한 안전점검을 실시하고자 하는 사람

✔ 교육기간: 5일(35시간)
✔ 교육기관: 대한주택관리사협회, 건설기술교육원, 한국시설안전공단
✔ 보수교육

시설물의 안전 및 유지관리 실시 등에 관한 특별법 시행규칙 제10조 개정(2018.1.18.)에 따라 주택관리사보 안전점검 신규교육 및 보수교육 이수 후 5년마다 시설물의 안전 및 유지관리 실시 등에 관한 지침 제85조에 따라 시행하는 보수교육(7시간)을 이수하여야 한다. 시행규칙 개정 전 해당 교육을 이수한 사람은 2023년 1월 17일까지 보수교육을 이수하여야 한다.

나) 시설물에 관한 안전교육

✔ 관련규정: 공동주택관리법 제32조
✔ 교육대상자: 시설물 안전관리 책임자
✔ 교육기간: 연 2회 이내, 1회 4시간
✔ 교육기관: 대한주택관리사협회

다) 소방에 관한 안전교육

✔ 관련규정: 공동주택관리법 제32조
✔ 교육대상자: 소방시설 안전관리자
✔ 교육기간: 연 2회 이내, 1회 4시간

✔ 교육기관: 시, 군, 구청장 또는 관할 소방서장, 중앙공동주택관리지원
센터

라) 방범교육

✔ 관련규정: 공동주택관리법 제32조
✔ 교육대상자: 방범(경비) 관련 종사자
✔ 교육기간: 연 2회 이내, 1회 4시간
✔ 교육기관: 시, 군, 구청장 또는 관할 경찰서장, 중앙공동주택관리지원
센터

마) 어린이놀이시설 안전관리에 관한 교육

✔ 관련규정: 어린이놀이시설 안전관리법 제20조
✔ 교육대상자: 어린이놀이시설 안전관리자
✔ 교육기간: 2년마다 1회(4시간)
✔ 교육기관: 대한주택관리사협회 외 다수

바) 소방안전관리자 또는 소방안전관리보조자 교육

✔ 관련규정: 화재예방소방시설 유지 및 안전관리에 관한 법률 시행규칙
제36조
✔ 교육대상자: 소방안전관리자 또는 소방안전관리보조자
✔ 교육기간: 선임 후 6개월 이내, 그 후 2년마다 1회(4시간)
✔ 교육기관: 한국소방안전원

사) 전기안전관리자 교육

✔ 관련규정: 전기사업법 제73조의4
✔ 교육대상자: 전기사업법에 따라 선임된 전기안전관리자
✔ 교육기간: 최초 선임 후 6개월 이내, 그 후 3년마다 1회(21시간)
✔ 교육기관: 한국전기기술인협회

아) 수도관리자 교육

✔ 관련규정: 수도법 제36조
✔ 교육대상자: 시설물의 소유자 또는 관리자
✔ 교육기간: 5년마다 1회
✔ 교육기관: 환경보존협회

자) 승강기관리 교육

✔ 관련규정: 승강기안전관리법 제16조의2
✔ 교육대상자: 승강기 안전관리자
✔ 교육기간: 선임 후 6개월 이내, 그 후 3년마다 1회
✔ 교육기관: 한국승강기안전공단

차) 관리감독자 교육

✔ 관련규정: 공동주택관리법 제17조
✔ 교육대상자: 해당 공동주택 근무자 중 관리감독자 지위에 있는 자
✔ 교육기간: 매년 16시간(전년도 산재사고가 없는 경우 1/2 감면)
✔ 교육기관: 대한주택관리사협회 외 다수

06 교육과정의 개선 방향

공동주택은 다수의 사람이 함께 거주하는 공간으로 개인의 생활방식에 따라 주거환경의 요구도 다양하다. 주거공간의 안전을 확보하고 주거만족도 향상을 위한 양질의 관리서비스 제공은 공동주택관리기구의 구성원이 담당하며 주택관리사가 관리업무의 총괄책임자가 된다. 주택관리사와 공동주택관리기구의 구성원은 법령으로 정한 다양한 교육과정을 통해 전문성을 향상함으로써 공동주택을 안전하고 합리적이며 효율적으로 관리하게 된다. 따라서 교육과정은 변화되는 주거환경을 반영하고 관계법령을 기초한 다양한 사례를 기반으로 현실성 있는 내용으로 이루어져야 함에도 다양성을 반영하지 못하는 아쉬움이 있다. 이에 교육과정에 대한 개선 방향을 제안해 본다.

6.1 교육내용의 다양성 확보

공동주택 안전관리 등에 관한 교육과정은 관계법령에 따라 운영되고 있으며 교육내용이 관계법령 등 제도와 관련된 것이 대부분이다. 관리서비스가 제도를 기반으로 제공되기 때문에 당연하다. 하지만 관리현장의 문제점을 바로 제도에 반영할 수 없고, 발생한 문제점을 모두 제도로 만들 수 없다는 한계에 직면하고 있다. 관계법령 이외의 입주민 간의 분쟁조정을 위한 공동체의 이해와 안전사고 발생사례 등에 대한 전파 및 실습이 교육내용에 포함되어야 한다. 이는 관련 교육과정을 이수한 교육생들의 생각과 일치하는 부분이다.

최근 코로나19, 풍수 재해 및 화재 등 재난재해가 발생하고 있으나 이에 대처하는 교육과정이 전혀 없다. 공동주택 관리현장에서 재난 등에 대처하는 과정에서 혼란이 발생할 수밖에 없는 이유다. 실습 등을 교육내용에 포함하려면 현재 교육시간은 매우 부족하다. 교육과정이 매년 1회에서 3년에 1회에 이르기까지 그 교육 이수 기간이 매우 길다. 그 기간에 개정되는 제도에 대한 전달만으로도 교육시간이 부족하여 실습 등의 사례전파는 교육내용에 포함 시킬 수 없는 것이 현실이다. 교육과정에 공동주택 관리전문가의 업무 능력 향상을 위한 사례발굴과 과정별 교육시간 연장에 대한 논의가 필요하다.

6.2 교육방법의 다양화

공동주택관리와 관련된 교육과정은 대부분 집체교육이다. 교육시간 연장이 쉽지 않은 환경에서 실무중심 교육을 강화하기 위해서는 표준화된 교육내용은 온라인교육으로 시행하는 것에 대해 논의가 필요하다. 전문직업인의 윤리의식, 공동주택관리지원제도, 관계기관 및 관련 시스템 운영 안내, 개인정보보호 등이 해당할 것이다. 언택트 시대에 그 필요성이 더욱 대두되고 있다. 물론 성인의 자기 주도 학습이 어려우므로 온라인교육의 교육 효과에 대한 부정적 시각도 있다. 공인중개사는 직무교육 및 연수교육 과정의 약 30% 범위에서 온라인으로 시행하고 있다. 국토교통부의 교육에 관한 지침에 따른 것이다.

공동주택 관리 책임자인 주택관리사와 공동주택관리기구의 구성원에 대한 교육에 대한 교육과정에도 이러한 지침 마련이 필요하다. 공동주택관리법 제70조 제4항에 따라 국토교통부장관은 전국적 균형을 유지하기 위하여 교육수준 및 교육방법 등에 필요한 지침을 마련하여 시행할 수 있다. 따라서 온라인교육의 시행근거 마련과 효율적인 교육 운영을 위한 관련 지침 마련이 시급하다.

6.3 교육기관 전문성 강화

공동주택관리법 시행령 제95조에 따라 공동주택관리 관련 교육과정의 전부를 중앙공동주택관리지원센터(이하 "지원센터"라 한다.)에 위탁운영 할 수 있도록 하였다. 지원센터는 국토교통부가 주관하고 한국토지주택공사가 운영한다. 공동주택관리법에 따른 교육과정은 국토교통부가 관장하고 시, 도지사 또는 시, 군, 구청장(이하 "시, 도지사 등"이라 한다.)이 실시한다. 시, 도지사 등이 실시하는 교육과정을 교육을 관장하는 국토교통부에 위탁 운영하는 것이다.

지원센터는 사업 범위를 입주자대표회의 구성원, 경비책임자, 시설안전관리 책임자에 대한 교육 시행으로 한정하고 있다. 그런데도 주택관리사(관리사무소장)와 주택관리업자 등의 교육 시행을 준비하고 있다. 더구나 입주자대표회의 구성원 등의 운영 및 윤리교육 과정은 위탁기관을 지원센터로 한정하였다. 따라서 교육의 다양성이 확보되지 않아 획일적이고 형식적인 교육으로 이루어질 수밖에 없다.

최근에는 지원센터는 위탁받은 교육과정 개발과 운영을 포기하고 강의자만 배정하고 있다. 스스로 한계에 봉착한 것이다. 입주자대표회의 구성원 등의 교육은 공동주택관리제도뿐만 아니라 입주민 간의 분쟁 해소방안, 공동체 활성화를 위한 프로그램제공, 행정기관의 지원과 협력 방법 등과 같은 지역공동체 의식 등에 관한 내용이 포함된다. 이 같은 업무 지원의 중심에 주택관리사가 있다. 따라서 입주자대표회의 구성원 등의 교육과정의 체계적 운영과 효율성을 증대를 위하여 관련 사례의 경험이 풍부한 대한주택관리사협회를 교육위탁기관으로 지정하는 것에 대하여 논의가 필요하다.

참고문헌

국토교통부, www.molit.go.kr.

김창현(2019), "공동주택관리 이해집단별 업무의 중요도 측정", 강원, 강원대학교부동산
    대학원, 박사학위논문, p.181.

대한주택관리사협회 교육안전시스템, http://es.khma.org.

대한주택관리사협회, http://www.khma.org.

박병남(2016), "공동주택의 관리서비스 품질이 관리만족도에 미치는 영향", 강원, 강원
    대학교부동산대학원. 박사학위논문, p.169.

법제처, www.moleg.go.kr.

유정아(2018), "공동주택관리 종사자 안전교육과정의 문제점 및 개선방안", 중앙대학교
    건설대학원, 석사학위논문, p.120.

은난순(2020), "공동주택 입주자대표회의 역할과 의무교육 개선방안 연구", 한국주거학
    회 2020.4, pp.57-64.

이기남(2016), 공동주택관리법의 이해, 미래주거문화연구소.

이덕원(2020), "공동주택 주거만족을 위한 안전관리서비스 개선방안 연구(경기도 시흥
    시 아파트를 중심으로)", 우석대학교 대학원, 석사학위논문, p.62.

장기수선계획운영시스템, https://new.khmais.net.

전상억(2017), 공동주택관리법 해설서, 부연사.

중앙공동주택관리지원센터, http://myapt.molit.go.kr.

하성규외 13인(2014), 현대 공동주택관리론, 박영사.

하성규외 6인(2018), 아파트 노동자의 현실, 부연사.

한국아파트신문, www.hapt.co.kr.

안전 파수꾼으로서의 주택관리사

공동주택
안전관리

최타관

한국주택관리연구원 기획조정실장

01 안전에 대한 인간의 욕구

매슬로우(Maslow)가 주장한 인간욕구 5단계에서 인간의 생명유지와 관련된 생리적 욕구 다음으로 안전의 욕구를 들고 있다. 인간은 사회적 동물이지만 사회적이기에 앞서 하위 욕구 중 가장 원초적인 생리욕구를 완성한 다음에는 위험으로부터의 보호를 통하여 개인의 생명과 안전을 담보하려는 동물적인 보호본능을 가지고 있다는 것이다. 인간이 군집을 이루어 생활하기 시작했지만 군집속에서도 하위 욕구가 먼저 충족되어야 상위 욕구로 나아 갈 수 있는 것으로 보았다.

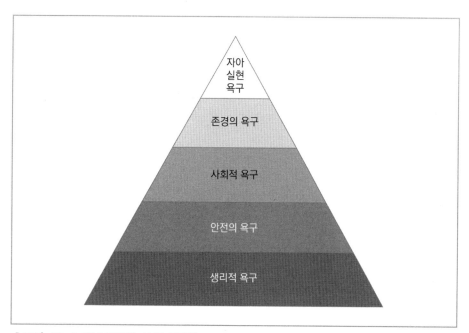

▌그림 11-1 매슬로우의 욕구 5단계

안전한 상태란 위험 원인이 없는 상태 또는 위험 원인이 있더라도 인간이 위해를 받는 일이 없도록 대책이 세워져 있고, 그런 사실이 확인된 상태를 뜻한다. 단지, 재해나 사고가 발생하지 않고 있는 상태를 안전이라고는 할 수 없으며, 잠재 위험의 예측을 기초로 한 대책이 수립되어 있어야만 안전이라고 할 수 있다.

그런 의미에서 안전이란 만들어지는 상태를 뜻한다. 공장에서는 작업 환경에 대응하여 안전 칸막이, 안전 통로, 안전 장치 등을 설치함으로써 안전 대책을 수립하고 있다. 또, 넓은 의미에서는 지구 환경을 파괴하지 않도록 대책을 세우는 것도 안전 대책의 한 가지로 볼 수 있다.

02 공동주택의 안전 파수꾼으로서의 주택관리사

　주택관리사는 국가 전문자격자로 법에서 정한 시험에 합격하여 자격증을 발급받은 후 공동주택 등에 배치되어 공용부분과 입주자 공동소유인 부대복리시설의 유지보수와 안전관리 업무를 주업무로 하고, 공동주택 입주자등의 살기 좋은 쾌적한 주거환경 조성 및 보다 전문적인 관리를 통하여 공동주택의 수명을 연장하고 관리비의 효율적 운영으로 입주자등(이하 '거주자'라 한다)의 재산권 등을 보호함으로써 국가, 사회 및 경제발전에 일익을 담당하는 역할을 할 수 있는 자를 말한다.

　공동주택관리법 제64조[1]에 의하면 '관리사무소장으로 배치 받은 주택관리사(이하 '주택관리사'라 한다)'의 업무는 공동주택관리와 관련된 전반적인 내용 모두를 담고 있지만 그 중에 안전에 관하여는 '공동주택을 안전하고 효율적으로 관리', '시설물 안전관리계획의 수립 및 건축물의 안전점검에 관한 업무', '관리사무소 업무의 지휘·총괄'에 대하여 포괄적으로 규정하고 있다. 또한 세세한 업무에 관하여는 공동주택관리법시행규칙과 각 단지의 관리규약으로 정하도록 하고 있다.

---

1) 대한민국법원 종합법률정보, https://glaw.scourt.go.kr/wsjo/intesrch/sjo022.do

03 공동주택 안전관리(安全管理)

전하진(2018)[2]은 WHO가 제시한 기준에서 안전성은 생명·재산이 재해로부터 안전하게 지켜지는 것을 의미하는 것으로 주장하고, 윤정숙(1996)[3]은 대한주택공사의 주택 제57호 보고서에서 안전성이란 자연적인자(풍수해, 지진), 인위적 인자(화재, 폭발사고, 교통사고), 인적인자(인구의 과밀에 대한 문제, 범죄, 도난사고)의 영향으로부터 생명을 안전하게 보호해야 한다고 주장한다.

공동주택만을 대상으로 제정된 전문법인 공동주택관리법에서는 이 법의 목적을 '공동주택을 투명하고 안전하며 효율적으로 관리할 수 있게 하여 국민의 주거수준 향상에 이바지함을 목적으로 한다'고 정의하고 있다. 이 법에서는 공동주택을 관리하는 데 필수적인 관계를 정부(지자체 포함), 입주자등, 관리주체(주택관리사)[4] 삼각축으로 정의하고 있기 때문에 이 중에서 현장의 모든 업무를 지휘·총괄하는 주택관리사가 공동주택을 투명하고 안전하며 효율적으로 관리하는데 최 일선에 서게 될 뿐만 아니라 주택관리사의 전문성 제고여하에 따라 거주자의 생명과 건축물의 안전성이 담보될 수 있는 것이다.

3.1 공동주택 안전관리의 중요성

2020. 7. 한국주택관리연구원에서 의무관리단지에 배치된 주택관리사를 상대

---

2) 전하진(2018), 4차 산업혁명 시대의 새로운 주거환경에 관한 연구, 서울벤처대학원대학교, 박사학위 논문, p.18.
3) 윤정숙(1996), 주거환경의 거주성 평가, 대한주택공사, 주택 제57호, p.34.
4) 법령상 관리주체는 두 종류로 나뉘어지지만 사실상 위탁관리시에도 위탁사의 대표로부터 전권을 위임받아 현장 관리사무소에 배치된 관리사무소장(주택관리사)이 단지의 업무를 지휘 총괄하기 때문에 주택관리사로 간주할 수 있다.

로 조사한 공동주택 안전인식 조사[5]에서 '공동주택과 단독주택 중 어느 것이 더 안전하다고 생각하는가'란 설문에서 응답자의 1.5배수가 공동주택이 더 안전하다고 응답하여 공동주택 거주자의 안전욕구가 단독주택에 비하여 우위에 있음을 확인할 수 있었다.

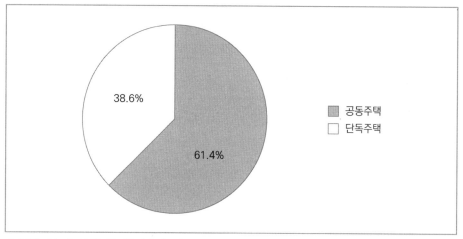

38.6%

61.4%

■ 공동주택
□ 단독주택

▌그림 11-2 주택 중 안전우위 여부

사람이 거주하고 있는 주택의 경우 24시간, 365일 안전에 항상 노출되어 있다. 한국소비자원에서 매년 조사하는 소비자 위해정보 동향 및 통계분석 자료[6]에 따르면 위해발생, 즉 위험요인을 가장 많이 내포하고 있는 곳이 주택임을 증명하고 있다.

---

5) 한국주택관리연구원 2020.07.24_공동주택 안전인식 조사 연구, 설문조사(응답)_1－389.xlsx
6) 한국소비자원, https://www.kca.go.kr/search/index.do. 2019년 소비자위해정보 동향 및 통계분석.

▌표 11-1 위해발생 장소별(대분류) 건수

장소(대분류)	2018년		2019년		전년대비	
	건수	비율	건수	비율	증감건수	증감율
주택	38,141	53.0	40,525	55.5	2,384	6.3
도로 및 인도	5,963	8.3	5,007	6.9	△956	△16.0
숙박 및 음식점	5,012	7.0	4,813	6.6	△199	△4.0
여가문화놀이	2,019	2.8	2,160	3.0	141	7.0
(중략)						
총계	72,013	100.0	73,007	100.0	994	1.4

출처: 한국소비자원(2019), 2019년 소비자위해정보 동향 및 통계분석.

조사에서 위해발생 장소는 2019년 기준 '주택'이 전체의 55%를 차지하는 것으로 나타나고 있으며, 2018년 대비 2019년에는 약 2,384건의 증가폭을 나타내는 것을 알 수가 있다.

▌표 11-2 상위 10개 위해다발 장소(소분류) 현황

(단위: 건, %)

순위	2018년		2019년		주요위해사례
	장소	건수(비율)	장소	건수(비율)	
1	아파트	20,827(28.9)	아파트	20,923(28.7)	아파트현관에 부딪혀 열상진료
2	상세불명 주택	10,169(14.1)	상세불명 주택	12,048(16.5)	세대내침대, 식탁에 부딪혀 열상, 타박상 등 진료
3	카페 및 음식점	4,718(606)	카페 및 음식점	4,474(6.1)	식탁에서 미끄러지면서 탁자에 턱을 부딪쳐 열상
4	일반도로	3,022(4.2)	다세대 주택	3,451(4.7)	다세대주택 계단에서 넘어져 머리통증 진료
5	다세대 주택	2,762(3.8)	단독주택	2,774(3.8)	화장실에서 미끄러져 팔통증 진료
6	단독주택	2,601(3.6)	일반도로	2,280(3.1)	차창문에 손가락이 끼어 통증진료

출처: 한국소비자원(2019), 2019년 소비자위해정보 동향 및 통계분석.

위해다발 장소 현황을 확인해 본 결과 소분류 기준 상위 10개의 장소 중 '아파트'가 전체의 28.7%를 차지하고 있음을 알 수 있다[7]. 아파트는 안전성이 높은 건물이라는 생각 때문에 사람들의 행동에 주의가 흐트러져 크고 작은 사고들이 자주 일어나는 것으로 판단할 수 있으며 이로 인한 안전불감증은 높아지지만 체감적으로 느끼지 못하거나 내가 사는 아파트에서는 이런 사고가 일어날 것이라고 생각하는 주의력 자체를 떨어뜨리고 있기 때문으로 풀이된다.

즉, 다수가 공동으로 살고 있는 곳이므로 안전할 것이라는 생각이 안전불감증으로 유도되고 있다는 사실을 모르는 것이다. 내가 타고 내려가는 승강기가 중간쯤에서 추락하리라는 생각을 가지고 승강기를 이용하는 사람들이 과연 몇이나 될까? 아랫집에서 화재가 나서 우리집이 불에 타리라는 생각을 가지고 사는 사람이 몇이나 될까? 설사 이런 일들이 발생한다고 해도 당연히 모든 시설물의 시스템과 종사자들에 의하여 으레 우리집에는 피해가 없으리라고 생각하는 것이 공동주택 거주자의 일반적인 특성이다. 그래서 공동주택의 안전은 더더욱 중요한 것이다. 따라서 공동주택을 관리하고 있는 종사자들과 전체적인 지휘·총괄을 맡고 있는 주택관리사의 책임은 포괄적 책임으로서 막중한 것이다.

3.2 공동주택 안전관리(安全管理)의 법적 근거[8]

공동주택안전관리의 법적 근거는 공동주택관리법 제32조 제1항 전단부에서 잘 나타내고 있다. 의무관리대상 공동주택의 관리주체는 해당 공동주택의 시설물로 인한 안전사고를 예방하기 위하여 안전관리계획을 수립하고 시행하도록 규정하고 있다.

그렇다면 의무관리대상 공동주택이 아닌 소규모공동주택의 경우에는 어떤가?

---

7) 한국소비자원, https://www.kca.go.kr/search/index.do. 2019년 소비자위해정보 동향 및 통계분석.

8) 대한민국법원 종합법률정보, https://glaw.scourt.go.kr/wsjo/intesrch/sjo022.do

공동주택관리법

제1조(목적) 이 법은 공동주택의 관리에 관한 사항을 정함으로써 공동주택을 투명하고 **안전하며** 효율적으로 관리할 수 있게 하여 국민의 주거수준 향상에 이바지함을 목적으로 한다.

제32조(안전관리계획 및 교육 등) ① 의무관리대상 공동주택의 관리주체는 해당 공동주택의 시설물로 인한 **안전사고를 예방하기 위하여** 대통령령으로 정하는 바에 따라 안전관리계획을 수립하고, 이에 따라 시설물별로 안전관리자 및 안전관리책임자를 지정하여 이를 시행하여야 한다.

제33조(안전점검) ① 의무관리대상 공동주택의 관리주체는 그 공동주택의 기능유지와 **안전성 확보로 입주자등을 재해 및 재난 등으로부터 보호하기 위하여** 「시설물의 안전 및 유지관리에 관한 특별법」 제21조에 따른 지침에서 정하는 안전점검의 실시 방법 및 절차 등에 따라 공동주택의 안전점검을 실시하여야 한다. (중략) 〈개정 2016.1.19, 2017.1.17〉

제34조(소규모 공동주택의 안전관리) 지방자치단체의 장은 의무관리대상 공동주택에 해당하지 아니하는 공동주택의 관리와 **안전사고의 예방 등을 위하여** 다음 각 호의 업무를 할 수 있다.
    1. 제32조에 따른 시설물에 대한 안전관리계획의 수립 및 시행
    2. 제33조에 따른 공동주택에 대한 안전점검

안전관리의 대상에서 소규모주택이라고 해서 상관이 없을 수는 없다. 이는 공동주택관리법 제34조에서 분명하게 지방자치단체의 장에게 그 의무를 부담지우고 있다. 특히 공동주택 안에는 여러 가지 시설물들이 시스템을 이루고 있어 그 시설물들의 안전이 건축물에 미치는 영향과 거주자의 안전과는 불가분의 관계가 있기 때문에 시설물의 안전에 관한 업무에 대하여 '시설물의 안전 및 유지관리에 관한 특별법'으로 규정하여 이를 지키도록 하고 있다.

시설물의 안전 및 유지관리에 관한 특별법

제1조(목적) 이 법은 시설물의 안전점검과 적정한 유지관리를 통하여 재해와 재난을 예방하고 시설물의 효용을 증진시킴으로써 **공중(公衆)의 안전을 확보**하고 나아가 국민의 복리증진에 기여함을 목적으로 한다.

제5조(시설물의 안전 및 유지관리 기본계획의 수립·시행) ① 국토교통부장관은 **시설물이 안전하게 유지관리** 될 수 있도록 하기 위하여 5년마다 시설물의 안전 및 유지관리에 관한 기

본계획(이하 "기본계획"이라 한다)을 수립·시행하여야 한다.

제7조(시설물의 종류) 시설물의 종류는 다음 각 호와 같다.
  1. 제1종시설물: 마. 21층 이상 또는 연면적 5만제곱미터 이상의 건축물
  2. 제2종시설물: 마. 16층 이상 또는 연면적 3만제곱미터 이상의 건축물

결국 공동주택의 안전관리에 관한 법과 제도적인 뒷받침은 지난 약 30여 년 간의 공동주택 관리분야에서 수많은 시행착오를 거쳐 상당부분 진척이 되어 해당 종사자들로 하여금 철저하게 업무가 이루어지도록 함으로써 거주자의 안전을 도모하고 있다.

그렇다면 공동주택의 안전이 이렇듯 중요한데 누가 그 업무를 담당해야하는가? 이 또한 법령에서는 규정으로 명확하게 근거를 제시하고 있다.

건축물관리법

제4조(관리자 등의 의무) ① **관리자는 건축물의 기능을 보전·향상시키고 이용자의 편의와 안전성을 높이기 위하여 노력하여야 한다.**

주택건설촉진법

제39조의3(주택관리사등의 업무등) ① 제38조 제4항의 규정에 의한 공동주택의 관리주체는 관리책임자로서 대통령령이 정하는 바에 따라 제39조의4의 규정에 의한 주택관리사 또는 주택관리사보(이하 "주택관리사등"이라 한다)를 두어야 한다.
② 제1항의 규정에 의한 주택관리사등은 **공동주택을 안전하고 효율적으로 관리**하여 공동주택의 입주자의 권익을 보호하기 위하여 다음 각호의 업무를 행한다.

(중략)

③ 주택관리사등은 선량한 관리자의 주의로써 그 직무를 수행하여야 한다. [본조신설 1987.12.4]

건설부가 대한주택공사를 통하여 서울대학교행정대학원에 의뢰한 '공동주택 관리사 양성 및 제도화에 관한 연구'에서 날로 증가하는 공동주택의 관리문제를 들어 전문관리사를 양성하여 공동주택관리 전반에 관한 전문관리시대를 열도록 주장한 연구보고서가 제출되고 나서, 약 4년 후인 1987년 주택건설촉진법 상 제39조의3(주택관리사등의 업무 등)이 신설되었으며 이 규정에 따라 주택관리사 등의 업무 중 가장 중요한 업무로 공동주택의 안전문제를 규정하게 된 것이다.

상기에서 살펴 본 바와 같이 주택건설촉진법 시대를 지나 주택법, 공동주택관리법 등으로 발전하면서 주택관리사나 시설물 또는 건축물 관리자의 경우 관련 업무 중 가장 중요한 업무로 안전에 관한 업무를 규정하고 있음을 확인할 수 있다. 그러나 굳이 이와 같은 법령의 규정에 의한 사실이 아니라 할지라도 사람의 생명은 당연히 안전으로부터 보호받아야하며 국가의 책무로서도 법령에서 정하고 있는 것이다.

> **주거기본법**
>
> **제3조(주거정책의 기본원칙)** 국가 및 지방자치단체는 제2조의 주거권을 보장하기 위하여 다음 각 호의 기본원칙에 따라 주거정책을 수립·시행하여야 한다. 〈개정 2018.12.31, 2019.4.23〉
>
> 　　5. 주택이 쾌적하고 안전하게 관리될 수 있도록 할 것

사실상 주거권은 안전한 삶을 영위하기 위한 기초 이론위에 세워진 것으로 가장 먼저는 국가의 책무이며 다음으로는 지자체의 책임인 것이다.

> **시설물의 안전 및 유지관리에 관한 특별법**
>
> **제6조(시설물의 안전 및 유지관리계획의 수립·시행)** ① 관리주체는 기본계획에 따라 소관 시설물에 대한 **안전 및 유지관리계획(이하 "시설물관리계획"이라 한다)을 수립·시행하여야 한다.** (중략)

더군다나 주거권에 대하여 정한 주거기본법 제3조 기본원칙 제5호에서도 안전에 대하여 강조하고 있음을 알 수가 있으며, 시설물의 안전을 강화하기 위한 특별법에서는 관리주체로 하여금 소관 시설물에 대하여 시설물관리계획을 수립하여 시행하도록 강제하고 있다.

김해동(1983)[9]은 서울대학교행정대학원 부설 행정조사연구소에서 발간한 '공동주택관리사양성 및 제도화에 관한 연구'에서 공동주택관리사 제도화의 기본정신을 다음과 같이 소개하고 있다.

> 공동주택관리제도가 해결코자 하는 문제의 대국적인 성격과 그 원인 및 공동주택관리에 대한 공적인 관심의 표출 내지는 개입으로서 관리사제도화의 기본정신을 살펴본다.
> 크게 보아서 공동주택의 거주형식은 다음과 같은 특징을 지닌다.
> (i) 비교적 단기간에 급속히 보급된 주거형태이다.
> (ii) 공동주택 거주에 관한 경험이 아직 일천하다.
> (iii) 한동의 건물에 다거주하는 방식이다.

---

9) 김해동 외(1983), 공동주택관리사양성 및 제도화에 관한 연구, 서울대학교행정대학원, 연구보고서. p.234.

이런 이유로 나타나는 제문제점은 다음과 같다.

(i) 안전사고 발생의 위험이 크다.

(ii) 관리를 둘러싼 분쟁이 잦다.

(iii) 주거환경의 악화가 나타난다.

(iv) 자산가치의 하락현상이 나타난다.

전국 주택보급률 대비 아파트가 차지하는 비율이 61%[10]를 넘어섰고, 주택수 대비 공동주택 거주율이 75%를 넘어서는 2020년 현재 위 김해동(1983)의 연구에서 지적하고 있는 문제점 중 일정부분은 해소되었지만 안전에 관한 부분은 여전히 주택관리사와 공동주택 관계자가 함께 해결해 나가야할 업무 중 가장 기본적이며 또한 가장 중요한 업무라 할 수 있다.

더욱이 공동주택관리법을 근거로 규정된 주택관리사의 업무를 정리해보면 아래 <표 11-3>에서 보는 바와 같이 여타의 자격자들에 비해 광범위하며 그 중에서도 안전관리의 업무는 거주자의 생명보존과 관련 있는 업무로서 다른 어떤 업무보다도 더욱 세심한 주의가 필요하다.

▮표 11-3 주택관리사의 업무

구분		세부업무
운영관리	회계관리	예산편성 및 집행결산, 금전출납, 관리비부과 및 징수, 공과금납부, 회계상의 기록유지, 물품구입, 세무관리 등에 관한 업무
	사무관리	관리업무에 관한 문서의 작성과 보관에 관한 업무
	인사관리	행정인력 및 기술인력의 채용·훈련·보상·통솔·감독에 관한 업무
	입주자관리	입주자의 요구 및 희망사항 파악·해결, 입주자 실태파악, 입주자 간의 친목 및 유대강화, 공동주택 내 공동체문화형성에 기여
	홍보관리	관리비부과내역서 및 회보발간 등에 관한 업무
	복지시설	노인정, 놀이터, 보육실, 북카페 등의 관리 및 청소 등에 관한 업무

---

10) KOSIS 국가통계포털, http://kosis.kr/search/search.do

유지 관리	환경관리	조경관리, 청소관리, 위생관리, 방역관리, 수질관리에 관한 업무
	건물관리	건물의 유지보수, 개량관리로 주택의 가치를 유지향상시켜 자산가치를 보전하는 업무
	안전관리	**건축물 설비 등의 작업시행에서 재해예방 및 응급조치, 안전장치 및 보 호구장비, 소화설비, 유해방지시설의 정기점검, 안전교육, 피난훈련, 소 방·보안경비 등에 관한 업무**
	설비관리	전기설비, 난방설비, 급·배수설비, 위생설비, 가스설비, 승강기설비 등 의 업무
생활 관리	공동체 문화관리	공동주택 입주자들 간의 의사소통, 참여를 적극유도하여 공동체 문화형 성에 기여
	커뮤니티 활성화	살기 좋은 공동주택 만들기 위한 사업으로 지자체의 지원을 통한 공동체 활성화 프로그램을 개발할 수 있도록 지자체와 공동주택 입주자 간의 가 교역할 수행
	사회복지	소외된 입주자(임차인)에 대한 지원 및 복지업무 수행을 위한 공익적인 역할 수행, 입주자의 자산관리업무 수행

공동주택관리의 사회적 성격

홍성지(2004)[11]의 논문에서는 공동주택관리의 특징이 무엇인가를 공공서비스 측면에서도 살펴볼 수 있는데 여기서 공공서비스의 여부는 우선 그 수행주체가 누구냐에 따라 그 구분을 두는 기준으로 분류할 수 있다. 공공기관이 제공하면 공공서비스, 사인(私人)이 제공하면 그렇지 않은 것이다. 그러나 공공기관에서 서비스를 제공하더라도 내용면에서 공공성의 기능이 결여되어 있으면 공공서비스라 할 수 없다. 반대로 사인(私人)이 수행하더라도 공공성의 요소가 내재되어 있으면 공공서비스인 것이다.

아파트관리서비스의 성격을 살펴보면,
첫째, 소비의 경합성 여부이다.
둘째, 배제불가능성이다.
셋째, 외부성이다.
넷째, 소비의집단성 여부이다.

이 중에서 아파트관리 서비스는 집단소비성이 강하고, 어느 정도의 배타성이 있으므로 사바스(1987)[12]의 모형과 조금씩 관련되어 있는 준공공서비스의 성격이 강하다고 주장한 박은규(2001)[13]의 주장을 받아들여 공동주택관리에 대한 정부개입의 정당성을 시사하고 있다고 주장한다.

---

11) 홍성지(2004), 공동주택 관리체계 개선에 관헌 연구, 건국대학교 대학원 박사학위 논문, pp.22 —24.
12) 사바스(1987), S. Savas, Privatization—The Key to Better Government(New Jersey: Chath am House, pp.40—60.
13) 박은규(2001), 새로운 공동주택의 관리패러다임 구축방안, 한국주택관리학회보 제3권 제1호.

05 안전사고와 관리책임자의 연관성

안홍섭(2005)[14]은 시설물의 근원적인 안전확보를 위해서는, 민간과 공공발주자에게 동일하게 적용되는 근원적 책임체계의 구축과 이에 따른 권한과 책임의 합리적 분담과 벌칙의 강화, 구조적 문제 등을 유발시킨 직접원인의 제어를 위한 인적대책으로서 단계별 공사수행 주체의 직업윤리 및 기술적 전문성 개선, 이들을 통한 발주자에 대한 건전한 보좌기능의 구현 등은 시급한 과제로 판단된다고 주장하였다.

이래철(2020.7. 현재 전국 NGO단체연대 상임대표)은 삼풍백화점 사고 후 서울경제신문 1995년 7월 1일자 기고[15]한 내용에서 '유지관리 소홀이 사고 부추겨, 상혼 버리고 안전진단 했어야'라고 주장하며 안전진단과 더불어 유지관리의 중요성에 대하여 강조했는데 이러한 안전진단과 유지관리에 대한 주체는 공동주택에 있어서 결국 주택관리사로 규정하고 있어 거의 무한 책임에 가까운 막중한 짐을 지고 있다고 볼 수 있다.

5.1 재난·화재사고와 관리책임자의 역할

소방청 보고자료[16] <표 11-4>에 의하면 2019년 현재 주거지에서의 화재 발생률이 약 28%에 달하는 것을 알 수 있다. 이는 주거지 즉, 전 국민의 약 75%가 거주하고 있는 공동주택에서의 안전관리를 총괄하고 있는 주택관리사의 책임이 더욱 가중되고 있다는 사실을 반증한다. 특히 500세대 미만 단지에 근무하는 주

---

14) 안홍섭(2005), 삼풍백화점 붕괴사고의 근본원인과 과제, 대한건축학회지 2005. 7. 군산대 건축공학과.
15) 서울경제신문 제8749호, 1995.7.1, 21면.
16) 2020 소방청 통계연보(2020.6), p106. 발간등록번호 11-1661000-000001-10

택관리사의 경우 방화관리자로서의 직무를 겸하는 경우가 많아 더더욱 그러하다.

❙ 표 11-4 장소별 화재발생현황(2019)

지역별	합계	주거	비주거	자동차, 철도차량	위험물 가스 제조소 등	선박 항공기 등	임야	기타
합계	40,103	11,058	14,967	4,710	29	108	2,211	7,020
비율(%)	100	27.6	37.3	11.7	0.07	0.3	5.5	17.5

출처: 소방청(2020) 2020 소방청 통계연보.

　서울 마포구 S아파트(관리사무소장 김○○)에서는 아파트 화재 사고시 신속하고 체계적으로 대처하기 위한 소방훈련을 입주민, 관리소직원 및 소방관 등 총 54명이 참여하여 대규모로 진행했다.[17] 김포한강 N3아파트(관리사무소장 조○○)는 "그동안 분기별 재난안전대응훈련을 실시하고 보고하는 시스템이 갖춰져 있었음에도 실제 시범훈련을 했더니 부족한 부분이 나타나 시나리오를 점검해 보완하는 계기가 됐다"고 말했다.[18] 이 아파트에서만이 아니라 모든 의무관리단지에서는 안전관리계획을 세우고, 예산에 반영하여 거주자와 합동으로 훈련을 진행하도록 하고 있다.

출처: 한국아파트신문(2020.7.22.), http://www.hapt.co.kr/news/articleView.html?idxno=149953
출처: 한국아파트신문(2018.3.29.), http://www.hapt.co.kr/news/articleView.html?idxno=39147
❙ 그림 11-3 화재(좌) 및 재난대응(우) 훈련

---

17) 한국아파트신문(2020.7.22.), http://www.hapt.co.kr/news/articleView.html?idxno=149953
18) 한국아파트신문(제1067호), 입주민과 함께하는 재난대응 소방훈련, 2018.03.29. http://www.hapt.co.kr/news/articleView.html?idxno=39147

임병길(2019)[19]은 '건물주의 건물화재위험관리 태도가 화재피해 경감에 미치는 영향 연구'를 통하여 건물주가 건물화재발생에 미치는 영향을 분석하고 연구하여 건물화재위험을 관리함으로써 화재발생건수를 낮추고 이를 통하여 인적·물적 피해와 사회적 피해를 경감하고자 하는 방안을 도출하고자 하였다. 공동주택에서의 주택관리사는 건물주, 즉 입주자등으로부터 관리업무를 위임받아 총괄하는 위치에 있으므로 건물주의 역할을 대리한다고 간주한다.

5.2 건축물의 안전을 담보할 수 있는 장기수선계획과 주택관리사

공동주택관리법에서는 건물, 즉 공동주택의 장수명화의 기틀을 마련하고자 '장기수선계획'에 관한 조문을 두어 이를 강행규정으로 입주자대표회의와 관리주체로 하여금 반드시 지키도록 하고 있다.

박경옥(2017)[20]은 공동주택의 안전관리 대상을 물리적측면과 인적측면으로 구분하고 장기수선계획의 실행시 물리적 환경의 디자인이 범죄, 교통, 일상생활의 안전에 영향을 주므로 거주자의 안전을 위협하는 공동주택 환경에 대해 범죄로부터 안전한 디자인, 유니버셜디자인, 관리상의 효율성 등을 적용하여 수선해야한다고 주장했다.

낡고 노후화되는 건물을 계획적으로 보수하고 교체하여 개선하는 일은 곧 건물의 안전성과 당연한 상관관계가 있다. 특히 장기수선계획서의 조정을 위한 검토에 앞서 해당 주택관리사는 시·도지사가 실시하는 장기수선계획의 비용산출 및 공사방법 등에 관한 교육을 받아야 한다. 또한 장기수선계획의 성공과 실패는 곧 단지의 안전에 지대한 영향을 주게 되므로 거주자의 주거환경 개선과 안전관리에 가장 원초적인 기틀을 만들어 가는 과정에서 장기수선계획의 검토자로서 주택관리사의 역할은 중요하다.

19) 임병길(2019), 건물주의 건물화재위험관리 태도가 화재피해 경감에 미치는 영향연구, 극동대학교 대학원, 박사논문, p.11(viii).
20) 박경옥(2017), 공동주택관리의 새로운 패러다임, 한국주택관리연구원, 박영사, p.341.

> **공동주택관리법**
>
> **제29조(장기수선계획)**[21] ② 입주자대표회의와 **관리주체**는 장기수선계획을 3년마다 검토하고, 필요한 경우 이를 국토교통부령으로 정하는 바에 따라 조정하여야 하며, 수립 또는 조정된 장기수선계획에 따라 주요시설을 교체하거나 보수하여야 한다. 이 경우 입주자대표회의와 **관리주체**는 장기수선계획에 대한 검토사항을 기록하고 보관하여야 한다.
>
> ③ 입주자대표회의와 **관리주체**는 주요시설을 신설하는 등 관리여건상 필요하여 전체 입주자 과반수의 서면동의를 받은 경우에는 3년이 지나기 전에 장기수선계획을 조정할 수 있다. 〈개정 2020.6.9〉
>
> ④ **관리주체**는 장기수선계획을 검토하기 전에 해당 공동주택의 관리사무소장으로 하여금 국토교통부령으로 정하는 바에 따라 시·도지사가 실시하는 장기수선계획의 비용산출 및 공사방법 등에 관한 교육을 받게 할 수 있다.

5.3 안전관리계획과 주택관리사의 역할

공동주택의 건물주, 즉 소유자는 적게는 수십명에서부터 많게는 수천명에 이르고 거주자 대다수의 경우에는 세대 전유부분에 관한 사항에 한하여 지대한 관심을 가지고 있는 반면 사실상 공용부분 관리를 목적으로 제정된 공동주택관리 법령상의 공용부분 관리에 따른 쾌적한 주거환경 조성이나, 안전사고의 예방 등에는 그 관심도가 낮은 것이 사실이다.

공동주택관리법에서는 의무관리단지 이상에 주택관리사를 전문 자격자로 하여 의무적으로 고용 및 배치하도록 정하고 있고, 배치된 주택관리사를 관리사무소장으로 명명하여 공동주택단지의 안전과 유지관리를 위한 업무를 지휘·총괄하도록 함으로써 거주자의 안전을 확보하도록 하고 있다.

따라서 공동주택에서는 주택관리사가 실질적인 건물주 역할을 하고 있다고 볼 수 있으며 여기에 선관주의를 더하여 포괄적 책임을 부담하도록 하고 있다.

---

21) 대한민국법원 종합법률정보, https://glaw.scourt.go.kr/wsjo/intesrch/sjo022.do. 공동주택관리법.

2020. 7. 한국주택관리연구원에서 의무관리단지에 배치된 주택관리사를 상대로 조사한 공동주택 안전의식 조사에서 '주택관리사(관리사무소장)가 공동주택의 안전한 주거환경 조성에 미치는 영향'에 대하여 질문한 결과 <그림 11-4>[23]에 나타난 바와 같이 전체 응답자의 62.7%가 공동주택의 안전에 주택관리사가 지대한 영향을 끼치는 것으로 응답하였다.

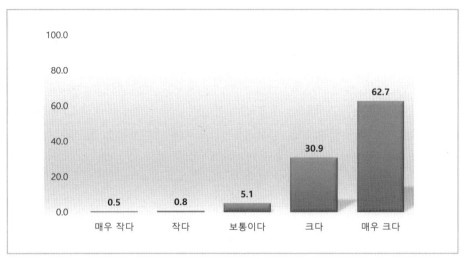

┃**그림 11-4** 주택관리사의 안전에 미치는 영향 (%)

---

22) 대한민국법원 종합법률정보, https://glaw.scourt.go.kr/wsjo/intesrch/sjo022.do. 공동주택관리법.

23) 한국주택관리연구원 2020.07.24_(공동주택 안전인식 조사 연구) 설문조사(응답)_1-389.xlsx

5.4 법령(지침 등)과 안전성과(安全成果)의 관계

주형기(2019)[24]는 안전관리지침과 관련된 연구를 통해서 안전관리지침의 안전성과에 대한 직·간접적인 관계의 연구증거는 거의 없다. 그러나 모두가 인정하는 한 가지는 안전관리지침이 조직의 안전분위기를 형성하는 데 중요한 역할을 한다는 것이다라고 하였다. 또한 설문을 통하여 가설을 검증한 결과 안전분위기는 안전행동에, 안전행동은 안전성과에 유의한 영향을 끼치는 것으로 확인되었다. 재해의 예방과 감소를 목적으로 하는 안전관리는 안전과 관련된 실제 지침, 역할 및 기능과 관련이 있다. 그것은 일반적으로 전체 조직관리의 하위 시스템으로 간주되며 다양한 안전관리지침을 통해 조직의 안전관리 시스템으로 수행되는 것으로 주장하였다.

공동주택관리법령 상에서 규정하고 있는 제반 안전관리와 관련된 규정이나 하위 규정들은 공동주택관리에 있어서 조직과 거주자의 안전한 주거분위기를 형성하는 데 중요한 역할을 하는 것으로 간주할 수 있다.

공동주택관리법 제64조[25]에서 시행규칙 제29조에 위임한 규정 중 '공동주택관리업무의 공개·홍보 및 공동시설물의 사용방법에 관한 지도·계몽'업무가 바로 안전관리지침 중 대표적인 것으로 주택관리사는 공동주택단지 내에서 안전과 관련된 각종 대응방안 등을 홍보·계몽함으로써 관리사무소 조직과 거주자의 안전분위기를 형성하는 데 지대한 영향을 끼치게 되는 것이다.

공동주택관리법

제64조(관리사무소장의 업무 등) ② 관리사무소장은 공동주택을 **안전하고 효율적으로 관리**하여 공동주택의 입주자등의 권익을 보호하기 위하여 다음 각 호의 업무를 집행한다. 〈개정 2020.6.9〉

　　3. **관리사무소 업무의 지휘·총괄**
　　4. 그 밖에 공동주택관리에 관하여 **국토교통부령**으로 정하는 업무

---

24) 주형기(2019), 안전관리지침과 심리적 자본이 안전분위기, 행동 및 성과에 미치는 영향에 관한 연구, 인하대학교대학원, 박사학위 논문, p.21.
25) 대한민국법원 종합법률정보, https://glaw.scourt.go.kr/wsjo/intesrch/sjo022.do. 공동주택관리법, 시행규칙, 주택법, 주택건설촉진법, 시설물의 유지 및 안전관리에 관한 특별법 외.

공동주택관리법 시행규칙

제29조(관리주체의 업무) 법 제63조 제1항 제7호에서 "국토교통부령으로 정하는 사항"이란 다음 각 호의 사항을 말한다.

    1. 공동주택관리업무의 **공개 · 홍보 및 공동시설물의 사용방법에 관한 지도 · 계몽**

    2. (중략)

    3. 공동주택단지 안에서 발생한 **안전사고 및 도난사고 등에 대한 대응조치**

    4. 법 제37조 제1항 제3호에 따른 하자보수청구 등의 대행

제30조(관리사무소장의 업무 등) ① 법 제64조 제2항 제4호에서 "국토교통부령으로 정하는 업무"란 다음 각 호의 업무를 말한다.

    1. 법 제63조 제1항 각 호 및 이 규칙 제29조 각 호의 **업무를 지휘 · 총괄**하는 업무

③ (중략)

④ 관리사무소장은 **선량한 관리자의 주의로 그 직무를 수행**하여야 한다.

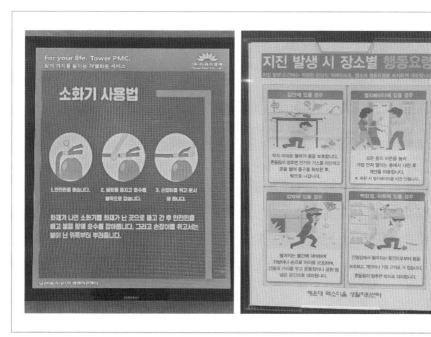

▌그림 11-5 (좌)소화기사용법 홍보물, (우)지진대응 행동요령 게시물

5.5 안전리더자의 역할과 안전성과(安全成果) 사례

행정안전부(舊국민안전처)에서 2015년도 실시한 '재난 및 위기관리 리더십 사이버 콘텐츠 개발연구'보고서[26]의 제9강 '재난관리 리더십의 사례'에서 '9.11 테러 당시 모건스텐리사의 사례'로 안전관리 책임자(경비책임자로 불림) 릭 리스콜라는 1993년 WTC폭탄테러 이후 당시 안전불감증이 팽배하던 경영진을 설득하고, 직원들에게 협조를 요청하여 8년 이상 계속된 훈련을 통하여 공황상태 속에서도 자동적으로 몸을 움직이게 하여 9.11테러가 발생했을 당시 50개층에서 일하고 있던 3,500여 명의 직원들을 약 10분여 만에 건물에서 탈출시켜 한 시간 후에 임시사업장을 열어 백업시스템을 가동하는 기적을 연출하였다고 소개하고 있다.

이것은 BCM(Business Continuity Management)[27]을 도입하여 예기치 않은 사고로 사업이 중단될 경우를 대비하여 불시에 다른 사업장에서 사업을 지속적으로 수행하는 시스템으로 이 중요성을 인지한 재난관리담당자의 요청에 따라 훈련을 지속해 왔다는 점이 재난관리·안전관리 리더자로서의 본받아야 할 덕목이고 공동주택에서 주택관리사가 해야 할 업무라고 할 것이다.

5.6 주택관리사의 위치와 역할

조직의 경영에 있어서 리더십이 경영의 핵심이며, 리더십을 대체할 수 있는 것은 없다(Drucker, 1993). 이는 리더십이 조직 및 조직 유효성의 주체인 조직 구성원들에게 가장 많은 영향을 주고 있음을 대변한다(홍권표, 2012). 이러한 리더십의 정의는 무한하고 복잡하다. 그러나, 일반적인 정의는, 리더는 '다른 사람들에 의해서 행한다' 혹은 '다른 사람들이 행동하도록 유도한다'(Corcoles et al., 2011)는 것이다. 안전에 대한 중요성이 부각된 이후 리더십의 새로운 개념으로서 조직의 안전분위기, 안전가치관, 안전태도, 안전행동 등에 영향을 주는 중요

---

26) 온-나라 정책연구. 정책연구 검색, http://www.prism.go.kr/homepage/main/retrieveMain.do
27) 매일경제 경제용어사전, http://dic.mk.co.kr/cp/pop/desc.php.
    국내에서는 아직 생소한 선진 리스크관리체계로 금융감독원을 통해 BCP(업무연속성계획)라는 용어로 소개됐다. 재해·위기 상황에 대한 예방·대비·대응·복구 전 단계에 대한 대내외 역량확보와 체계운영 및 관리를 포함하는 포괄적 프로세스와 운영체계를 의미한다.

한 요소로 안전리더십이 인식되었다(주형기, 2019, 재인용).[28]

아래 그림에서 보는바와 같이 공동주택관리 안전조직도상 주택관리사는 안전관리 총괄책임자로 표기되어진다. 기업으로 보면 업무최고책임자에 해당하는 COO(Chief Operating Officer)[29]라 할 수 있다.

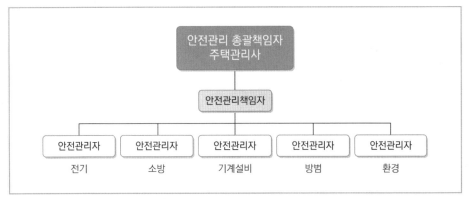

┃ 그림 11-6 공동주택 관리사무소 안전관리 조직도

공동주택 입주민에 안전관련 설문을 조사한 결과 250세대 중 226세대가 응답하여 아래 그림에서 보는 바와 같이 관리사무소의 업무 중 안전에 관한 업무의 중요성에 대하여는 54%가 가장 중요한 업무로 인식하고 있는 것으로 나타나 공동주택에서의 관리사무소 업무가 안전에 미치는 영향이 상당히 중요한 것으로 확신할 수 있는 대목이다.

---

28) 주형기(2019), 안전관리지침과 심리적 자본이 안전분위기, 행동 및 성과에 미치는 영향에 관한 연구, 인하대학교대학원, 박사학위 논문, p.19.
29) 매일경제 경제용어사전, http://dic.mk.co.kr/cp/pop/desc.php?from=C&to=D&page=0&so=all.
   업무최고책임자. 일반적으로 사장이 겸무하는 업무최고책임자(Chief Operating Officer, COO)는 회장의 정책방침 밑에서 일상 업무를 원활하게 추진하기 위한 결정을 행한다.

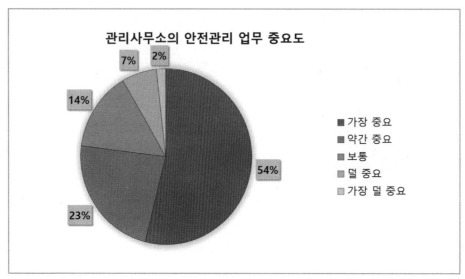

관리사무소의 안전관리 업무 중요도

7% 2%

14%

54%

23%

- 가장 중요
- 약간 중요
- 보통
- 덜 중요
- 가장 덜 중요

┃ **그림 11-7** 관리사무소 안전업무 중요도 (%)

　　주형기(2019)는 안전관리와 관련된 연구에서 안전관리지침,[30] 안전관리분위기, 안전행동, 안전리더십 간의 상관관계를 분석하여 기업 내의 안전관리에 미치는 영향을 파악하고 그에 상응하는 대응책을 마련하고자 하였는데 특히 안전분위기가 안전행동에 미치는 영향이 안전리더십의 강도에 따라 조절되는 것으로 나타나, 이는 관리자의 성과지향 행동, 사례를 통한 유인, 아이디어 권장, 문제해결을 위한 방법의 지도, 목표에 대한 집중지원 그리고 리더 자신에 대한 당위성 설명이 강할수록 안전분위기가 안전행동에 미치는 영향이 커지는 것을 의미한다고 주장하였다.[31]

---

30) 공동주택관리법령 및 기타 안전관리관련 법령상의 안전관리 제규정 등으로 간주할 수 있다.
31) 주형기(2019), 안전관리지침과 심리적 자본이 안전분위기, 행동 및 성과에 미치는 영향에 관한 연구, 인하대학교대학원, 박사학위 논문, p.85.

06 결론

　법령상에서 주택관리사는 공동주택의 의무관리단지에 관리사무소장으로 배치신고하도록 규정하고 있으며 공동주택관리의 총괄·지휘를 담당하도록 정하고 있다. 특히 공동주택이 주거용도이며 단지 내에 하루 24시간, 365일 사람이 거주하고 있기 때문에 관리자의 주업무 중 가장 중요한 업무를 안전항목으로 간주할 수밖에 없다.

　9.11테러 당시 모건스텐리사의 안전성과를 예로 들었지만 안전관리자의 업무는 그만큼 중요하고 지속성이 유지되어야 한다. 이 사건은 비록 기업에서 진행된 일이기는 하지만 사고는 건물에서 일어난 것이며 건물에서의 사고는 엄청난 피해로 나타날 수밖에 없기 때문에 건물에 입주한 이상 건물의 안전관리자의 업무에 당연히 협조하여야 하는 것이다.

　양상은 다르지만 공동주택 역시 거주자의 생명과 안전은 동일한 것이다. 그렇기 때문에 공동주택 관리사무소에 근무하는 관리자의 마인드와 주택관리사의 리더십, 그리고 거주자의 협조는 절대성을 담보하여야 한다. 안전은 누구라도 예외가 될 수 없기 때문이다. 때로는 거추장스런 일이라 할지라도 공동주택 거주자는 주택관리사의 안전관리계획과 그에 따른 훈련에 적극 동참하여야 할 뿐만 아니라, 안전에 관한 한 주택관리사는 때로 Lewin[32]의 전제형 리더십을 발휘할 필요가 있는데 이는 필요한 순간 생명을 지키고 안전을 확보하는 데 절대적으로 그 효과를 발휘할 수 있기 때문이다. 공동주택의 안전한 관리와 관련하여 주택관리사가 미치는 영향은 원초적이며 절대적일뿐만 아니라 시간이 흐를수록 그 영향은 더욱 확장될 것이다.

---

32) 네이버 지식백과, 상담학사전, 레빈(Kurt Zadek Lewin), https://terms.naver.com/entry.nhn?docId=5676687&cid=62841&categoryId=62841

참고문헌

2020 소방청 통계연보(2020.6), p106. (발간등록번호 11－1661000－000001－10)

국가통계포털(KOSIS), http://kosis.kr/search/search.do 주거실태조사, 국토교통부.

김해동 외(1983). "공동주택관리사양성 및 제도화에 관한 연구", 서울대학교행정대학원, 연구보고서, p.234.

네이버 두산백과사전, http://www.doopedia.co.kr/doopedia/master/master.do?_method ＝view&MAS_IDX＝101013000909216

네이버 지식백과, 매슬로우(1908~1970), 심리학자. https://terms.naver.com/entry.nhn?docId ＝659594&cid＝42152&categoryId＝42152

네이버 지식백과, 상담학사전, 레빈(Kurt Zadek Lewin), https://terms.naver.com/entry.nhn?docId＝5676687&cid＝62841&categoryId＝62841

대한민국법원 종합법률정보, https://glaw.scourt.go.kr/wsjo/intesrch/sjo022.do. 공동주택관리법, 시행규칙, 주택법, 주택건설촉진법, 시설물안전 및 유지관리에 관한 특별법 외.

대한주택관리사협회, http://www.khma.org/portal/00007/00016/01967.web

매일경제 경제용어사전, BCM. http://dic.mk.co.kr/cp/pop/desc.php?from＝C&to＝D&page ＝0&so＝all

매일경제 경제용어사전, COO. http://dic.mk.co.kr/cp/pop/desc.php

박경옥(2017), 공동주택관리의 새로운 패러다임, 한국주택관리연구원, 박영사, p.341.

박병남(2016), "공동주택의 관리서비스 품질이 관리만족도에 미치는 영향", 강원, 강원대학교부동산대학원. 박사학위논문, p.17(p.169).

박은규(2001), 새로운 공동주택의 관리패러다임 구축방안, 한국주택관리학회보 제3권 제1호.

사바스(1987), Emanuel S. Savas, Privatization－The Key to Better Government(New Jersey: Chatham House series on change in American politics, pp.40－60(p.308).

서울경제신문(제8749호), "인명경시 풍조가 부른 大재앙". 1995.7.1, p.21.

안홍섭(2005), 삼풍백화점 붕괴사고의 근본원인과 과제, 대한건축학회지 2005. 7. 군산대 건축공학과.

온－나라 정책연구, 정책연구 검색, http://www.prism.go.kr/homepage/main/retrieveMain. do

윤정숙(1996), "주거환경의 거주성 평가", 대한주택공사, 주택 제57호, p.34.

임병길(2019), "건물주의 건물화재위험관리 태도가 화재피해 경감에 미치는 영향연구",

충북, 극동대학교 대학원, 박사학위논문, p.11(viii)(p.150).

전하진(2018), "4차 산업혁명 시대의 새로운 주거환경에 관한 연구", 서울, 서울벤처대
    학원대학교, 박사학위 논문, p.18(p.183).

주형기(2019), "안전관리지침과 심리적 자본이 안전분위기, 행동 및 성과에 미치는 영향
    에 관한 연구", 인천, 인하대학교대학원, 박사학위논문, p.19., p.21., p.85.(p.153).

한국소비자원, https://www.kca.go.kr/search/index.do. 2019년 소비자위해정보 동향
    및 통계분석.

한국아파트신문(제1067호), 입주민과 함께하는 재난대응 소방훈련, 2018.03.29. http://
    www.hapt.co.kr/news/articleView.html?idxno=39147

한국아파트신문(제1179호), "화재대응훈련, 피해줄이기 위한 최고의 방법", A7면, 2020.7.22.
    http://www.hapt.co.kr/news/articleView.html?idxno=149953

한국주택관리연구원, 20200724_공동주택 안전인식 조사 연구, 설문조사(응답) 1-389.xlsx

해운대 그라시움 생활지원센터 사진제공(2020.7), 재난대응 행동요령 게시물.

홍성지(2004), "공동주택 관리체계 개선에 관한 연구", 서울, 건국대학교 대학원 박사학
    위논문, pp.22-24(p.242).

CHAPTER

12

안전한 공동주택을 위한
주민과 공공의 역할

공동주택
안전관리

김창현
주택관리사

01 서론

　주택은 인간 생활의 가장 기본적인 요소 중 하나로써 인간이 기후·자연 등 외부환경과 동물이나 타인으로부터 보호를 받아 안전하고 평안하게 살 수 있는 생존공간으로 인간의 삶을 유지하면서 인간답게 살아가기 위한 삶의 터전이자 보금자리이다. 주거환경은 인간이 주거공간으로 안식을 취하고 가족공동체를 구성하는 생활과 활동의 근거지로 자녀양육과 교육의 공간인 동시에 친구 및 이웃과의 커뮤니티 공간으로서의 역할을 한다. 따라서 인간은 누구나 안전하고 평안한 주택에 살 권리, 즉 주거권을 가지고 있으며, 국가는 모든 국민의 주거권이 보장받을 수 있도록 노력하여야 한다.

　또한 주택은 인류 역사 속에서 개인의 신분이나 사회적 지위·계급을 나타내는 표상 역할을 해왔으며, 오늘날 자본주의사회에서는 사용가치와 교환가치를 동시에 가지는 주택의 본질적 특성으로 인해 주택을 소유한 집단과 소유하지 못한 집단 간의 갈등을 유발하며 사회적 문제의 원인이 되기도 함에 따라 주택 및 주거권 문제는 개인을 넘어 국가나 사회적으로 더욱 더 중요시 되고 있다.

　특히 한국의 경우 매우 짧은 근대화-서양문화의 도입, 일제강점기, 한국전쟁과 복구, 빠른 산업화와 경제개발 등-과정 속에서 나타난 급격한 사회·경제적 변화와 근대화·산업화에 따른 도시로의 인구집중 현상으로 심각한 주택난이 초래되었다. 이러한 주택문제 해소를 위해 우리나라의 주택정책은 도시 내의 한정된 토지의 효율적 이용을 전제로 주택의 대량공급에 목표를 둔 개발단위가 크고 획일화된 주택유형인 아파트의 보편화라는 한국적 특유의 주거양식을 만들어 냈다. 그 결과 2018년 말을 기준으로 총 주택 1,763만호 중 76.42%인 1,347만호가 공동주택이며,[1] 일반가구원[2] 4,866만 명 중 68.78%인 3,347만 명이 공

---

1) 건축법상 공동주택인 '아파트, 연립, 다세대, 기숙사'중에서 기숙사를 제외하고 산정하였다.

동주택에 거주하고 있는 명실상부한 공동주택 공화국이 되었다.[3]

주택법상 주택이란 세대의 구성원이 장기간 독립된 주거생활을 할 수 있는 구조로 된 건축물의 전부 또는 일부 및 그 부속 토지를 말하며, 단독주택과 공동주택으로 구분하고 있다. 단독주택은 1세대가 하나의 건축물 안에서 독립된 주거생활을 할 수 있는 구조로 된 주택을 말하고, 공동주택은 건축물의 벽·복도·계단이나 그 밖의 설비 등의 전부 또는 일부를 공동으로 사용하는 각 세대가 하나의 건축물 안에서 각각 독립된 주거생활을 할 수 있는 구조로 된 주택을 말한다.[4]

일반적으로 사람의 삶의 터전이자 보금자리인 주택은 편리성, 기능성, 안전성을 매우 중요시하는데 공동주택의 경우에는 하나의 건축물 안에 많은 세대가 함께 살아야 하는 물리적 특성뿐만 아니라 서로 다른 생활습관과 사고방식을 가진 다양한 사람들이 함께 주거생활을 영위함으로 인해 여러 가지 갈등과 분쟁이 야기될 수 있다는 생활상의 특성으로 인해 안전성 측면이 더욱 강조되고 있다.

더욱이 최근의 공동주택은 보다 고층화, 대형화, 첨단화되어 가고 있기에 안전사고 또는 재난 발생 시 그로 인한 인적, 물적 피해 규모도 기하급수적으로 증대할 우려가 있어 안전성이 더욱 중요시됨으로 인해 시설물의 안전 및 유지관리에 관한 특별법상 제1종 내지 제2종 시설물로 층수나 규모에 따라 규정하여 법적으로 안전 및 유지관리 업무를 수행하도록 하고 있다.[5]

안전이란 일반적으로 '위험이 생기거나 사고가 날 염려가 없음 또는 그런 상태'를 의미하며, 인간은 누구나 안전하고 편안한 생활에 대한 욕구를 가지고 있다. 여기서 위험은 해로움이나 손실이 발생할 우려가 있거나 그러한 상태를 의미하며, 사고는 예상하지 못한 불행한 일이 발생하거나 다른 사람에게 피해를 입힌 상태를 의미하며,[6] 현행법상 안전관리란 '재난이나 그 밖의 사고로부터 사람의 생명·신체 및 재산의 안전을 확보하기 위하여 하는 모든 활동'으로 정의하

---

2) 일반가구는 '가족으로 이루어진 가구 또는 5인 이하 가구'를 뜻하며, 일반가구원은 일반가구의 구성원(수)를 뜻한다.
3) 국가통계포탈(http://kosis.kr) 2018년 말 기준임.
4) 주택법 제2조 제1~3호
5) 시설물의 안전 및 유지관리에 관한 특별법 제7조(시설물의 종류)
　　1. 제1종 시설물 마목 - 21층 이상 또는 연면적 5만제곱미터 이상의 건축물
　　2. 제2종 시설물 마목 - 16층 이상 또는 연면적 3만제곱미터 이상의 건축물을 의미한다.
6) 유숙자(2015), "안전의식의 영향요인 분석 - 생활안전을 중심으로", 정책개발연구, 제18권 제1호, p.41.

고 있다.[7]

공동주택에서 발생하는 안전사고의 공간적 유형을 살펴보면 각 세대의 전유부분에서 발생하는 세대내 안전사고, 공동주택 건축물 내의 공용공간인 복도, 계단, 승강기, 지하주차장 등에서의 안전사고, 공동주택단지 내의 외부공간인 어린이 놀이시설, 주민운동시설, 외부 주차장, 단지 내 도로 등에서의 안전사고 등이 있다.

공동주택의 안전관리는 지금까지 소유자와 관리자의 책임을 중점적으로 강조했었으나, 전 국민의 68.78%가 공동주택에 거주하고 있고 그 비율이 점차적으로 증대되고 있는 오늘날에 와서는 해당 공동주택의 소유자와 관리자의 책임뿐만 아니라 해당 공동주택에 거주하고 있는 주민을 비롯하여 정부와 지자체 등의 공공의 역할이 점차 강조되고 있다.

이러한 측면에서 본 장에서는 안전한 공동주택을 위한 주민과 공공의 역할에 대하여 현행 제도를 검토하고 그에 대한 개선 방안을 제시해 보고자 한다.

---

7) 재난 및 안전관리 기본법 제3조 제4호

02 공동주택 안전관리의 참여자들

우리나라의 공동주택은 의무관리대상 공동주택[8]과 비의무적 관리대상이 공동주택으로 이원화되어 관리되고 있다. 의무관리대상 공동주택은 공동주택관리법령 등의 적용을 받아 엄격히 관리되고 있는 반면에 비의무관리대상 공동주택은 공동주택관리법이 아닌 집합건물의 소유 및 관리에 관한 법률의 적용을 받음으로 인해 상대적으로 관리의 사각지대에 놓이게 됨으로써 안전관리에 취약할 수밖에 없는 실정이다.

공동주택 안전관리에 있어서의 참여자들로는 안전관리 업무의 공급자인 공동주택관리 종사자, 수요자인 주민,[9] 감독기관인 정부 및 지자체 등이 있으며, 이러한 공급자와 수요자 그리고 감독기관이 공동주택 안전관리에 있어서 3개의 중심축으로써의 기능을 하고 있다.

2.1 공동주택 안전관리의 공급자인 관리자

공동주택관리법 제32조 및 동법 시행령 제33조에 의거하여 의무관리대상 공

---

8) 공동주택관리법 제2조(정의) 제1항 제2호
   300세대 이상의 공동주택, 150세대 이상으로서 승강기가 설치된 공동주택, 150세대 이상으로서 중앙집중식 난방방식(지역난방방식을 포함)의 공동주택, 건축허가를 받아 주택외의 시설과 주택을 동일 건축물로 건축한 건축물로서 주택이 150세대 이상인 건축물, 비의무관리대상 공동주택 중 전체 입주자등의 3분의 2이상이 서면으로 동의하는 방법으로 정하는 공동주택을 말한다.
9) 공동주택관리법 제2조(정의) 제1항 제5호, 제6호, 제7호
   입주자(공동주택의 소유자 또는 그 소유자를 대리하는 배우자 및 직계존비속)와 사용자(공동주택을 임차하여 사용하는 사람)를 입주자 등이라고 하며, 본 장에서는 입주자 등을 주민으로 통일한다.

동주택의 관리주체는 해당 공동주택의 시설물로 인한 안전사고를 예방하기 위하여 안전관리계획을 수립하고 시행하여야 한다고 규정함으로써 일반적으로 공동주택 안전관리의 공급자는 관리주체라고 할 수 있다.

관리주체란 공동주택을 관리하는 자치관리기구의 대표자인 공동주택의 관리사무소장, 관리업무를 인계하기 전의 사업주체, 주택관리업자, 임대사업자, 민간임대주택에 관한 특별법에 따른 주택임대관리업자를 말한다.[10] 공동주택관리법 제3조 제2항에 따르면 관리주체에게는 공동주택을 효율적이고 안전하게 관리하여야 할 의무가 있음을 명확히 규정하고 있다.

의무관리대상 공동주택의 경우에는 공동주택관리법 제63조[11] 및 동법 시행규칙 제29조[12]에 규정된 업무를 수행함으로써 해당 공동주택의 안전관리, 장수명화, 노후화 방지 등을 위한 전문 관리가 이루어지는 반면에, 비의무관리대상 공동주택의 경우에는 주택관리사 등의 전문가에 의한 상시 전문 관리가 이루어지지 않음으로써 관리의 사각지대에 놓여 상대적으로 빠른 노후화와 열악한 주거환경으로 인해 각종 안전사고의 발생률도 높은 편이다.

현행법상 비의무관리대상 공동주택의 관리와 안전사고의 예방을 위한 시설물에 대한 안전관리계획의 수립 및 시행, 안전점검 등의 업무는 해당 지방자치단체의 장이 행하는 것으로 규정되어 있다.[13] 또한, 시설물의 안전 및 유지관리에 관한 특별법[14] 제3조 제2항에 의거 관리주체는 시설물의 안전을 확보하고 지속적인 이용을 도모하기 위하여 필요한 조치를 하여야 할 책무도 부담한다.

---

10) 공동주택관리법 제2조(정의) 제1항 제10호
11) 공동주택관리법 제63조(관리주체의 업무 등)
　　공동주택의 공용부분의 유지·보수 및 안전관리, 공동주택단지 안의 경비·청소·소독 및 쓰레기 수거, 관리비 및 사용료의 징수와 공과금 등의 납부대행, 장기수선충당금의 징수·적립 및 관리, 관리규약으로 정한 사항의 집행, 입주자대표회의에서 의결한 사항의 집행, 그 밖에 국토교통부령으로 정하는 사항
12) 공동주택관리법 제29조(관리주체의 업무)
　　공동주택관리업무의 공개·홍보 및 공동시설물의 사용방법에 관한 지도·계몽, 입주자 등의 공동사용에 제공되고 있는 공동주택단지 안의 토지·부대시설 및 복리시설에 대한 무단 점유행위의 방지 및 위반행위시의 조치, 공동주택단지 안에서 발생한 안전사고 및 도난사고 등에 대한 대응조치, 하자보수청구 등의 대행 등
13) 공동주택관리법 제34조
14) 시설물안전법이라고도 하며, 시설물의 안전점검과 적정한 유지관리를 통하여 재해와 재난을 예방하고 시설물의 효용을 증진시킴으로써 공중의 안전을 확보하고 나아가 국민의 복리증진에 기여할 목적으로 제정되었다.

재난 및 안전관리 기본법령에 의거하여 16층 이상의 공동주택의 소유자·관리자·점유자는 위기상황에 대비한 매뉴얼을 작성·관리하여야 하며, 위기상황 매뉴얼에 따른 훈련을 매년 1회 이상 실시하여야 한다.[15]

2.2 공동주택 안전관리의 수요자인 주민[16]

공동주택에 거주하고 있는 주민들은 거주하고 있는 공동주택의 소유 유무에 따라 입주자와 사용자로 구분할 수 있지만, 공동주택 안전관리 업무 측면에서는 모두가 공동주택관리 업무의 수요자라 할 수 있다.

공동주택관리법 제3조 제1항 제1호에 따르면 국가 및 지방자치단체의 의무로써 공동주택에 거주하는 입주자 등이 쾌적하고 살기 좋은 주거생활을 영위할 수 있도록 노력하여야 함을 명확히 규정함으로써 주민들은 쾌적하고 안전하며 살기 좋은 주거생활을 영위할 권리가 있음을 천명하고 있다.

반면에, 동조 제3항에는 입주자 등은 공동체 생활의 질서가 유지될 수 있도록 이웃을 배려하고 관리주체의 업무에 협조하여야 한다고 규정함으로써 주민들 또한 공동주택이라는 물리적·환경적 특성에 따라 공동주택의 유지 및 안전을 위하여 관리주체의 업무에 협조하고, 공동주택에 거주하면서 요구되는 안전사고 예방을 위해 지켜야 할 의무도 부담한다.

공동주택관리법 제18조 제1항내지 제4항에 따르면 시·도지사는 공동주택의 입주자 등을 보호하고 주거생활의 질서를 유지하기 위하여 입주자 등의 권리 및 의무 등을 포함한 공동주택의 관리 또는 사용에 관하여 준거가 되는 관리규약 준칙을 정하여야 하며, 입주자 등은 관리규약의 준칙을 참조하여 관리규약을 정하고, 관리규약은 관리규약 제·개정 당시의 주민들뿐만 아니라 그 지위를 승계한 사람에 대해서도 효력이 있다고 명시함으로써 공동주택에 거주하는 주민들의 공동주거생활의 질서유지를 위하여 관리규약에 주민의 권리와 의무를 명확히 규정하고 반드시 준수하도록 하였다.

또한, 공동주택관리법 시행령 제19조 제2항에 관리주체의 동의를 받아야만 할 수 있는 행위 등을 규정함으로써 평온한 공동주거생활과 안전사고 예방을 위

---

15) 재난 및 안전관리 기본법 제34조의6(다중이용시설 등의 위기상황 매뉴얼 작성·관리 및 훈련)
16) 공동주택관리법 제2조 제1항 제7호의 '입주자 등'(입주자와 사용자)을 말한다.

하여 지켜야 할 주민의 의무를 명시하고 있다.

시설물안전법[17] 제3조 제3항에 따르면 모든 국민은 국가 및 지방자치단체, 관리주체가 수행하는 시설물의 안전 및 유지관리 활동에 적극 협조하여야 한다고 규정함으로써 주민의 안전 및 유지관리 협조 의무를 명확히 규정하고 있다.

또한, 재난 및 안전관리 기본법 제5조에 따르면 국민은 국가와 지방자치단체가 재난 및 안전관리업무를 수행할 때 최대한 협조하여야 하고, 자기가 소유하거나 사용하는 건물·시설 등으로부터 재난이나 그 밖의 각종 사고가 발생하지 않도록 노력하여야 한다고 규정함으로써 국민의 의무를 명시하고 있다.

2.3 공동주택 안전관리의 감독기관인 국가 및 지방자치단체

헌법 제34조 제6항에 의거 국가는 재해를 예방하고 그 위험으로부터 국민을 보호하기 위하여 노력하여야 하며, 공동주택관리법 제3조 제1항에 의거 국가 및 지방자치단체는 공동주택의 관리에 관한 정책을 수립·시행함에 있어 입주자 등이 쾌적하고 살기 좋은 주거생활을 할 수 있도록 함과 동시에 공동주택이 투명하고 체계적이며 평온하게 관리될 수 있도록 하여야 한다는 국가 및 지방자치단체의 의무를 명시하고 있다.

또한, 시설물안전법 제3조 제1항에 의거 국가 및 지방자치단체는 국민의 생명·신체 및 재산을 보호하기 위하여 시설물의 안전 및 유지관리에 관한 종합적인 시책을 수립·시행하여야 한다고 규정함으로써 공동주택 안전관리의 감독기관으로써 공동주택의 안전사고로부터 주민을 보호할 책임이 국가 및 지방자치단체에 있음을 명확히 하고 있다.

다만, 공동주택 등 시설물에 대한 안전 및 유지관리 업무의 직접적인 수행자는 관리주체이며, 소규모 공동주택이나 제3종 시설물 등 소규모 시설물에 대해서만 국가 또는 지방자치단체의 직접적인 안전점검 실시의무를 규정하고 있다.[18]

공동주택 안전관리와 관련해서는 공동주택관리법, 시설물의 안전 및 유지관

---

17) 시설물의 안전 및 유지관리에 관한 특별법을 의미한다.
18) 공동주택관리법 제34조(소규모 공동주택의 안전관리), 시설물안전법 제11조(안전점검의 실시) 제1항 단서규정 등에 명시되어 있다.

리에 관한 특별법(일명 '시설물안전법'), 어린이놀이시설 안전관리법, 승강기 안전
관리법, 위험물 안전관리법, 전기안전관리법, 화재예방·소방시설 설치·유지 및
안전관리에 관한 법률 등 많은 법령을 통해 안전관리 업무를 규율하고 있다.

　공동주택이 전체 주택의 76.42%인 1,347만호이며, 그 비율이 점차적으로 증
대해 나감으로 인해 공동주택이 미치는 국가·사회·경제적 중요도를 감안할 때
공동주택 안전관리에 있어 감독기관으로서 국가 및 지방자치단체의 역할은 더
욱 커져야 할 것이다.

03 안전한 공동주택을 위한 주민의 역할

　안전한 공동주택을 위한 주민의 역할은 안전이 최우선이라는 인식 전환을 통해 안전에 대한 무관심과 안전불감증을 해소시키는 것이다. 지난 2020년 2월 행정안전부에서 배포한 '2019년 어린이 놀이시설 중대사고 분석결과'에 따르면 아래와 같이 사고원인을 살펴보았을 때 이용자 부주의로 인한 사고가 총 사고건수 404건 중에서 98%인 396건으로 대부분을 차지하는 것으로 나타났다. 또한, 최근 4년간의 어린이 놀이시설 사고원인별 사고 발생 추이를 살펴보았을 때도 이용자 부주의로 인해 발생되는 사고가 대부분으로 분석되고 있다. 화재사고에 있어서도 소방청이 발간한 2019년도 화재통계연감에 따르면 2010년~2019년까지 10년간의 전체 화재 426,521건에 대한 발화요인을 분석한 결과, 부주의로 인한 화재가 49%인 208,937건으로 가장 많았으며, 그 다음으로는 전기적 요인이 23%인 98,662건, 기계적 요인이 10%인 43,368건, 원인미상이 9%인 40,297건, 방화의심이 2%인 9,912건, 교통사고가 1%인 5,154건, 방화가 1%인 4,582건으로 나타났다.

　이상과 같이 어린이 놀이시설, 승강기, 화재 등 각종 안전사고 발생의 가장 주된 원인은 이용자의 부주의나 과실로 인한 것으로 분석되었다. 따라서 공동주택 안전관리 문제를 해결하는 데 있어서 가장 본질적인 사항은 주민의 안전의식을 고쳐시켜 공동주택 관리현장에 만연해 있는 안전불감증과 무관심을 해소하는 것이다. 이에 대해 안전한 공동주택을 위한 주민의 역할은 다음과 같다.

3.1 안전관리 교육에 대한 적극적인 참여

주민은 해당 공동주택의 관리자가 실시하는 안전 교육 및 훈련에 적극적으로 참여함으로써 안전의식을 고취시키고, 사고 발생 시의 대처능력을 향상시켜 공동주택에서 발생 가능한 제반 안전사고를 예방하고 발생한 사고에 대한 피해가 확산되지 않도록 노력하여야 한다.

특히 공동주택은 여러 세대가 하나의 건축물 안에서 함께 거주하는 물리적·환경적 특성으로 인해 안전사고가 발생할 경우 해당 세대뿐만 아니라 같은 건물, 같은 단지 내의 다른 세대에도 그 피해가 확산될 수 있다. 따라서 안전에 대한 무관심은 자기 자신의 생명과 재산상 피해뿐만 아니라 다른 이웃에게도 크나 큰 피해를 야기할 수 있다는 의식을 가지고 일상에서 안전을 생활화하여야 한다.

안전한 공동주택을 위해 주민의 안전사고에 대한 의식을 고취시키기 위한 안전관리 교육은 예방적 차원의 교육이 중요하다. 안전을 중요시하는 태도가 안전관리 교육의 일차적인 목표가 되어야 한다. 이러한 태도는 단순히 통념적인 안전에 대한 관심이나 중요성 인식을 넘어서 일상적인 행동에 있어서 안전을 최우선으로 생각하는 습관이 길러지도록 의식을 강화하는 것을 의미한다.[19]

예를 들어, 화재발생 시 주민의 초기 대응활동이 안전한 피난을 성공적으로 하는 데 영향을 크게 미치는 것으로 알려져 있다. 화재에 대비한 주민의 일반적 지식의 정도, 화재대피에 필요한 정보 습득 여부, 위기상황에 대처하는 개인적 성향에 따라 피난의 성공여부가 좌우된다는 연구결과[20]에 따라 일상속에서 안전을 최우선으로 생각하는 습관이 길러지도록 의식을 강화시키는 예방적 차원의 안전관리 교육을 실시하고 주민은 관리주체 등이 실시하는 안전관리 교육에 적극 참여하여야 할 것이다.

---

19) 김성숙·이기춘(1999), "생활안전에 대한 소비자교육에 관한 연구", 소비자문제연구, 제22권, p.72.
20) 이명식(2014), "공동주택 거주자의 화재 안전 및 피난방식에 대한 고찰", 건축, 제58권 제10호, p.48.

3.2 안전한 공동주택 주거환경에 대한 지각

한국주택관리연구원에서 지난 2020년 7월 20일부터 7월 23일까지 4일간 공동주택에서 관리업무를 수행하고 있는 관리사무소장 389명으로부터 수집한 안전인식에 대한 설문조사 결과에 따르면 안전사고 발생의 중요 원인인 안전불감증의 이유에 대하여 전체 응답자의 96.4%인 375명이 안전에 대한 인식부족 및 무관심이라고 답했다.

환경심리학은 환경으로부터의 자극에 대한 심리적 반응과 행동 간의 관계를 심리학을 기반으로 연구하면서 환경과 심리 그리고 행동 간의 관계를 지각과 인지, 태도, 행동의 과정을 통하여 설명하는 학문이다. 안전관리를 환경심리학적 측면에서 볼 때 물리적 환경인 안전한 주거환경에 대한 지각은 심리적 반응인 생활안전에 대한 인식과 태도를 형성하는 원인이 된다고 할 수 있다. 즉, 안전한 주거환경에 대한 지각은 생활안전사고 발생의 가능성이 낮아진다는 인식을 발생하는 기제로 작용하여 안전사고 불안감을 감소시킴과 동시에 생활안전에 대한 태도에 영향을 미침으로써 안전문화에 대한 인식을 높일 수 있는 중요한 원인으로 작용하게 된다는 것이다. 이와 같은 안전사고 불안감과 안전문화에 대한 인식은 생활안전사고 예방과 사고 발생에 대하여 효과적으로 대응할 수 있는 행동의 원인으로 작용함으로써 안전사고 발생을 감소시키는 요인으로 작용한다는 것이다.[21]

따라서 주민은 안전한 공동주택 주거환경에 대한 지각을 통해 안전에 대한 인식부족과 무관심에서 탈피함으로써 안전사고로부터의 위협이 감소된다는 인식을 강화하고, 안전사고에 대한 불안과 두려움을 감소시킴으로써 안전사고를 예방할 수 있을 것이다.

---

21) 김진수(2018), "안전한 주거환경에 대한 심리적 반응과 안전사고 간의 관계", 한국방재학회 논문집, 제18권 제7호, pp.11−12.

3.3 공동주택 생활 질서 유지

국민은 국가와 지방자치단체가 재난 및 안전관리업무를 수행할 때 최대한 협조하여야 하고, 자기가 소유하거나 사용하는 건물·시설 등으로부터 재난이나 그 밖의 각종 사고가 발생하지 아니하도록 노력하여야 한다.[22]

또한 모든 국민은 국가 및 지방자치단체, 관리주체가 수행하는 시설물의 안전 및 유지관리 활동에 적극 협조하여야 하며, [23] 공동주택의 입주자 등은 공동체 생활의 질서가 유지될 수 있도록 이웃을 배려하고 관리주체의 업무에 협조하여야 한다.[24]

따라서 안전한 공동주택을 위해 주민은 국가 및 지방자치단체, 관리주체가 수행하는 안전관리 업무에 적극 협조하면서 일상생활에서 안전사고 예방 및 공동체 생활 질서 유지 노력을 하여야 한다.

---

22) 재난 및 안전관리 기본법 제5조(국민의 책무)
23) 시설물의 안전 및 유지관리에 관한 특별법 제3조(국가 등의 책무) 제3항
24) 공동주택관리법 제3조(국가 등의 의무)

04 안전한 공동주택을 위한 공공의 역할

공동주택의 안전관리는 해당 공동주택 입주민의 안전하고 쾌적한 주거생활의 토대가 되며, 국민 또는 주민들에게 안전한 주거환경을 제공하도록 규정한 헌법과 법률에 따른 국가 및 지방자치단체의 의무이기도 하다.

이러한 국가 등의 책무를 다하기 위해 국민의 안전한 주거환경 제공을 위한 목적으로 공동주택관리법을 비롯한 여러 법률이 제정·시행됨으로써 국민의 생명과 신체 및 재산을 보호하는 데 이바지 하고 있다.

공동주택관리법은 공동주택의 관리에 관한 사항을 정함으로써 공동주택을 투명하고 안전하며 효율적으로 관리할 수 있게 하여 국민의 주거수준 향상에 이바지함을 목적[25]으로 하면서 국가 및 지방자치단체가 입주자 등이 쾌적하고 살기 좋은 주거생활을 영위하고 공동주택이 투명하고 체계적이며 평온하게 관리될 수 있도록 노력할 것[26]을 규정하고 있다.

또한, 국가 및 지방자치단체는 국민의 생명·신체 및 재산을 보호하기 위하여 시설물의 안전 및 유지관리에 관한 종합적인 시책을 수립·시행하여야 하며,[27] 재난이나 그 밖의 각종 사고로부터 국민의 생명·신체 및 재산을 보호할 책무를 지고, 재난이나 그 밖의 각종 사고를 예방하고 피해를 줄이기 위하여 노력하며, 발생한 피해를 신속히 대응·복구하기 위한 계획을 수립·시행하고, 안전에 관한 정보를 적극적으로 공개하여 누구든지 편리하게 이용할 수 있도록 하여야 한다.[28]

더 나아가 국가와 지방자치단체는 국민이 안전에 대한 중요성을 인식하고 각

---

25) 공동주택관리법 제1조(목적)
26) 공동주택관리법 제3조(국가 등의 의무) 제1항
27) 시설물의 안전 및 유지관리에 관한 특별법 제3조(국가 등의 책무) 제1항
28) 재난 및 안전관리 기본법 제4조(국가 등의 책무) 제1항, 제2항

종 재난 및 안전사고 발생 시 이에 효과적으로 대처할 수 있도록 안전에 대한 지식이나 기능을 습득하게 하는 안전교육의 진흥을 위한 정책을 수립·시행하고 필요한 지원을 하여야 하며, 안전교육이 교육주체 간의 유기적 연계를 통하여 체계적이고 지속적으로 실시될 수 있도록 노력하고, 안전교육의 효과와 필요성에 대한 국민의 인식을 제고하기 위하여 노력하여야 한다.[29]

게다가 국가는 화재로부터 국민의 생명과 재산을 보호할 수 있도록 종합적인 화재안전정책을 수립·시행하고, 지방자치단체는 국가의 화재안전정책에 맞추어 지역의 실정에 부합하는 화재안전정책을 수립·시행하여야 하며, 국가와 지방자치단체는 화재안전정책을 수립·시행함에 있어 과학적 합리성, 일관성, 사전 예방의 원칙이 유지되도록 하되, 국민의 생명·신체 및 재산보호를 최우선으로 고려하여야 하고,[30] 국가는 국민이 전기재해로부터 안전성을 확보할 수 있도록 전기안전관리에 관한 정책을 수립·시행하여야 한다.[31]

승강기 안전에 있어서도 국가는 종합적인 시책을 수립·시행하고, 지방자치단체는 관할구역의 승강기 안전에 관한 시책을 그 지역의 실정에 맞게 수립하고 시행하여야 하며,[32] 어린이놀이시설의 안전을 위하여 국가 및 지방자치단체는 필요한 제도적 장치를 마련하고 이에 필요한 재원을 확보하도록 노력하며 위험시설의 정비 등 어린이 안전환경 조성에 필요한 조치를 마련하도록 하고 있다.[33]

산업재해를 예방하기 위해서 정부는 산업 안전 및 보건 정책의 수립 및 집행, 산업재해 예방 지원 및 지도, 사업주의 자율적인 산업 안전 및 보건 경영체제 확립을 위한 지원, 산업 안전 및 보건에 관한 의식을 북돋우기 위한 홍보·교육 등 안전문화 확산 추진 등을 위해 성실히 이행할 책무를 진다.[34]

이와 같이 국가 및 지방자치단체 등 공공의 역할은 안전관리 분야별로 종합적인 정책을 수립하고 시행하도록 규정하고는 있으나, 공동주택은 고층화, 대형화, 첨단화되어 건설되는 신축 공동주택뿐만 아니라 사용검사를 받은 지 30년

---

29) 국민 안전교육 진흥 기본법 제3조(국가 등의 책무)
30) 화재예방, 소방시설 설치·유지 및 안전관리에 관한 법률 제2조의2(국가 및 지방자치단체의 책무)
31) 전기안전관리법 제3조(국가의 책무)
32) 승강기 안전관리법 제3조(국가 등의 책무)
33) 어린이놀이시설 안전관리법 제2조의2(국가 및 지방자치단체의 책무)
34) 산업안전보건법 제4조(정부의 책무)

이상이 경과된 노후 공동주택 등이 혼재되어 있는 현장이기에 안전한 공동주택 주거환경을 조성하기 위한 국가 및 지방자치단체 등 공공의 역할이 천편일률적인 정책의 수립·시행이 아닌 해당 공동주택의 특성에 맞는 안전관리 업무가 수행될 수 있도록 해당 공동주택의 관리주체에 대한 안전관리 교육과 각종 지원이 필요한 실정이다.

이에 대해 안전한 공동주택을 위한 공공의 역할 차원에서 제안하는 제도 개선방안은 다음과 같다.

4.1 해당 공동주택의 특성에 따른 안전관리 업무 지원

공동주택은 경과년수, 층수, 동수, 세대수, 연면적, 주거전용면적, 전용률, 승강기 등 각종 설비 현황 등 규모나 입지에 따른 개별적 물리적 특성에 따라 안전관리 관련 업무의 내용과 중요도가 달라질 수 있다. 예를 들면, 승강기 유무 여부, 경과년수에 따른 노후도, 각 동 층수에 따른 화재 등 안전점검 내용 등등 많은 부분에 있어서 업무 수행의 차이가 발생할 수 있다.

2018년말을 기준으로 공동주택 1,347만호 중에서 31.87%인 429만호가 20~30년 미만의 공동주택이었으며, 7.99%인 108만호가 30년 이상의 공동주택으로 나타남으로써 20년 이상의 공동주택이 전체 공동주택의 39.86%인 537만호로 집계[35]되어 공동주택의 안전도와 밀접한 관련이 있는 노후화가 점차 심화·진행되고 있음을 보여주고 있다.

따라서 국가나 지방자치단체에서는 노후화된 공동주택의 안전관리를 강화하는 차원에서 공동주택의 정기점검 강화, 정밀점검 전문가 및 전문기관의 자격조건 강화, 공동주택의 정기점검 비용 현실화 방향으로 개선해야 한다.[36]

국가통계포털의 층수별 건축물 현황 중에서 건축법상 아파트를 포함하는 5층 이상 건축물의 2005년부터 2019년까지의 최근 15년간 건축물 현황 및 비율을 정리해보면 <표 12-1>[37]과 같다.

---

35) 국가통계포탈(http://kosis.kr) 2018년 말 기준임.
36) 하성규 외 16인, 공동주택관리의 새로운 패러다임, 박영사, p.367.
37) 국가통계포탈(http://kosis.kr) 층수별 건축물 현황 (자료갱신일 2020.03.18) 재구성.

구분		연도									
		2010	2011	2012	2013	2014	2015	2016	2017	2018	2019
5층 이하	건축물	125,642	130,846	137,463	142,971	148,087	154,587	161,147	166,372	170,783	174,588
	비율	47.02%	47.06%	47.31%	47.35%	47.12%	46.86%	46.57%	46.06%	45.52%	45.12%
6~10 층	건축물	58,471	61,192	64,560	67,666	71,714	76,542	81,998	86,804	90,753	93,577
	비율	21.88%	22.01%	22.22%	22.41%	22.82%	23.20%	23.70%	24.03%	24.19%	24.18%
11~20 층	건축물	70,049	72,148	73,936	75,960	78,041	80,836	83,614	86,563	89,518	92,190
	비율	26.22%	25.95%	25.44%	25.15%	24.83%	24.51%	24.16%	23.96%	23.86%	23.83%
21~30 층	건축물	12,285	12,954	13,599	14,203	15,127	16,413	17,630	19,597	21,780	23,832
	비율	4.60%	4.66%	4.68%	4.70%	4.81%	4.98%	5.09%	5.42%	5.81%	6.16%
31층 이상	건축물	753	887	1,020	1,189	1,319	1,478	1,661	1,912	2,325	2,739
	비율	0.28%	0.32%	0.35%	0.39%	0.42%	0.45%	0.48%	0.53%	0.62%	0.71%
합계	건축물	267,200	278,027	290,578	301,989	314,288	329,856	346,050	361,248	375,159	386,926
	비율	100%	100%	100%	100%	100%	100%	100%	100%	100%	100%

아래와 같이 선형 차트로 살펴보면, 5층 건축물의 비율은 다소 등락이 있으나 대체적으로 감소 추세에 있으며, 6~10층 건축물과 11~20층 건축물의 비율은 등락을 거듭하면서 대체적으로 비율 변화가 크지 않으나, 21~30층 건축물과 31층 건축물의 비율은 꾸준히 증가하고 있으며 그 증가율도 점차 커지는 경향을 나타내고 있음을 알 수 있다.

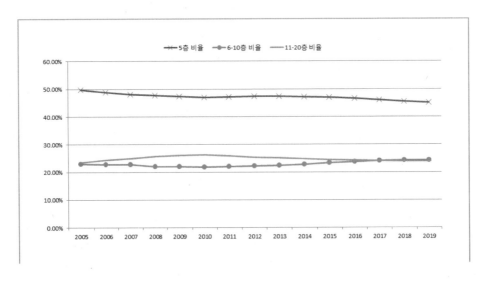

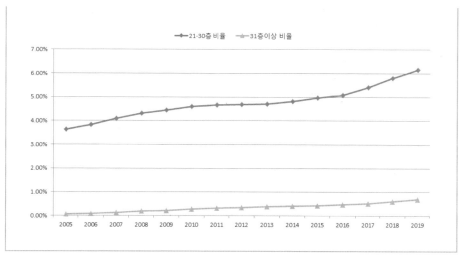

▮그림 12-1 최근 10년간 경과년수별·층수별 건축물 비율 변화

　공동주택은 경과년수와 관리상태·방법·현황 등에 따라 노후화의 진행속도와 노후도가 다르며, 층수·동수·세대수·연면적·승강기 유무 등에 따라 관리주체의 규모와 업무 내용 그리고 업무의 중요도가 달라질 수 있고, 시간의 흐름에 따른 변화를 함께 하기에 차별적으로 심화되는 노후화와 고층화로 인해 발생가능한 안전사고의 규모도 커지고 그 유형도 다양해진다. 따라서 공동주택 안전관리 업무 지원 방안을 천편일률적으로 획일화·규격화하기보다는 해당 공동주택의 개별적 특성에 따른 안전관리 업무 지원이 이루어져야 할 것이다.

4.2 관리주체의 표준 조직 구성(안)과 예산(안)의 고시

　공동주택의 경우 관리업무에 수반되는 비용부담의 주체가 주민이기에 해당 공동주택의 주민대표들이 관리비용 등의 예산을 승인하도록 함으로써 필요로 하는 안전관리 인력의 채용을 회피하거나, 긴급성은 떨어지나 중요도가 높은 장기수선충당금의 적립이나 수선유지비의 사용 등 반드시 소요되어야 할 예산을 감축함으로써 안전하고 효율적인 안전관리 업무수행을 저해하는 경향도 있는 실정이다.

　따라서 국가나 지방자치단체에서 해당 공동주택의 경과년수, 층수, 동수, 세대수, 연면적, 주거전용면적, 전용률, 승강기 등 각종 설비 현황 등 규모나 입지에 따른 개별적 물리적 특성과 분양 유무, 거주 형태, 관리방법 등을 고려하여 안전관리 업무를 수행하는 관리주체의 표준 조직 구성(안)과 예산(안)을 고시하여 참조하도록 함으로써 실질적인 안전관리 업무가 수행되도록 할 필요가 있다.

4.3 각 분야별 안전관리 교육 제도의 개선

공동주택관리법 제17조에 의거하여 시장·군수·구청장은 공동주택의 주민대표기구인 입주자대표회의의 구성원과 교육을 희망하는 주민에게 운영 및 윤리 교육을 실시하여야 하며, 입주자대표회의의 구성원은 교육을 성실히 이수하도록 규정하고 있고, 동법 제32조 및 시행령 제12조에 의거 공동주택단지의 각종 안전사고의 예방과 방범을 위하여 경비책임자에게는 방범교육을, 시설물 안전관리 책임자에게는 소방 및 시설물에 관한 안전교육을 연 2회 이내에 4시간 교육을 실시하도록 규정하고 있을 뿐 해당 교육에 대한 별도의 관리감독이 없어 지방자치단체의 안전교육과 관련한 관리감독 업무가 전무한 실정이다.

일례로 어린이 놀이시설의 안전교육의 경우 무분별한 교육기관인증으로 인해 <표 12-2>에서 보는 바와 같이 다른 교육과는 달리 너무 많은 22개의 기관이 교육기관인증을 받아 안전교육을 실시함으로써 교육기관이 난립하여 안전교육의 질적 저하를 초래하고 있다는 지적이 있으며, 안전관리 관련 교육을 맡고 있는 강사의 자격 요건에 대한 명확한 기준이 없어 강사 자질 논란이 교육생들로부터 제기되는 경우도 있고, 교육에 대한 관리감독기관의 부재로 인해 안전관리 교육에 대한 관리와 평가가 제대로 이루어지지 않고 있다. 또한 교육 방법도 이론 강의에 치중할 뿐 실무 강의는 전무한 상황이며, 교육 내용에 대한 명확하고 구체적인 기준과 내용이 없기에 교육기관별로 교육명만 동일할 뿐 전혀 다른 내용의 교육이 진행되고 있는 경우도 많았다.[38]

---

38) 류정아(2018), "공동주택관리 종사자 안전교육과정의 문제점 및 개선방안", 중앙대학교 석사 학위논문, pp.97-102.

┃ 표 12-2 공동주택관리 종사자 안전교육과정 현황 종합

구분	주택관리업자 등의 교육	시설물 안전교육	소방 및 방범 교육	시특법상 안전점검교육	어린이 놀이시설 안전교육
실시가능기관	1개 기관	3개 기관	3개 기관	2개 기관	22개 기관
실시기관	1개 기관	2개 기관	2개 기관	2개 기관	1개 기관
교육방법	이론 강의	이론 강의	이론 강의	이론 강의 (일부 실습)	이론 강의
강사규정	내부규정	내부규정	내부규정	내부규정	내부규정
훈련교재	자체교재	자체교재	자체교재	자체교재	자체교재
교육기간	3일/20시간	1일/4시간	1일/2~4시간	5일/35시간	1일/4시간
회당 평균인원	80명	100~150명	100~200명	30~80명	50~150명
재난대응 과목여부	없음	없음	없음	없음	없음
관리감독여부	시·도지사 결과보고	시장·군수· 구청장 결과보고	시장·군수· 구청장 결과보고	국토교통부장 관 결과보고	안전관리 시스템 입력 (행정안전부장관)

자료: 류정아(2018), "공동주택관리 종사자 안전교육과정의 문제점 및 개선방안", 중앙대학교, 석사학위논문, p.92.

　현행 안전관리 교육 제도에 대한 개선방안으로 중앙정부 차원에서 공동주택 안전관리 교육 전문기관을 지정하여 제도적으로 전문 강사 제도를 도입하고, 전문 강사 자격 교육·평가 과정 신설, 공동주택에 맞는 교육 훈련과목 및 표준 교재 발간, 교육내용에 있어 이론과 실무의 적절한 배분, 각 분야별 안전 및 재난사고에 대한 예방·대비·대응·복구 등 상황별 안전관리 역량 강화 교육을 실시할 수 있는 보다 체계적이고 효율적인 안전관리 교육이 시행되도록 시스템을 정비하여야 한다.
　또한 안전사고 발생 시 사전예방조치 및 초동대응조치를 어떻게 하느냐에 따라 피해의 규모가 확연히 달라지기에 사고 또는 재난 발생 시 필요한 대응활동을 안전관리 교육 내용에 포함시키고, 더 나아가 공동주택 안전관리자의 안전사고 예방 및 대응에 요구되는 안전관리역량을 진단·측정할 수 있는 평가도구를 개발하여 공동주택 안전관리 현장에서 활용하도록 보급할 필요가 있다.[39]

---

39) 류정아(2018), "공동주택관리 종사자 안전교육과정의 문제점 및 개선방안", 중앙대학교 석사 학위논문, pp.103－108.

4.4 안전교육 및 안전관리에 대한 홍보 강화

"안전교육"이란 국민이 안전에 대한 중요성을 인식하고 각종 재난 및 안전사고 발생 시 이에 효과적으로 대처할 수 있도록 안전에 대한 지식이나 기능을 습득하는 교육을 말한다.[40] 안전의식은 안전교육을 받을수록, 안전정보를 제공받을수록, 안전사고 경험이 많을수록, 안전문제에 대하여 일반적인 이해를 하고 있을수록 높아진다고 한다.[41]

지난 2015년 6월에 한국소비자원에서 발표한 '노후아파트 화재안전 실태조사'의 노후아파트 거주자를 대상으로 실시한 아파트 소방시설 및 화재안전 의식조사 결과 설문대상 성인남녀 500명 중 세대 내에 설치된 소방시설 정상작동 신뢰도를 묻는 질문에 '신뢰하지 않는다' 196명(39.2%), '신뢰한다' 109명(21.8%), '보통이다' 195명(39.0%)으로 신뢰하지 않는다는 응답이 더 많았다. 그리고 신뢰하지 않는 이유로는 '소방시설 노후화 및 관리부실'이 가장 많은 106명(54.1%)이 응답하였고, 다음으로 '지금까지 한 번도 작동한 적이 없어서'가 78명(39.8%)으로 응답함으로써 소방시설에 대한 철저한 점검과 관리뿐만 아니라 소방시설에 대한 적극적인 홍보가 주민의 신뢰 회복을 위해 필요함을 나타냈다.

또한, 주민의 안전의식 수준을 높이기 위해서는 생활에서 활용할 수 있는 현실화·구체화·명확화된 매뉴얼 마련이 필요하다. 매뉴얼을 기반으로 교육과 훈련을 반복하여 안전이 생활화될 수 있도록 안전교육을 실시하고 안전관리에 대한 홍보를 강화하여야 한다. 공동주택 안전관리 매뉴얼은 법규 변경, 사회·기술 변화에 따라 정기적으로 검토하여 현실을 반영하여야 한다.[42]

이처럼 주민의 안전의식을 고취시키기 위한 노력으로 교육과 홍보를 통해 안전관리에 대한 가치관 정립, 안전관리 매뉴얼 개발, 안전관련 정보제공과 활용 등 안전을 최우선시하는 주민의 인식과 행동의 전환을 이끌어 내기 위하여 국가나 지방자치단체 등 공공분야에서 더욱 더 관심을 기울여야 한다.

---

40) 국민안전교육 진흥 기본법 제2조(정의)
41) 유숙자(2015), "안전의식의 영향요인 분석 - 생활안전을 중심으로", 정책개발연구, 제18권 제1호, pp.56-61.
42) 하성규 외 16인, 공동주택관리의 새로운 패러다임, 박영사, p.368.

05 정책적 제언

공동주택의 안전관리 업무는 해당 공동주택에서 주거생활을 영위하는 주민에게 안전하고 쾌적한 주거환경을 제공함을 목적으로 하며, 국민 및 지방자치단체는 국민의 주거권을 보장함으로써 국민에게 안전한 주거환경을 제공하고 주거수준 향상을 위한 노력을 해야 할 책무를 부담하고 있다.

전 국민의 3분의 2 이상이 공동주택에 거주하고 있는 현실을 고려할 때 공동주택의 소유형태가 분양이든 임대이든 간에 앞으로 공동주택의 안전관리 업무는 공공재 중의 하나라는 인식을 가질 필요가 있다.

공공재는 어떠한 경제주체에 의해서 생산이 이루어지면 구성원 모두가 공동으로 이용할 수 있는 재화 또는 서비스를 말하며, 경제학적으로 비경합성과 비배제성을 그 특징으로 한다. 예를 들면 국방·경찰·소방·공원·도로 등과 같은 재화 또는 서비스를 말한다.

일반적으로 시장에서 거래되는 재화나 서비스를 이용하려면 그에 상응하는 대가를 지불해야 하는데, 공공재는 시장의 가격 원리가 적용될 수 없고 그 대가를 지불하지 않고도 재화나 서비스를 이용할 수 있는 비배제성의 속성을 가지고 있으며, 일반적인 재화나 서비스는 사람들이 이것을 소비하면 다른 사람이 소비할 기회를 줄여 사람들 사이의 경합관계에 놓이게 되지만 공공재는 사람들이 소비를 위해 서로 경합할 필요가 없는 비경쟁성의 속성도 가지고 있다.

공동주택의 안전관리 업무는 국가나 지방자치단체가 국민이나 주민의 조세 부담을 토대로 공공 서비스나 재화를 제공하듯이 해당 공동주택의 관리주체가 주민이 부담하는 관리비를 토대로 업무를 수행하여 서비스를 제공함으로써 관리비 납부의무를 이행하지 않는 주민에게도 서비스 혜택이 돌아감으로써 공공재의 비배제성의 속성을 가지고 있고 이에 따른 '공짜승객(free rider)'의 문제가 발생하기도 한다. 또한, 안전관리 업무의 경우 일부 주민들이 서비스를 제공받았다고 해서 다른 주민들이 서비스 이용에 제한을 받는 것이 아니기에 공공재의 속성 중 하나인 비경합성의 속성도 내포하고 있다.

따라서 국가 및 지방자치단체에서도 공공재의 속성인 비배제성과 비경합성을 강하게 내포하고 있는 공동주택의 안전관리 업무를 앞으로는 공공재의 하나로 인식하여 국가나 지방정부차원에서 국민이나 주민을 위한 행정업무의 일환으로 보다 적극적인 지원과 제도 마련을 위해 논의할 필요가 있다.

이에 안전한 공동주택을 위한 안전관리 업무의 공공재성을 기반으로 주민의 쾌적하고 안전한 주거환경 조성을 위해 제안할 정책적 제언은 다음과 같다.

5.1 공동주택관리의 공공관리제 도입

공동주택 안전관리 업무의 강한 공공재성에 따른 공공관리제의 도입이 필요하다. 공공관리제란 사적자치[43]에 대치되는 개념으로 국가나 지방자치단체의 공동주택 안전관리에 대한 직접적인 책임과 감독을 강화하여 보다 안전하고 쾌적한 주거생활을 제공하도록 함과 동시에 공동주택의 노후화를 지연시켜 장수명화를 실현함으로써 조기 재건축 등에 따른 사회·경제적 비용을 절감시켜 국민 경제에 이바지하는 공적관리 형태를 말한다.

공동주택 안전관리에 있어서 중요시되는 업무 분야중 하나는 장기수선계획 제도와 하자 관련 제도이기에 우선적으로 이들 업무에 대한 관리·감독을 통합 관장할 공적기관을 설립하여 공동주택관리에 공공관리를 도입할 필요가 있다.

장기수선계획 제도는 공동주택의 장수명화와 물리적 기능의 유지·개선을 위해 법으로 규정하여 도입된 제도임에도 불구하고 그 운용에 있어서는 방치하여 해당 공동주택의 자율에 맡겨놓음으로써 장기수선충당금의 과소 적립 문제, 장기수선계획 공사의 비적정성, 비용 과다, 부실 공사 문제 등으로 인한 관리현장의 수많은 갈등과 분쟁을 초래하는 원인이 됨으로써 시급한 개선이 필요한 실정이다.

---

43) 사법상의 법률관계는 개인의 자유로운 의사에 따라 자기 책임 하에 규율하는 것이 이상적이라고 하는 개념으로 개인의 신분과 재산에 관한 사법 관계를 각자의 의사에 따라 정하는 일을 말한다.

공동주택 하자의 많은 부분은 기능상·안전상의 하자이다. 이는 공동주택관리를 잘 모르는 설계·건축 전문가에 의해서 공동주택이 건축되기 때문이다. 공동주택의 건축에는 약 3년밖에 소요되지 않지만 공동주택의 유지·관리는 약 40~50년이 소요되는 현실을 반영하여 공동주택의 건축을 위한 설계단계에서부터 유지관리와 안전관리를 연계한 공동주택의 건설을 위해 공동주택 관리전문가의 참여와 검증을 제도화하고, 공동주택 설계에 있어서도 유지관리·안전관리를 위한 설계기준을 수립·적용할 필요가 있다.

따라서 공공관리제 도입의 일환으로 장기수선계획 제도와 하자 관련제도를 통합 관장할 공적기관을 법적기구로 하여 설립함으로써 장기수선충당금의 공기금화, 장기수선계획의 검토·조정에 대한 자문과 교육, 장기수선충당금의 적립과 사용에 대한 감독 등 장기수선계획 관련 업무와 공동주택의 하자적출, 적출된 하자의 보수요청 대행, 하자보수공사 시행 대행, 하자보수보증금 사용에 대한 검토·감독, 공동주택 사용검사 전 공동주택품질검사 등 하자 관련 업무를 수행하게 하여 쾌적하고 안전한 주거환경을 조성하고 공동주택의 장수명화와 노후화 지연을 통해 사회·경제적 비용 절감을 실현하여야 한다.

5.2 공동주택관리청의 신설

공동주택관리를 전담하는 행정조직으로 공동주택관리청을 신설함으로써 쾌적하고 안전한 공동주택관리로 국민주거수준을 향상시키고 공동주택 관리제도의 지속발전을 꾀하여야 한다. 공동주택관리청을 통해 전국의 공동주택 관리현황을 파악함으로써 공동주택의 장수명화를 유도하고, 노후화된 공동주택의 안전관리와 재건축 또는 리모델링 대상 (예정)공동주택의 관리를 통해 주택공급정책의 한 축을 담당하도록 한다. 더불어서 공동주택관리 전문 감독관 제도를 도입하여 일선 공동주택 관리현장에 대한 지도와 교육 그리고 감독 업무를 수행하도록 함으로써 공동주택 관리종사자들의 전문 관리능력 함양을 통해 공동주택에 거주하는 주민의 만족도를 제고시킬 수 있을 것이다.[44]

또한 공동주택관리청 내에 가칭 '공동주택 안전과'를 두어 공동주택 안전관리

---

44) 김창현(2019), "공동주택관리 이해집단별 업무의 중요도 측정", 강원대학교 대학원, 박사학위논문, p.145.

를 위한 총괄 업무를 전담하도록 하고, 지방자치단체에도 공동주택 안전관리 전담부서를 설치 운영하여 공동주택별 안전관리의 가이드라인을 제시하여야 할 것이다. 이를 위해 공동주택의 유형별(아파트, 연립주택, 다세대주택), 규모별, 경과년수별, 층수별 등등 개별 공동주택의 안전관리 현황 실태조사를 전국적 규모로 정기적으로 실시함으로써 명확하고 구체적인 공동주택 현황 데이터를 축적하고 분류하여 해당 공동주택의 개별적 특성에 따른 안전관리가 이루어 질 수 있도록 지원하여야 한다.

참고문헌

김병호(2016), "공동주택 입주민의 안전의식지각과 안전문화 및 삶의 질의 관계", 박사학위논문, 서울벤처대학원대학교, 서울시, 대한민국, p.122.

김병호(2018), "공동주택 입주민들의 안전의식과 안전문화에 대한 인식도 분석", 융합과 통섭, 1(2), pp.1-16.

김성숙·이기춘(1999), "생활안전에 대한 소비자 교육에 관한 연구", 소비자문제연구, 22, pp.68-79.

김종남·공하성(2020), "공동주택의 관계기관 예방안전지도가 화재대응에 미치는 영향", 문화기술의 융합, 6(2), pp.369-386.

김진수(2018), "안전한 주거환경에 대한 심리적 반응과 안전사고 간의 관계", 한국방재학회논문집, 18(7), pp.9-19.

김창현(2019), "공동주택관리 이해집단별 업무의 중요도 측정", 박사학위논문, 강원대학교, 강원도, 대한민국, p.181.

대한주택공사(1992), "안전관리 및 방재실무", 대한주택공사, 진주, pp.1-130.

류정아(2018), "공동주택관리 종사자 안전교육과정의 문제점 및 개선방안", 석사학위논문, 중앙대학교, 서울시, 대한민국, p.120.

방경식·장희순(2016), 공동주택관리론, 부연사, 서울.

석계린(2008), "공동주택의 재난위험요인 분석모형과 안전관리 개선방안", 박사학위논문, 명지대학교, 서울시, 대한민국, p.220.

손정락·방종대·조건희·김진원(2016), "임대주택단지의 생활안전 사고유형 및 위해요인 분석", LHI Journal, 7(3), pp.147-156.

유숙자(2015), "안전의식의 영향요인 분석 - 생활안전을 중심으로-", 정책개발연구, 15(1), pp.37-68.

윤태관(2019), "공동주택 안전문화 구축 및 활성화 방안: 주택관리사를 중심으로", 융합과 통섭, 2(3), pp.15-26.

이덕원(2020), "공동주택 주거만족을 위한 안전관리서비스 개선방안 연구 - 경기도 시흥시 아파트를 중심으로-", 석사학위논문, 우석대학교, 전라북도, 대한민국, p.62.

정윤혜·이유미·이윤재(2013), "공동주택 공동공간에서의 범죄예방을 위한 거주자참여 프로그램에 관한 연구", 대한건축학회연합논문집, 15(6), pp.20-30.

하성규 외 16인(2017), 공동주택 관리의 새로운 패러다임, 박영사, 서울.

하성규 외 10인(2018), 아파트 공동체 상생을 생각하며, 박영사, 서울.

한국소비자원(2015), "노후아파트 화재안전 실태조사", 한국소비자원 소비자안전국 생활안전팀, 서울, pp.1-30.

색인

집필진 소개 (장별 순서)

하성규

영국 런던대학교(UCL)에서 도시계획학으로 박사학위를 받았다. 중앙대학교 부총장, 한국주택학회 회장, 한국지역개발학회 회장을 역임했으며, 현재 한국주택관리연구원 원장, 중앙대학교 도시계획부동산학과 명예교수, 한국주거서비스소사이어티(KHSS) 상임대표를 맡고 있다. 주요저서로는 『주택정책론』(2010), 『한국인주거론』(2018) 등이 있다.

김미란

이화여자대학교 법과대학을 졸업하고, 제49회 사법시험에 합격한 후 제39기 사법연수원을 수료하였다. 법무법인 산하의 부대표 변호사로서 공동주택 관련 분쟁 분야에서 전문적인 경력을 쌓았다. 대한주택관리사협회 중앙회원권익위원회 자문위원, 대한주택관리사협회 공제사업단 운영위원, 대한주택관리사협회 서울시회 전문자문위원, 서울특별시 집합건물 관리지원단 전문위원, 서초구·성북구 등 지방자치단체 공동주택관리 자문위원, 인천시 계양구 등 지방자치단체 공동주택관리 전문 감사반, 변호사들로 구성된 공동주택법률학회의 회장을 역임하며 공동주택관리 관련 분쟁 전문가로 활동하고 있다.

강은택

중앙대학교 도시계획부동산학과에서 도시계획학 박사학위를 받았으며, 현재 한국주택관리연구원에서 근무하고 있다. 주요 연구로 「주택점유 및 보유형태선택의 요인분석에 관한 연구」(2008), 「최초 주택구입 기간에 영향을 미치는 요인에 관한 연구」(2011), 「Intergenerational effects of parental wealth on children's housing wealth」(2015), 「Migration behavior of students and graduates under prevailing regional dualism: the case of South Korea」(2017) 등이 있으며, 최근에는 주택정책, 주택관리제도, 주거이동 등의 연구를 진행하고 있다.

안아림

중앙대학교 도시계획부동산학과를 졸업하여 동 대학원에서 도시계획학 박사학위를 받았으며, 현재 한국주택관리연구원에서 근무하고 있다. 「지역의 소득수준이 계층인식 불일치와 삶의 만족감에 미치는 영향」(2017)을 주제로 박사학위를 받았으며, 최근에는 공동주택 관리제도, 주거 만족도 등의 연구를 진행하고 있다.

권형필

사법고시 제48회, 사법연수원 제38기로 수료하였고 현재 우리나라 대형로펌 중 하나인 법무법인(유한) 로고스에서 파트너 변호사로 재직하고 있으며, 집합건물 사건만 500건이 넘는 사건을 수행하였다. 저서로는 『입주자대표회의 분쟁사례』(2018), 『관리단 분쟁사례』(2019) 그리고 『재개발재건축 조합 시리즈 1, 2 특별판』(2020) 등이 있다.

김동헌

한세대학교 대학원 U-City IT 융합 도시정책학으로 공학박사학위를 받았다. 소방방재청 기업재난관리 정책 추진기획단 상근전문위원, 재난관리사 및 재난관리지도사 양성 전문기관인 한국BCP협회 사무국장/평생교육 원장, 재난 및 안전관리 연구, 교육 전문기관인 한국재난안전기술원 전무이사/연구위원을 역임하였으며, 현재 재난 및 안전관리, 위기관리, 기후환경에 관한 연구, 교육, 컨설팅 전문기관인 한국산업관계연구원 부설 재난안전원장, 우석대학교 대학원 재난안전공학과와 동아대학교 대학원 국제법무학과 재난안전정책전공 겸임 교수로 근무하고 있다. 또한 과학기술정보통신부 통신재난관리 심의위원, 행정안전부 안전한국훈련 및 국가 기반시설 평가위원, 국가안전대진단 전문위원으로 활동하고 있으며, 한국방재안전학회 이사, 국가위기관리학 회 교육학술위원장을 수행하고 있다.

황성은

서울과학기술대학교에서 건축계획분야를 전공하여 공학석사와 디자인학 박사학위를 받았다. 현재 동 대학의 연수연구원으로 재직하며 주거환경과 학교시설 등의 범죄예방환경설계(CPTED) 연구를 주로 하고 있다. (사) 한국셉테드학회 이사이고, (사)한국건축정책학회 사무국장을 맡고 있다.

이태봉

주택관리사로서 공동주택관리책임자 경력23년째이며 초고층건축물 총괄재난관리자 업무를 8년째 수행하고 있다. 서울특별시에서 운영하는 아파트관리 주민학교 강의를 8년간 수행하고 주택관리사(보) 법정교육 시설 물관리 부문 및 장기수선조정 부문 강의를 13년간 수행하였다. 서울특별시 및 인천광역시 공동주택관리 전 문위원으로 활동하고 있으며 『장기수선조정교육교재』(대한주택관리사협회), 『시설물에 관한 안전관리교육교 재』(대한주택관리사협회), 『공동주택관리실무강좌교재』(대한주택보증) 등의 교육용교재 발간에 참여하였으며 『우리아파트 관리비 바로알기』(인천광역시), 『집합건물관리실무 워크북』(이테시스) 등에 공동저자로 참여하 였다.

이기남

서울과학기술대학교 주택대학원에서 주택관리를 전공하고 현재 강원대학교 부동산학과 박사과정에 재학중이 다. 주택관리사로서 『공동주택관리법의 이해』(2016), 『주택관리업자 및 사업자 선정지침 해설』(2016) 등 공동주택관리자와 거주자가 공동주택관리제도를 쉽게 이해할 수 있는 다수의 저서를 발간하였다. 대한주택관 리사협회 교육정보국장을 역임하였으며 현재 미래주거문화연구소 소장직을 맡아 공동주택관리전문가로 활동 하고 있다.

최타관

주택관리사로서 현장경력 약 24년차에 접어들고 있으며, 서울과학기술대학교 주택대학원에서 공학석사와 동교 에너지환경대학원에서 경제학박사 학위를 취득하였다. 주택관리사 수험서 공저자로 『공동주택관리실무』(2002) 발간에 참여하였으며, 『아파트공동체-상생을 생각하며』(2018), 『Multi-Family Housing Management in Korea』(2019)에 공저로 참여하였다. 현재 한국주택관리연구원에서 부원장 겸 기획조정실장으로 근무하고 있으며 주택관리 전문가로 활동하고 있다.

김창현

고려대학교 국토계획경제학과에서 경제학 석사학위를 받고, 강원대학교 부동산학과에서 부동산학 박사학위를 받았다. 부동산 투자·개발·시행·관리·중개까지 종합적인 실무 업무경험을 축적하고 있으며, 특히 주택관리사로서 약 20년 동안 공동주택의 입주에서부터 재건축 추진 및 철거까지 다양한 관리업무를 수행하였다. 『공동주택관리 이해집단별 업무의 중요도 측정』(2019)을 주제로 박사학위를 받았다. 주택관리사·공인중개사·CCIM·CPM 등 국내·외의 부동산 관련 전문 자격을 보유하고 있으며, 부동산관리 전문가로 활동하고 있다.

공동주택 안전관리
– 당신의 집은 안전한가?

초판발행   2020년 12월 3일
중판발행   2021년 3월 10일

지은이   하성규 외 10인
엮은이   한국주택관리연구원
펴낸이   안종만·안상준

편 집   조보나
기획/마케팅   박세기
표지디자인   조아라
제 작   고철민·조영환

펴낸곳   (주) 박영사
              서울특별시 금천구 가산디지털2로 53, 210호(가산동, 한라시그마밸리)
              등록 1959. 3. 11. 제300-1959-1호(倫)
전 화   02)733-6771
f a x   02)736-4818
e-mail   pys@pybook.co.kr
homepage   www.pybook.co.kr
ISBN   979-11-303-1151-7   93350

정 가   17,000원